电子资源 MARC21 组织法

罗 翀 等 编著

国家圖書館出版社

National Library of China Publishing House

图书在版编目(CIP)数据

电子资源 MARC21 组织法/罗翀等编著. －－北京:国家图书馆出版社,
2013. 11

ISBN 978－7－5013－5194－7

Ⅰ.①电… Ⅱ.①罗… Ⅲ.①电子文献—文献编目
Ⅳ.①G255.75

中国版本图书馆 CIP 数据核字(2013)第 242410 号

书 名	电子资源 MARC21 组织法	
著 者	罗翀 等 编著	
责任编辑	高爽 王炳乾	

出 版　国家图书馆出版社(100034　北京市西城区文津街 7 号)
　　　　　(原书目文献出版社,北京图书馆出版社)

发 行　010－66114536　66126153　66151313　66175620
　　　　　66121706(传真),66126156(门市部)

E-mail　btsfxb@ nlc. gov. cn(邮购)

Website　www. nlcpress. com ──→投稿中心

经 销　新华书店

印 装　北京科信印刷有限公司

版 次　2013 年 11 月第 1 版　2013 年 11 月第 1 次印刷

开 本　787×1092(毫米)　1/16

印 张　13.5

字 数　300 千字

书 号　ISBN 978－7－5013－5194－7

定 价　48.00 元

前　言

随着计算机技术、通讯技术和网络技术的飞速发展,电子资源的数量与日俱增,电子资源逐渐成为人们重要的信息来源。图书馆作为信息资源的集散地,其馆藏资源建设战略正逐步从以印刷型文献为主,向传统文献与电子资源并重转型。一方面,电子资源以其存储量大、体积小、内容丰富、获取便捷等优势深受读者的青睐。另一方面,电子资源不同于传统文献的载体形式和传播形式,也给电子资源的信息组织与管理利用带来了挑战。

首先,电子资源概念及范围的界定不甚清晰。众所周知,编目工作是以确定编目文献所属的资料类型为基础的。然而,各领域对电子资源的定义及范围界定不统一,而且电子资源常常包含多种媒介,资料类型混杂,这给确定编目对象的性质带来了困难。其次,数字化是复制的一种手段,电子资源与传统资源之间常常会存在某种联系,揭示关系成为馆藏目录的重要职能,但揭示关系是编目工作的难点之一。再次,近几年,国际编目界思想活跃,《国际编目原则声明》(ICP)、《书目记录的功能需求》(FRBR)、《规范数据的功能需求》(FRAD)等编目概念的推出,引发了国际编目规则修订的热潮。《国际标准书目著录(统一版)》(ISBD 统一版)、《资源描述与检索》(RDA)相继面世,新规则带来了新挑战,各种资源的编目都必须及时适应国际化的潮流,探研实践操作的方法。此外,与其他资源相比,作为新兴资源,电子资源编目的实践起步较晚,经验积累不足,特别是对网络电子资源的编目更为滞后。这使得电子资源信息组织工作还处于摸索阶段。如何全面展示电子资源馆藏,如何清晰揭示电子馆藏书目信息,如何有效表达电子资源与传统资源之间的关系,这些都是编目工作中的重要课题。因此,顺应国际编目新形势,加强对馆藏电子资源的组织,梳理与电子资源相关的编目规则,并最大限度地应用于实践等一系列工作的开展势在必行。

在图书馆界,MARC 格式对于信息组织具有不可替代的重要地位。经过近50 年的发展变迁,MARC21 已经成为适合于所有资料类型文献编目,广为世界图书馆界认可使用和相互交流的机读目录格式标准。本书以 MARC21 格式为框架,对电子资源的编目规则和方法进行了探讨,以期为电子资源的编目实践提供全面、细致、操作性强的参考依据。

本书由国家图书馆长期从事西文编目工作、具有丰富实践经验的多位专家及业务骨干参与编写,体现了这些专家与业务骨干对规则的深入解读以及对实践的充分思考。书稿几经修改,不断完善,历经一年而终稿。本书以理论与实践相结合为原则,突显如下特点:

1. 与时俱进,反映了最新编目规则

本书在遵循 AACR2 等传统编目规则的基础上,力求反映 RDA、ISBD(统一版)等最新编目规则。2011 年,ISBD(统一版)正式版增加了第 0 项"内容形式和媒介类型项",取消了第 1 项"题名与责任说明项"中关于一般资料标识(GMD)的描述,RDA 及 MARC21 为适应第 0 项也做出了相应的修订,RDA 增加了相关术语,MARC21 增设了相应字段,这些在本书的讲解和实例中均有很好的体现。但是,由于 RDA 作为新的国际编目规则在我国尚未正式启用,规则本地化的工作还处于探讨阶段,因此,除关于内容类型、媒介类型和载体类型的规则之外,RDA 其他新规则在本书中暂不采用。

2. 授人以渔,注重编目方法的培养

本书内容并非仅是对电子资源编目规则的罗列,也并非仅是对编目样例的堆积,而是对电子资源编目方法的融会贯通和总结提炼,力求授人以渔,举一反三。本书第三章创造性地总结了电子资源编目的步骤,内容清晰、易懂,操作性强,力求使读者跳出在使用编目规则时千头万绪、无从下手的窘境,达到一通百通的效果。

3. 实例丰富,展现电子资源编目全貌

本书精选的多个样例基本都是编目实践工作中的真实文献,涵盖了电子资源编目常遇到的各种情况,既包括实体电子资源的编目,也包括虚拟电子资源的编目,还包括容易与电子资源混淆的音像资料的编目。样例都配有详细的说明性文字,有的还辅以图片,有利于对规则的诠释,便于编目员的理解。

4. 力求创新,开辟专题深入探讨

本书除对电子资源的编目方法进行系统梳理之外,还围绕当前与电子资源编目紧密相关的特定问题进行专题研究,包括实体资源与虚拟电子资源整合编目、电子资源多文种记录的编制、书与盘组合文献的处理以及 856 字段的应用。专题研究在通用研究的基础上,探讨了电子资源组织过程中的现实问题,对电子资源编目的研究更深入和全面。

本书框架由罗翀拟定,顾犇担任顾问,初稿由以下作者完成:第一章,罗翀、蔡丹;第二章,罗翀;第三章,罗翀;第四章,朱虹、靖翠峥、黄亮、刘玉绵、刘丹;第五章,罗翀;第六章,蔡丹、罗翀;第七章,罗翀、靖翠峥;第八章,朱虹;附录 1,罗翀;附录 2,顾犇、黄亮;附录 3,刘玉绵;附录 4—6,刘丹。罗翀对全书进行了统稿和审校。

限于理论水平与实践经验,本书难免有疏漏和欠妥之处,诚望各位专家、同行不吝指正。

编著者

2012 年 12 月

目　录

第一章　绪论……………………………………………………………（1）

§1.1　电子资源概述………………………………………………（1）

1.1.1　电子资源的定义……………………………………（1）

1.1.2　电子资源的范围……………………………………（2）

1.1.3　电子资源的分类……………………………………（3）

1.1.4　电子资源的特点……………………………………（3）

§1.2　电子资源编目遵循的规则…………………………………（4）

1.2.1　著录规则——从 ISBD 分则到 ISBD(统一版)……（4）

1.2.2　内容规则——从 AACR2 到 RDA……………………（4）

1.2.3　格式规则——从 LCMARC 到 MARC21…………（4）

1.2.4　其他规则……………………………………………（5）

§1.3　电子资源编目的难点………………………………………（5）

1.3.1　信息源复杂多样,难以确定首选信息源……………（5）

1.3.2　资料类型混杂,难以确定记录类型…………………（5）

1.3.3　常包含于多部分文献中,难以确定主文献…………（6）

1.3.4　与传统资源关系密切,难以揭示横向联系…………（6）

1.3.5　存取特征明显,难以进行馆藏管理…………………（6）

第二章　电子资源的著录项目…………………………………………（7）

§2.1　电子资源的著录信息源……………………………………（7）

2.1.1　电子资源的首选信息源……………………………（7）

2.1.2　电子资源的规定信息源……………………………（8）

§2.2　电子资源的著录项目………………………………………（8）

2.2.1　内容形式和媒介类型项……………………………（8）

2.2.2　题名和责任说明项…………………………………（12）

2.2.3　版本项………………………………………………（17）

2.2.4　资料或资源类型特殊项……………………………（19）

2.2.5　出版、制作、发行等项……………………………（19）

2.2.6　载体形态项…………………………………………（21）

2.2.7　丛编和多部分单行资源项…………………………（23）

2.2.8　附注项………………………………………………（24）

2.2.9　资源标识号和获得方式项 ……………………………………（29）

第三章　电子资源编目方法概述 ……………………………………（30）

§3.1　Step 1：确定编目策略及信息源 …………………………………（30）

§3.2　Step 2—Step 5 …………………………………………………（31）

3.2.1　Step 2：确定记录类型 …………………………………………（31）

3.2.2　Step 3：选择 008 模式 …………………………………………（33）

3.2.3　Step 4：补充 006 字段 …………………………………………（34）

3.2.4　Step 5：编码 007 字段 …………………………………………（35）

3.2.5　LDR、006、007、008 字段的综合应用 ………………………（36）

3.2.6　样例分析 ………………………………………………………（37）

§3.3　Step 6：组合数据字段 …………………………………………（41）

§3.4　Step 7：分类标引和主题标引 …………………………………（41）

3.4.1　分类标引 ………………………………………………………（41）

3.4.2　主题标引 ………………………………………………………（42）

§3.5　Step 8：分配馆藏信息 …………………………………………（43）

3.5.1　馆藏处理模式 …………………………………………………（43）

3.5.2　电子资源的馆藏处理 …………………………………………（44）

第四章　电子资源编目实践分析 ……………………………………（47）

§4.1　直接访问的电子资源编目实践分析 ……………………………（47）

§4.2　远程访问的电子资源编目实践分析 ……………………………（65）

§4.3　音像资料编目实践分析 …………………………………………（88）

4.3.1　数字化音像资料 ………………………………………………（89）

4.3.2　音像资料编目要点 ……………………………………………（89）

4.3.3　样例分析 ………………………………………………………（95）

第五章　虚拟电子资源与实体资源整合编目研究 …………………（105）

§5.1　嵌入法 ……………………………………………………………（105）

§5.2　分离法 ……………………………………………………………（106）

§5.3　嵌入法与分离法的比较研究 ……………………………………（109）

5.3.1　两种方法的优势分析 …………………………………………（109）

5.3.2　两种方法的取舍 ………………………………………………（110）

§5.4　电子复制品的编目方法 …………………………………………（110）

第六章　电子资源多文种文献编目 …………………………………（112）

§6.1　多文种记录模式 …………………………………………………（112）

6.1.1　原始多文种记录 ………………………………………………（112）

6.1.2　音译多文种记录 …………………………………………… (113)

6.1.3　两种模式的比较分析 ……………………………………… (115)

§6.2　音译多文种记录的编制方法 ………………………………… (116)

6.2.1　罗马化规则 ………………………………………………… (116)

6.2.2　编目要点 …………………………………………………… (116)

6.2.3　电子资源音译多文种记录样例分析 ……………………… (120)

第七章　书与盘组合文献的编目 ……………………………………… (122)

§7.1　书与盘组合文献的类型 ……………………………………… (122)

7.1.1　书与盘之间有主次关系 …………………………………… (122)

7.1.2　书与盘之间无主次关系 …………………………………… (123)

§7.2　书与盘组合文献的编目方法 ………………………………… (123)

7.2.1　书与盘之间有主次关系的编目方法 ……………………… (123)

7.2.2　书与盘之间无主次关系的编目方法 ……………………… (125)

§7.3　书与盘组合文献的管理和利用 ……………………………… (128)

第八章　电子资源编目中 856 字段的使用 …………………………… (129)

§8.1　856 字段概览 ………………………………………………… (129)

8.1.1　856 字段的功能 …………………………………………… (129)

8.1.2　856 字段存在的问题 ……………………………………… (130)

8.1.3　与 856 字段相关的若干概念 ……………………………… (130)

§8.2　856 字段的编目要点 ………………………………………… (132)

8.2.1　常用数据元素 ……………………………………………… (132)

8.2.2　856 字段的重复性 ………………………………………… (134)

8.2.3　856 字段的样例分析 ……………………………………… (134)

§8.3　馆藏记录中的 856 字段 ……………………………………… (135)

附录 1　电子资源编目常用工具表 …………………………………… (136)

附录 2　电子资源编目术语 …………………………………………… (148)

附录 3　MARC21 书目数据格式字段简表 …………………………… (153)

附录 4　MARC21 国家代码表 ………………………………………… (161)

附录 5　MARC21 地理区域代码表 …………………………………… (173)

附录 6　MARC21 语言代码表 ………………………………………… (192)

参考文献 ………………………………………………………………… (206)

第一章 绪论

§1.1 电子资源概述

1.1.1 电子资源的定义

电子资源是科学技术发展的产物,是随着计算机与网络技术的发展而产生的一种新型信息资源。关于电子资源的定义众说纷纭,文献信息组织领域各种规范和标准均从不同的角度对电子资源进行了定义与说明。目前较为权威的定义有以下几种:

(1)2011年,国际图书馆协会和机构联合会(International Federation of Library Associations and Institutions,简称 IFLA)在2007年出版的《国际标准书目著录(统一版)》预备版的基础上推出了统一版的正式版(ISBD-International Standard Bibliographic Description Consolidated Edition)作为文献著录的最新规则。其中,电子资源被定义为:"由被计算机控制(包括要求使用计算机附加外围设备(例如只读光盘驱动器))的资料组成的资源;该种资源可以是交互的,也可以是非交互的。包括两种类型:数据(以数字、字母、图形、图像和声音或它们的组合形式构成的信息)和程序(包括数据处理等特定任务的指令或例程)。此外,它们可以结合起来,从而形成同时包含电子数据和程序的电子资源(例如带文字、图形和程序的教育软件)。"①

(2)《英美编目条例》第2版2002年修订版(Anglo-American Cataloging Rules,Second edition,2002 Revision,简称 AACR2R)将电子资源定义为:"用计算机设备来处理的代码化资料(数据和(或)程序)。此资料可能需要利用外围设备直接连接到计算机设备(如 CD-ROM 驱动器)或连接到计算机网络(如 Internet)上。"②

(3)我国新闻出版总署在2008年颁布的《电子出版物出版管理规定》中定义:"电子出版物,是指以数字代码方式,将有知识性、思想性内容的信息编辑加工后存储在固定物理形态的磁、光、电等介质上,通过电子阅读、显示、播放设备读取使用的大众传播媒体,包括只读光盘(CD-ROM、DVD-ROM 等)、一次写入光盘(CD-R、DVD-R 等)、可擦写光盘(CD-RW、DVD-RW 等)、软磁盘、硬磁盘、集成电路卡等,以及新闻出版总署认定的其他媒体形态。"③

(4)国家标准 GB/T 3792.9—2009《文献著录 第9部分:电子资源》中将电子资源定义

---

① International Federation of Library Associations and Institntions. ISBD:International Standard Bibliographic Description Consolidated Edition[M]. Berlin:De Gruyter Saur,2011:264.

② 吴龙涛等. 最新详解《英美编目规则,第二版,2002 修订本》[M].北京:北京图书馆出版社(今国家图书馆出版社),2006:619.

③ 电子出版物出版管理规定[OL].[2012-03-01].http://www.gapp.gov.cn/govpublic/84/208.shtml.

为："由计算机控制（包括需要使用计算机外部设备，如 CD-ROM 播放器）的资料。这种资料的使用可以是交互式或非交互式。资料类型包括：数据（数字、字母、图形、声音或其组合构成的信息）和程序（指令或用于执行某种任务的程序）以及电子数据和程序的组合体（如联机服务、交互式多媒体）。"①该概念参考了 1997 年 IFLA 出版的《国际标准书目著录（电子资源）》中的定义。

综上可见，各种关于"电子资源"的定义虽然在文字表述上不尽相同，但在本质上是一致的，主要包括以下要点：

（1）电子资源是数字化的产物，是以数字代码方式将信息存储于光、磁介质上的一种信息资源。因此，电子资源又被称为数字资源。

（2）电子资源必须通过计算机设备或网络进行再现和存取。

（3）电子资源包含的信息类型主要是数据和程序，或两者的组合。

1.1.2　电子资源的范围

电子资源的本质特征是"数字化"，无论其载体形式还是内容形式，只要是经过数字化处理的，从广义上我们都认为是电子资源，包括数据（由数字、文本、图形、地图、移动图像、音乐、声音等构成的信息）、程序（处理数据的各种指令等）、数据和程序的组合（如联机服务、交互式多媒体）。例如，当今音像资料大多以数字方式记录信息，如 CD、VCD、DVD、BD 等，这些在广义上都属于电子资源的范畴。这有别于以模拟视频信号或视频音频混合信号或模拟音频信号记录的传统音像资料，如用其音像资料视频设备或音频设备播放的录像带或录音带②。

在图书馆信息资源组织中电子资源的范围被进一步限定，我们称之为狭义的电子资源。在 MARC21 书目数据格式中，头标（LDR）06 字符位"记录类型"共定义了 14 种代码，其中代码"m"对应于电子资源，其应用范围包括：计算机软件（如程序、游戏、字体等）、数值型数据（由数字、字母、图形、图像、地图、移动图像、音乐、声音等构成的信息）、多媒体文献及联机系统或服务等。对具有多重特征的电子资源，按资源特征的重要性确定记录类型。若有疑问或不能确定主文献记录类型的，记录类型定义为电子资源③。

上述规则可解析为三层含义：首先，根据"m"代码的定义，只具有电子资源资料类型特征的文献，我们将其视为"纯电子资源"，编目时记录类型选择为电子资源；其次，当编目文献属于电子资源范围，但同时具有其他资料特征，且该特征比电子资源的特征更为突出，则以该特征作为选择记录类型的依据，但是电子资源的特征也须反映；第三，当文献的主要特征不明显或其电子资源的特征不明确时，将其作为"纯电子资源"处理，记录类型选择为电子资源。

此外，联机计算机图书馆中心（Online Computer Library Center，简称 OCLC）2006 年发布

---

① 中华人民共和国国家质量监督检验检疫总局. 中国国家标准化管理委员会. GB/T 3792.9—2009 文献著录　第 9 部分：电子资源［S］. 北京：中国标准出版社，2009：1.

② 骆国辉. 电子资源著录格式初探［J］. 安徽工业大学学报，2005（11）.

③ 国家图书馆 MARC21 格式使用手册课题组. MARC21 书目数据格式使用手册［M］. 北京：北京图书馆出版社（今国家图书馆出版社），2005：12.

的"OCLC 电子资源编目 MARC 编码指南"明确指出："电子资源的定义不包括那些不需要使用计算机的电子资源,如音乐唱盘和视盘。"①该规定表明,广义范围中属于电子资源的数字化音像资源,由于可以不依赖计算机而使用其他设备播放,因此在编目学意义上不属于电子资源的范围,应按照传统音像资料的编目方法处理。

1.1.3 电子资源的分类

电子资源的多样性决定了分类标准的多样性。按照不同的划分标准,电子资源可分为不同的类型,各种类型之间有所重合和交叉。

按资源访问方式划分,电子资源可分为直接访问(Direct Access)的电子资源和远程访问(Remote Access)的电子资源。直接访问的电子资源,又称本地访问的电子资源或实体型电子资源,是指有实体载体(如光盘、磁盘),使用时必须插入计算机设备或外围设备的电子资源。远程访问的电子资源,又称网络访问的电子资源或虚拟型电子资源,是指无可操作的物理载体,只能通过计算机网络获取的电子资源。按访问方式划分是划分电子资源最常见的一种方法。

按资源加工程度划分,电子资源可分为一次文献、二次文献、三次文献。一次文献,又称原始文献,是指反映最原始思想、成果、过程以及对其进行分析、综合、总结的信息资源,如事实数据库、电子期刊、电子图书、发布一次文献的学术网站等。二次文献,又称检索性文献,是指将大量分散的无序的一次文献经浓缩、整序、加工处理后组织起来而形成的系统的、便于查找和利用的文献,如参考数据库、网络资源学科导航、搜索引擎等。三次文献,又称参考文献,是指对二次文献进行综合分析、加工、整理的信息资源,如"元搜索引擎"就是专门用于检索搜索引擎的搜索工具。

按资源内容划分,电子资源类型更为多样,如数据库(参考数据库、全文数据库、事实数据库等)、电子图书、电子期刊、电子报纸、网站等。

电子资源还有很多其他划分标准,在此不一一罗列。

1.1.4 电子资源的特点

与传统文献资源相比,电子资源作为数字时代新兴的文献形式有其特有的优势:

(1)数字化。数字化是指通过编码技术或模拟—数字转换技术,将文本、图形、图像、声音等各种表现形式的信息转换为计算机可处理的二进制数字(0,1)的过程。数字化是电子资源与其他类型资源最本质的区别。

(2)便利性。借助计算机与网络,电子资源跨越了信息机构的围墙,突破了时空限制的屏障,最大限度地实现了信息资源的易用性和可获取性。用户不仅能够从浩如烟海的信息中迅速准确地命中目标文献,甚至还可以足不出户地享受信息大餐。

(3)共享性。电子资源不具有排他性,能满足多用户同时使用同一信息资源的需求,提高了资源的利用率,也加速了信息资源的传播和推广。

(4)时效性。光电介质使得电子资源的传递、反馈都变得十分迅速,网络电子资源通常

---

① Cataloging Electronic Resources：OCLC-MARC Coding Guidelines[OL]. [2012-03-22]. http://www.oclc.org/support/documentation/worldcat/cataloging/electronicresources.

以日或周为更新周期。

(5)高容量性。电子资源载体体积小,节省空间,但存储的信息量却非常大。例如一张 CD-ROM 光盘直径仅 12cm,但能存放 650MB 的数据,可存储一部大英百科全书。

此外,电子资源还具有内容形式多样性、知识类聚性、感官丰富性等其他特点。但是,电子资源也同样具有不可避免的局限性。例如,电子资源的利用必须依赖于计算机或网络,使用者也必须掌握计算机和网络的使用技能;电子资源易复制,容易产生版权纠纷;电子资源更新快,影响了信息的稳定性等。

§1.2　电子资源编目遵循的规则

编目规则包括内容规则和格式规则。国际上电子资源编目遵循的规则主要包括:

1.2.1　著录规则——从 ISBD 分则到 ISBD(统一版)

1990 年,IFLA 推出了《国际标准书目著录(计算机文件)》(ISBD(CF))作为计算机文件著录的专门规则。1997 年,该分则被修订为《国际标准书目著录(电子资源)》(ISBD(ER))。2007 年,ISBD(统一版)预备版出版,2011 年 ISBD(统一版)正式版面世。ISBD(统一版)体现了一体化的特色,将 ISBD 各分则合并为一,使其适用于所有资料类型文献的著录。

1.2.2　内容规则——从 AACR2 到 RDA

《英美编目规则》(Anglo-American Cataloging Rules,简称 AACR)是包含著录法和标目法的编目内容规则,它诞生于 1967 年,于 1978 年推出第 2 版,即 AACR2。其后经历了 1988 年、1998 年和 2002 年三次主要修订,修订后被称为 AACR2R。AACR2R 的第 9 章是专门论述电子资源编目的章节。AACR 联合修订指导委员会(Joint Steering Committee for Revision of AACR,简称 JSC)在 2002 年完成对 AACR2R 的最后一次修订后,开始筹备起草能够走出英语世界、走出图书馆界、成为数字时代通行标准的新的编目规则。经过 6 年多的筹备,《资源描述与检索》(Resource Description and Access,简称 RDA)于 2010 年艰难面世。

《西文文献著录条例》是由中国图书馆学会组织制定的 AACR2 的本地化版本,该条例于 1985 年首次出版,2003 年推出了修订扩大版。条例的第 5 章对电子资源的著录进行了规定。

1.2.3　格式规则——从 LCMARC 到 MARC21

MARC21 是世界上使用最为广泛的机读目录格式,它从 20 世纪 60 年代诞生至今,经历了 MARCI、MARCII、LCMARC、USMARC 到 MARC21 的发展历程。LCMARC 时期,该格式标准还没有实现一体化,它按资料类型分为 7 种格式,包括应用于计算机文件的 LCMARC。1988 年,美国国会图书馆颁布了一体化的 USMARC 书目数据格式,并于 1993 年底开始执行。1994 年 12 月,英、美、加三国的国家图书馆开始对各自的机读格式 UKMARC、USMARC 和 CANMARC 进行整合协调,希望推出一个能满足英语世界编目需要,全球统一使用的机读格式。但最终只实现了 USMARC 和 CANMARC 两种格式的融合,其产物就是 1999 年推出的

MARC21。从"MARC21"的名称不难看出,这是一种面向21世纪的适应网络时代的通用开放的机读目录格式,能满足各类文献资源编目的需要。

1.2.4 其他规则

除上述规则之外,各编目机构还根据电子资源的特点推出了许多本地化的编目指南。这些指南将著录、标引及格式、馆藏等与编目相关的规则汇集在一起,综合说明与释义,对编目实践有很好的指导作用。例如:

- 编目电子资源:OCLC-MARC 编码指南,2006 年修订(Cataloging Electronic Resources:OCLC-MARC Coding Guidelines)
- 电子资源编目指南草案,由美国国会图书馆1997年制订(Draft Interim Guidelines for Cataloging Electronic Resources)
- 电子资源编码 LDR/06 字符位指南,由美国国会图书馆2007年修订(Guidelines for Coding Electronic Resources in Leader/06)
- 集成性资源:编目手册,由美国合作编目计划(Program for Cooperative Cataloging,简称PCC)2011 年修订(Integrating Resources:A Cataloging Manual)

本书电子资源的编目依据或参照上述规则。特别需要说明的是,RDA 虽然已经正式发布,但是该编目规则从2010年开始一直处于持续修订的状态,部分章节的内容还未完成。RDA 在我国的本地化应用更是悬而未决、需要不断探研的问题。因此,本书暂未采用 RDA标准进行编目实践。但是,由于 ISBD(统一版)正式版已经将第0项纳入著录规则,为配合第0项的使用,MARC21 也增加了相应的字段,并要求采用 RDA 提供的术语。因此,本书对电子资源第0项的著录采用了 RDA 的处理方法。

§1.3 电子资源编目的难点

电子资源数量众多,发展迅猛,逐渐成为图书馆馆藏的重要组成部分。图书馆信息组织工作对电子资源的关注度也大幅提高。一方面,电子资源由于其自身的众多优势而成为读者利用的重点,加强对这部分资源的组织是满足现代读者需求的必然要求;另一方面,电子资源具有许多独特的性质,这也是编目工作中的难点,主要体现在如下方面:

1.3.1 信息源复杂多样,难以确定首选信息源

电子资源的首选信息源为内在信息源,与传统资源相比缺乏直观性。特别是远程访问的电子资源,信息源不规范,客观著录难度大,书目信息分散在多个页面,信息标识也不如实体资源明显,需要人工分析判断的成分多。而且,网络资源的时效性和易变性使其各类信息处于不断更新状态,更为著录增加了难度。

1.3.2 资料类型混杂,难以确定记录类型

电子资源往往是多种资料类型的结合体,很少是单一资料类型。例如,电子书兼具图书和电子资源的双重特征,电子期刊兼具连续出版物和电子资源的双重特征等。这些多重特征一方面增加了确定记录类型的难度,一方面使编目人员需要参考多种资料类型的编目规

则,使得电子资源的编目更为复杂。

1.3.3　常包含于多部分文献中,难以确定主文献

一些资源经常会由多部分组成,其中包含电子资源,例如盘附书、书附盘等。在对这类资源进行编目时需要确定各部分之间的主次关系,进而确定编目方法。例如,光盘与书之间是平行关系,即光盘是图书的电子版;再如,光盘附带小手册,则光盘为主文献。

1.3.4　与传统资源关系密切,难以揭示横向联系

为了便于保存和利用,许多传统资源被转换为电子资源,或者出版时就包含实体型和电子型,这就使得电子资源与传统资源之间存在着千丝万缕的联系,而这种联系对于实现目录导航功能至关重要。因此,如何最大限度地揭示电子资源与其他载体类型文献之间的关系是电子资源编目的难点。

1.3.5　存取特征明显,难以进行馆藏管理

电子资源作为特殊的馆藏如何像传统资源的索取号一样具有唯一标识,直接存取的电子资源的索取号形式如何设计,远程访问的电子资源的 URL 如何处理(例如不同的 URL 可能指向同一资源,而 URL 更新后,原来 URL 指向的信息已不复存在等),这些问题都是电子资源编目的难点。

第二章 电子资源的著录项目

著录，又称为描述性编目，是编目工作的重要环节。文献著录遵循 IFLA 制定的《国际标准书目著录》(International Standard Bibliographic Description,简称 ISBD)。ISBD 原为一套标准体系，包含适用于各种资料类型的著录总则和分则，对文献著录的信息源、著录项目及顺序、标识符等进行了统一规定。2007 年,ISBD 完成一体化的变革，形成了统一版的新格局。2011 年,ISBD(统一版)正式版面世，成为适用于所有资料类型文献著录的新标准。本书电子资源的著录遵循 ISBD(统一版)。为突出重点，节省篇幅，本书对 ISBD(统一版)适用于所有资料类型的通则不再赘述，而对电子资源著录的特殊规则予以详细说明。

§2.1 电子资源的著录信息源

信息源是书目信息著录的依据。信息源应取自编目文献本身，在文献本身提供的信息不充分时，也可取自文献之外。著录信息源包括首选信息源(preferred source of information)和规定信息源(prescribed source of information)。首选信息源是提供书目著录信息的首选来源。首选信息源根据文献资料类型的不同而有所不同，但具有一些相同的特点：首先，应能用来全面地识别书目信息，应是最完整、最清晰、最权威的信息源；其次，应最接近资源内容；再次，应最稳定持久，不易变化。对于同一资源，当有多个信息源符合首选信息源条件时，按照一定的优先次序选择。规定信息源是指为每个书目著录项目提供信息的来源。著录项目中取自规定信息源之外的信息应置于方括号内。取自规定信息源之外或取自资源之外的信息，编目员若认为重要，也可以将其著录在附注项。

2.1.1 电子资源的首选信息源

依据 ISBD(统一版)正式版，电子资源的首选信息源依次为①：

(1)可用来识别资源整体并且是资源本身内在的信息源；

(2)可用来识别资源整体并且出现在物理载体或其标签上的信息源；

(3)出版者、制作者或发行者发行的容器；

(4)可用来识别资源的文档或其他附件(例如出版者的信)。

按照上述规定，电子资源的书目信息首先取自电子资源内正式出现的信息，如题名屏、主菜单、程序说明、最先显示的信息、主页、包含"主题"行的文件头标、编码信息(如 TEI 头标、HTML 题名)。若这些信息源中的信息完整程度不同，选取包含最完整信息的信息源。当所需信息不能从电子资源本身获取时，则可从电子资源物理载体或标签、容器以及有关电

---

① 顾犇.国际标准书目著录 ISBD(2011 年统一版)[M].北京:国家图书馆出版社,2012:27.

子资源的出版说明、元数据记录等处获取。

对于在物理形态上分为多个部分的电子资源,首选信息源应是适合资源整体且包含总题名的信息来源。若只有电子资源的容器或其永久固定标签上含有总题名,则将其作为首选信息源。

由于电子资源的信息源比较复杂多样,从何处选取信息对于读者判断、选择电子资源至关重要,因此编目员必须在附注项(500 字段)说明电子资源的著录信息源。

2.1.2　电子资源的规定信息源

电子资源各著录项目的规定信息源如下表所示:

表 2-1　电子资源著录项目规定信息源

项目编号	著录项目名称	规定信息源
0	内容形式和媒介类型项	资源本身
1	题名和责任说明项	资源本身、容器、文档、其他附件
2	版本项	资源本身、容器、附件
3	资料或资源类型特殊项	电子资源不著录本项
4	出版、制作、发行等项	资源本身、容器、附件
5	载体形态项	整个资源
6	丛编和多部分单行资源项	资源本身、容器、附件
7	附注项	任何信息源
8	资源标识号和获得方式项	任何信息源

§2.2　电子资源的著录项目

2.2.1　内容形式和媒介类型项

2.2.1.1　第 0 项的产生与确立

第 0 项"内容形式和媒介类型项"是 2011 年由 IFLA 出版的 ISBD(统一版)正式版中新增加的著录项目。它的确立标志着在信息资源组织领域统治长达 30 余年之久的用于表示文献类型的专有概念"一般资料标识"(General Material Designations,简称 GMD)将退出历史舞台,沿用了半个世纪的"著录八大项"也将被"著录九大项"所取代。

GMD 是指图书馆目录款目中位于正题名之后,置于方括号内,概括表示文献类型的术语,如电子资源、录音资料、缩微品、乐谱等,其基本作用是显示和说明编目文献所属的资料类别。该概念是在 1977 年 IFLA 颁布的 ISBD(G)(General International Standard Bibliographic Description)和 ISBD(NBM)(International Standard Bibliographic Description for Non-Book Materials)中被首次提出的。ISBD(G)对 GMD 的定义、著录位置、标识符及必备性进行了规定。在 1978 年版的 AACR2 中,联合修订指导委员会(Joint Steering Committee for Revision of AACR,简称 JSC)正式采纳了由 ISBD 提出的 GMD 的概念,其中用术语"machine-readable data file"表示机读数据文件。在 AACR2 的修订版中该术语经历了几次修改，从"机读数据文件"改为"计算机文档"（computer file），后又改为"电子资源"（electronic resource）。

GMD 的概念最初是应非印刷型文献的编目需要而产生的。然而，在编目实践中，GMD 的局限性逐渐被人们所认知。首先，具有多种载体形式的出版物数量迅猛增长，GMD 的使用范围不断扩大，GMD 的术语已无法满足标识的复杂性和多样性；其次，GMD 术语包含文献的内容形式、媒介形式和载体形式多个层面，概念相互混杂，与特定资料标识（Specific Material Designation，简称 SMD）之间的关系含混不清，使编目员在术语选择与理解上无所适从；再次，尽管国际编目规则无论是对 GMD 的著录位置还是专用术语都制定了相关规定，但规则的灵活性很大，术语标准也有所不同，这使得编目机构的实际操作方法林林总总，本地化特色非常突出。主要表现在三个方面：由于 GMD 的著录被规定为可选项，编目机构在是否启用 GMD 上很不一致；多种资料类型文献日益繁多，各机构对于如何选择 GMD 资料类型存在差别；文献资料类型在各地区的命名有差异，同种资料类型的文献在不同编目机构中经常被赋予不同的 GMD 术语。

1998 年，IFLA 推出的《书目记录的功能需求》（Functional Requirements for Bibliographic Records，简称 FRBR）概念模型给编目界注入了强大的思想活力。人们开始重新审视 GMD 在信息资源组织方面的特殊作用，对其重要性和必要性给予了新的定位。在新思想的影响下，在解决诸多实践问题的压力下，国际编目界要求解决 GMD 适应性问题的呼声越来越高，对 GMD 的研究不断深化。特别是作为国际书目著录标准的 ISBD 在修订过程中开始重新考虑有关 GMD 的问题。

2003 年，在 ISBD（统一版）的筹划过程中，IFLA 成立了资料标识研究组（Material Designations Study Group，简称 MDSG），负责研究 GMD 的术语以及著录的位置问题。加拿大编目专家汤姆·德尔塞（Tom Delsey）精辟地指出："GMD 术语把物理格式、资料类型、载体形式和标记符号等混在一起令人费解，而且 GMD 直接置于正题名之下打断了题名信息的逻辑次序和顺序。"①MDSG 对此问题给予了高度关注。2005 年，MDSG 提议在书目记录中设立一个单独的、唯一的、高级的记录成分，且为必备项，可以考虑为 GMD 创建一个不带编号的 ISBD 著录项目。

2007 年，ISBD（统一版）预备版出版时，MDSG 有关 GMD 的修订工作尚未结束，因此在预备版中暂时保留了 GMD 的原有处理方法，即仍作为著录第 1 项（题名和责任说明项）的一个子项加以著录。

2009 年，IFLA 批准了 MDSG 提出的有关 GMD 的著录方案，确定将 GMD 提升为独立的著录项目，命名为第 0 项"内容形式和媒介类型项"，著录地位高于其他著录项目。同年，第 0 项的内容正式出版，并在 ISBD 最新修订中得到体现。2011 年，ISBD（统一版）正式版已将第 0 项纳入最新的规则，这标志着第 0 项的正式启用。

2.2.1.2　第 0 项的数据元素

第 0 项位于记录开端，用以指明资源内容表达的基本形式和传达该内容的载体类型，有助于目录用户识别并选择符合其需求的资源。

---

① Tom Delsey. The logical structure of the Anglo-American Cataloging Rules—Part I[OL]. [2012 - 03 - 22]. http://www.rda-jsc.org/docs/aacr.pdf.

第 0 项包含内容形式和媒介类型两个数据元素,每个元素的相关术语取自特定术语表。内容形式反映资源内容的基本形式,其后可以附加内容限定,表示资源的类型、运动状态、维度和感官性质。媒介类型表示承载资源内容的载体的类型。ISBD(统一版)正式版提供了内容形式、内容限定和媒介类型的术语表作为参考。

表 2 - 2　ISBD(统一版)第 0 项术语表

著录元素	术语
内容形式	dataset；image；movement；multiple content forms；music；object；other content form；program；sounds；spoken word；text
内容限定	类型的说明:cartographic；notated；performed； 运动的说明:moving；still； 维度的说明:2-dimensional；3-dimensional； 感官的说明:aural；gustatory；olfactory；tactile；visual
媒介类型	audio；electronic；microform；microscopic；multiple media；projected；stereographic；video；other media

2.2.1.3　RDA 及 MARC21 适应第 0 项的修订

《资源描述与检索》(Resource Description and Access,简称 RDA)是由美国、英国、加拿大及澳大利亚联合编制的元数据内容标准,是 AACR2 的升级替代品。该标准作为国际编目界最新成果,经过 6 年的编制于 2010 年面世。RDA 根据 ISBD 关于第 0 项的最新规则,也对 GMD 的处理进行了新的规定,将其拆分为三个数据元素:内容类型(content type)、媒介类型(media type)和载体类型(carrier type),并分别于 3.2(媒介类型)、3.3(载体类型)和 6.9(内容类型)条款予以详细描述。

RDA 作为适用于各种资料类型文献描述与检索的内容标准,必须与元数据标准相互协调发展,才能很好地被体现和应用。因此,MARC21 始终密切关注 RDA 的修订进展,及时按照 RDA 的新结构和新内容进行调整。2008 年,RDA/MARC21 工作组成立,其任务是修改 MARC21 格式,使之包容 RDA 的新增元素。2009 年,为配合 RDA 新增内容类型、媒介类型和载体类型三个数据元素的描述,MARC21 书目数据格式新增 336(内容类型)、337(媒介类型)和 338(载体类型)三个字段来分别记录上述三个元素。

2.2.1.4　常见应用模型

[P1]$a术语$b术语代码$2术语来源

[P2]$a术语$2术语来源

[P3]$b术语代码$2术语来源

[P4]$a术语$a术语$2术语来源

[P5]$a术语$2术语来源$3适用的文献范围

2.2.1.5　著录要点解析

(1)336、337、338 三个字段所包含的子字段及使用方法基本一致。$a 包含术语,$b 包含术语对应的代码,$2 包含术语来源,$3 指明术语适用的文献范围。

（2）著录时，可仅著录术语或术语代码，也可两者同时著录。

（3）术语通常取自 RDA 相应的术语表。RDA 术语表对 AARC2R 中的 GMD 和 SMD 术语按内容类型、媒介类型和载体类型进行了重新划分、补充和修改。在电子资源方面所做的术语修改包括：AACR2 9.5B1 所列的电子资源的 SMD，如果是软盘，用"computer disk（计算机软盘）"，如果是其他磁盘则用"computer optical disc（计算机光盘）"，在 RDA 3.3.1.2 均采用"computer disc（计算机磁盘）"；RDA 电子资源载体类型术语列表还包括 AACR2 9.5B1 所没有的"online resource（在线资源）"①。

（4）当资源包含多种类型且采用相同的术语表时，可将各文献类型对应的术语记录在重复的 $a 中，术语代码记录在重复的 $b 中。

（5）336、337、338 字段术语的选择分别与书目记录 LDR/06 字符位（记录类型）、007/00 字符位（资料类型）和 007/01 字符位（特定资料标识）存在对应关系，具体对应关系详见附录 1 表 8 至表 10。

例 1：

　　300 ##$a1 online resource（text files（HTML and PDF））

　　336 ##$acomputer dataset$2rdacontent

　　337 ##$acomputer$2rdamedia

　　338 ##$aonline resource$2rdacarrier

说明：本例为远程访问的电子期刊。336、337、338 字段仅著录 $a 术语，$2 术语来源表明该术语取自 RDA 术语表。

例 2：

　　300 ##$acxxii, 641 p. :$bill. ;$c25 cm. + $e1 CD-ROM（4 3/4 in.）

　　336 ##$atext$acomputer dataset$2rdacontent

　　337 ##$aunmediated$acomputer$2rdamedia

　　338 ##$avolume$acomputer disc$2rdacarrier

说明：本例为图书附光盘。编目文献包含两个组成部分，即图书和作为附件的电子资源。由于术语来源相同，都是 RDA 术语表，因此 336、337、338 字段重复 $a 以记录编目文献各组成部分的内容类型和媒介类型。336、337、338 字段第 1 个 $a 著录图书对应的术语，第 2 个 $a 著录附件光盘对应的术语。

例 3：

　　336 ##$atext$2rdacontent$3liner notes

　　337 ##$aunmediated$2rdamedia$3liner notes

　　338 ##$asheet$2rdacarrier$3liner notes

说明：本例编目文献衬里夹带一张说明。$3 指明 336、337、338 字段 $a 术语所适用的文献范围，即适用于这张说明。

---

① 吴晓静. 从 AACR2 到 RDA 的内容变化[J]. 数字图书馆论坛,2010(12).

例4：

　　336 ##$atext$btxt$2rdacontent

　　337 ##$acomputer$bc$2rdamedia

　　338 ##$acomputer disc$bcd$2rdacarrier

说明：本例336、337、338字段同时著录 $a 术语及 $b 术语代码。

例5：

　　336 ##$bcod$2rdacontent

　　337 ##bc2rdamedia

　　338 ##bcd2rdacarrier

说明：本例336、337、338字段仅著录 $b 术语代码。

2.2.2　题名和责任说明项

2.2.2.1　数据元素与 MARC21 字段

表2-3　题名和责任说明项数据元素对应 MARC21 字段

著录项目	MARC21 书目记录格式
题名和责任说明项	245
正题名	$a
并列题名	$b
其他题名信息	$b
责任说明	$c
从属题名标识	$n
从属题名	$p

2.2.2.2　常见应用模型

［P1］$a 正题名.

［P2］$a 正题名 :$b 其他题名信息.

［P3］$a 正题名 = $b 并列题名.

［P4］$a 正题名 = $b 并列题名 :其他题名信息.

［P5］$a 正题名 :$b 其他题名信息 =并列题名 :并列其他题名信息.

［P6］$a 正题名 :$b 其他题名信息 =并列其他题名信息.

［P7］$a 正题名 /$c 责任说明.

［P8］$a 正题名 = $b 并列题名 /$c 责任说明.

［P9］$a 正题名 = $b 并列题名 =并列题名 /$c 责任说明.

［P10］$a 正题名 :$b 其他题名信息 :其他题名信息 /$c 责任说明.

［P11］$a 正题名 /$c 责任说明 =并列责任说明.

［P12］$a 正题名 /$c 责任说明 =并列题名 /并列责任说明.

［P13］$a 正题名 /$c 责任说明 ;第二责任说明 ;第三责任说明.

［P14］$a 题名 /$c 责任说明. 题名 /责任说明.

［P15］$a 题名 ;$b 题名 /$c 责任说明.

［P16］$a 题名 :$b 其他题名信息 ;题名 :其他题名信息 /$c 责任说明.

［P17］$a 题名 = $b 并列题名 ;题名 = 并列题名 /$c 责任说明.

［P18］$a 共同题名. $p 从属题名.

［P19］$a 共同题名. $n 从属题名标识 ,$p 从属题名.

［P20］$a 共同题名. $n 从属题名标识.

［P21］$a 共同题名. $p 从属题名 = $b 并列共同题名. $p 并列从属题名.

［P22］$a 共同题名. $p 从属题名 /$c 责任说明.

［P23］$a 共同题名. $n 从属题名标识 /$c 责任说明.

［P24］$a 共同题名 :$b 其他题名信息. $p 从属题名 :其他题名信息.

［P25］$a 共同题名. $p 从属题名 :$b 其他题名信息 /$c 责任说明 = 并列共同题名. $p 并列从属题名 :并列其他题名信息 / 并列责任说明.

2.2.2.3　著录要点解析

（1）本项的规定信息源是电子资源本身,若电子资源本身信息不足时,著录的内容还可取自容器、出版者或发行者提供的文档和其他附件上的信息。

（2）本项包含的数据元素主要有正题名、并列题名、其他题名信息、责任说明几项。原属于第 1 项的文献类型标识子项(245/$h)已取消著录,被 336、337、338 字段所著录的内容类型、媒介类型和载体类型所取代。

（3）正题名是本项著录的第 1 单元,具有多种形式,如交替题名、复合题名、无总题名的文献题名等。

（4）文件名或数据集名不能作为正题名,除非它们是首选信息源上唯一的名称。若认为该名称重要,可将未作为正题名的文件名或数据集名著录在附注项。

（5）若规定信息源上没有可著录的正题名,编目员可自拟一个适当的正题名,并置于方括号内。

（6）电子资源的正题名无论取自规定信息源还是编目员自拟,都必须在附注项注明正题名来源。

（7）若题名是多语言的,选择电子资源内容的语言或主要语言的题名作为正题名,将规定信息源中出现的第一个其他语言的题名作为并列题名,同时可启用 246 字段为并列题名提供检索点。取自其他来源的并列题名可做附注。

（8）包含多部作品而无总题名的电子资源,若作品能区分主次,选择其中占主要地位的作品的题名作为正题名,将其他作品的题名著录于附注项;若作品不能区分主次,则将电子资源作为整体著录,按规定信息源上的次序著录各作品的题名。具体做法参见"2.2.2.2 常见应用模型"［P14］—［P17］。

（9）电子资源中出现的不同于正题名的变异题名著录于 246 字段,例如全称题名与简称题名。若全称题名为正题名著录于 245 字段,则简称题名作为变异题名著录于 246 字段,并根据变异题名出现的位置确定 246 字段指示符的值。

（10）集成性电子资源(如更新的网站)的正题名变更,若该变化不属于较大的变化,则无需为其创建一条新的书目记录,则在原书目记录中以变更后的题名为正题名,先前题名记录在 247 字段即可。

(11)对电子资源内容负责的个人和团体作为责任说明转录于 245/$c。若责任说明中题名与责任者之间的关系不清晰,可由编目员提供一适当说明语,并置于方括号内。

例 1:

245 00$aBathymetry of Lake Ontario. $nVol. G2.

500 ##$aTitle from disc label.

说明:本例为电子地图数据库。正题名为复合题名形式。在 500 字段说明正题名来源为光盘标签。

例 2:

245 00$a& thou shalt honor--

246 3#$aAnd thou shalt honor--

500 ##$aTitle from home page (viewed on Sept. 12 , 2003).

说明:本例为美国一档电视节目的网站。246 字段记录正题名的变异题名,即特殊标识“&”的展开式,此时其指示符为固定搭配“3#”。远程访问的电子资源在 500 字段其正题名来源之后还要注明访问的时间。

例 3:

245 00$aInternational journal of Russian studies = $bMezhdunarodnyĭ

    zhurnal rossiĭskikh issledovaniĭ = Uluslararası Rusya araştırmaları dergisi.

说明:本例为网络型电子期刊,首选信息源上包含俄语及土耳其语两个并列题名。

例 4:

245 00$a1000 rare & out-of-print Haggadahs = $b[Hagadah shel Pesaḥ].

246 30$aHaggadahs

246 31$aHagadah shel Pesaḥ

246 3#$aOne thousand rare and out-of-print Haggadahs

说明:本例为存储于光盘的 PDF 格式文件。245 字段 $b 记录了编目员认为重要但取自非规定信息源的并列题名,因此著录在方括号内,同时使用了多个 246 字段记录变异题名,第 1 个 246 字段记录部分题名,指示符固定搭配为“30”;第 2 个 246 字段记录并列题名;第 3 个 246 字段记录正题名中数字“1000”和特殊标识“&”的展开式。

例 5:

245 00$aLos Angeles County Museum of Art ;$b[Web site].

246 1#$aLACMA

说明:本例是一个机构网站,正题名仅由团体机构名称构成,需在 $b 子字段附加其他题名信息,以表明资源是该机构的网站。该信息为编目员提供,因此需置于方括号内。

例 6:

245 00$a100 days of royal takeover.

246 3#$aOne hundred days of royal takeover

246 1#$iTitle from opening screen:$aNEPAL : $b100 days of royal takeover 1 February-11 May 2005

500 ##$aTitle from disc label.

说明:本例为存储于光盘的 PDF 格式文件,第 2 个 246 字段记录了来自开机屏的变异题名,同时在 $i 显示文字子字段说明变异题名的来源,此时指示符固定搭配为"1#", 500 字段记录了正题名来源为光盘标签。

例 7:

245 00$aMilitary Leadership Diversity Commission decision paper.$n#9, $pNational guard and reserve.

246 30$aNational guard and reserve

500 ##$aTitle from title screen(viewed on Dec.16,2011).

说明:本例为网络型电子图书,内容为美国政府出版物。其符合"2.2.2.2 常见应用模型"[P19]:245 字段 $n 记录从属题名标识,即文献本身著录卷期号"#9", $p 著录从属题名。从属题名需作为部分题名著录在 246 字段,指示符为"30"。

例 8:

245 10$aAmerica's natural places.$pEast and Northeast /$cDonelle Nicole Dreese.

246 30$aEast and Northeast

说明:本例为网络型电子图书。其符合"2.2.2.2 常见应用模型"[P22]:245 字段 $p 著录从属题名。将从属题名作为部分题名记录在 246 字段,指示符为"30"。

例 9:

245 00$aMing liu chang :$bJu le bu yu xiu xian ba /$cLi Chunmei bian/yi = Club and lounge / Rebecca Li.

246 30$aJu le bu yu xiu xian ba

246 31$aClub and lounge

546 ##$aIn Chinese and English.

说明:本例为网络型电子图书。其符合"2.2.2.2 常见应用模型"[P12]:文献内容包含中、英两种语言文字,将题名及责任说明先以拼音形式著录在 245 字段的 $a、$b 和 $c,然后在 $c 之后著录英文形式的题名及责任说明,两个 246 字段的变异题名分别是部分题名和并列题名。

例 10:

245 10$aStar wars :$bclone wars gambit : stealth /$cKaren Miller.

246 30$aClone wars gambit

246 30$aStealth

说明:本例为网络型电子图书。其符合"2.2.2.2 常见应用模型"[P10]:245 字段 $b 可著录多项其他题名信息,若认为重要,可将其他题名信息作为部分题名记录在 246 字段。

例 11：

245 12$aA certain wolfish charm ;$bTall, dark and wolfish ;The wolf next door /$cLydia
　　　Dare.

740 02$aTall, dark and wolfish.

740 02$aWolf next door.

说明：本例为网络型电子图书，是同一作者三部小说的汇编，无总题名。其符合"2.2.2.2 常见应用模型"[P15]：将第一部作品的题名作为正题名著录在 245 字段的 $a，将其他两部作品的题名著录在 245 字段的 $b，各部作品之间均用分号(;)隔开。740 字段以后两部作品的题名做分析题名检索点。

例 12：

245 00$aHousing starts.

246 1#$iTitle on home page:$aHousing sarts$f < Dec. 15, 2002 >

说明：本例为网站资源，当转录题名时要对明显的排字错误进行更正(sarts 很明显应为 starts)，把主页上显示的不正确的题名著录在 246 字段。如果不确定单词拼写是否有误，则直接转录资源上的拼写形式，并将编目员认为正确的拼写著录在 246 字段提供检索。246 字段 $f 记录浏览网页的时间。

例 13：

110 2#$aAssociation of American Economics.

245 10$aMembership directory of the Association of American Economics.

500 ##$aTitle from HTML header (viewed on June 16, 1998).

2000 年 8 月 30 日发现网站题名变更后对记录进行的修改：

110 2#$aAssociation of American Economics.

245 10$aAssociation of American Economics online directory of members.

247 10$aMembership directory of the Association of American Economics$f < June 16, 1998 >

500 ##$aTitle from HTML header (viewed on Aug. 30, 2000).

说明：本例为集成性资源中的网站资源，正题名发生变更后，由于变动较大，需要将变更后的题名作为正题名著录在 245 字段，先前题名则著录在 247 字段。247 字段同时具有检索和著录功能。247 字段 $f 显示先前题名使用的时间范围，当该信息不可知时，则在尖括号内记录先前题名的时间标识。若正题名再次变更，则继续更新 245 字段，将先前题名记录在第 2 个 247 字段。

例 14：

100 1#$aSchnapf, Lawrence P.

245 10$aManaging environmental liability ;$bbusiness transactions and Brownfield redevelop
　　　ment /$cLawrence P. Schnapf.

246 1#$iSubtitle:$aLaw & strategy for businesses and corporations $f1996-1997

246 1#$iSubtitle:$aManaging environmental risks in corporate/real estate transactions and
　　　Brownfield redevelopment$f1998-2001

247 10$aEnvironmental liability$f1990-2001

说明：本例为网站资源，245 字段 $b 著录有其他题名信息，在网站变更后该项信息有所改变，需对 245 字段 $b 其他题名信息进行更新，同时可将原其他题名信息记录在 246 字段或 500 字段。当记录在 246 字段时,可在该字段 $f 记录原其他题名信息使用的时间范围。

2.2.3 版本项

2.2.3.1 数据元素与 MARC21 字段

表 2-4 版本项数据元素对应 MARC21 字段

著录项目	MARC21 书目记录格式
版本项	250
版本说明	$a
并列版本说明	$b
与版本相关的责任说明	$b
附加版本说明	$a、$b
与附加版本说明相关的责任说明	$b

2.2.3.2 常见应用模型

[P1] $a 版本说明.

[P2] $a 版本说明 = $b 并列版本说明.

[P3] $a 版本说明 /$b 责任说明.

[P4] $a 版本说明 /$b 责任说明;第二责任说明;第三责任说明.

[P5] $a 版本说明 /$b 责任说明 = 并列版本说明 / 并列责任说明.

[P6] $a 版本说明,附加版本说明.

[P7] $a 版本说明 /$b 责任说明,附加版本说明 / 责任说明.

2.2.3.3 著录要点解析

(1)本项的规定信息源是电子资源本身,若电子资源本身信息不足时,著录的内容还可取自容器、出版者或发行者提供的文档和其他附件上的信息。

(2)版本说明应按资源上出现的术语转录。用阿拉伯数字替代其他数字或拼写出的数字,版本术语使用标准的缩略语。版本说明也包括用来标识版本的一些说明性短语。

(3)若版本说明的来源不同于正题名的来源,需将版本说明的来源著录于附注项。

(4)电子资源常见的版本说明词包括:"edition"、"issue"、"version"、"release"、"level"、"update"或其他语言的等同词。

(5)若电子资源本身无版本说明,但编目员能确定重要的版本变化,可用与正题名相同的语言和文字自拟一版本说明,并置于方括号内。

(6)电子资源常以不同的版本出版,确认是否构成新版本十分重要,这决定了是否需要为资源创建单独的书目记录。资源只有在知识内容或艺术内容上有重大差别时,才构成新版本,需要创建单独的书目记录,例如编程语言或操作系统的变更、内容的增加或删除。若资源只是发生微小的变化,则不视为产生新版本,例如物理载体尺寸的变化、数据拼写错误的修改、内容顺序的改变、输出格式或显示媒介的改变以及物理特征的改变(如记录密度)。若认为这些微小的变化重要,可著录于附注项。

(7)由于远程访问的电子资源经常更新,可不著录版本说明,若有需要,可将相关信息著录于附注项。

（8）有多种物理载体的电子资源（如包含附件），且资源整体和各部分都有版本说明，则版本项只著录与整个资源相关的版本说明。若认为各部分的版本说明重要，可将其著录于附注项。

（9）版本说明有多种语言和文字时，使用正题名所用语言和文字著录。若不可行，则使用最先出现的形式。具体做法参见"2.2.3.2 常见应用模型"［P2］、［P5］。

（10）含有多部作品的无总题名的电子资源，若各作品都有自己的版本说明，则将版本说明分别著录于相关的题名和责任说明之后。

（11）与电子资源某一版本有关的责任说明著录于版本说明之后。具体做法参见"2.2.3.2 常见应用模型"［P3］、［P4］、［P5］、［P7］。

（12）常见的附加版本说明是指版本的修订说明，直接著录于版本说明之后，具体做法参见"2.2.3.2 常见应用模型"［P6］、［P7］。

例1：

250 ##$aFriedberg Ryzman ed.

说明：本例为存储于光盘的 PDF 格式文件。

例2：

250 ##$aVersion 1.0.

说明：本例为光盘，内容为气候标准。

例3：

250 ##$aSETS 2.0, Rev. 805.

说明：本例为存储于光盘的电子数据，文字表明该资源是修订版，版本术语注意要使用标准的缩略语。

例4：

588 ##$aDescription based on：Version 3.5；title from home page（viewed on Nov. 4, 2003）.

588 ##$aDescription based on：Version 8.11.2003；title from title screen（viewed on Dec. 2, 2003）.

说明：以上两个例子为经常更新的网络资源，一般无需著录版本项，而是将相关信息著录于附注项。

例5：

245 00$aWebElements periodic table.

250 ##$aProfessional ed.

另一个版本：

245 00$aWebElements periodic table.

250 ##$aScholar ed.

说明：本例为网络资源，同时以"Professional ed."和"Scholar ed."两种版本发行，此时，需要为不同版本分别创建单独的书目记录，各书目记录中均要在 250 字段著录版本说明。

例6：

250 ##$aWindows and DOS versions.

500 ##$aDescription based on：1995 ed.；title from disc label.

说明：本例为存储于光盘的电话通讯录，250字段著录了与资源相关的版本说明。

2.2.4　资料或资源类型特殊项

依据1997年出版的ISBD(ER)的规定，电子资源应著录第3项"电子资源的类型和数量项"。直到2002年修订版，AACR2R还对电子资源第3项的著录给予了相应的规则。为此，MARC21书目数据格式设置了256字段(计算机文件特征)用于记录电子资源第3项的数据元素。

2004年，AACR2R对第9章"电子资源"进行了更新，取消了电子资源第3项"电子资源的类型和数量项"的著录[①]。在ISBD方面，IFLA专门负责ISBD修订的ISBD评估组(ISBD Review Group)在研发ISBD(统一版)的过程中对第3项的著录问题也进行了讨论，认为电子资源第3项的描述可以放到第5项(载体形态项)一起处理[②]。在2007年出版的ISBD(统一版)预备版中，第3项"资料或资源类型特殊项"仅适用于地图资料(数学数据)、乐谱资料(乐谱格式说明)和连续出版物(编号)，电子资源已经无需著录第3项了。相应地，MARC21书目数据格式中256字段也不再使用。

2.2.5　出版、制作、发行等项

2.2.5.1　数据元素与MARC21字段

表2-5　出版、制作、发行等项数据元素对应MARC21字段

著录项目	MARC21书目记录格式
出版、制作、发行等项	260
出版、制作和/或发行地	$a
出版者、制作者和/或发行者	$b
出版、制作和/或发行日期	$c
印刷或生产地	$e
印刷者或生产者名称	$f
印刷或生产日期	$g

2.2.5.2　常见应用模型

[P1]$a出版地：$b出版者,$c出版日期.

[P2]$a出版地1：$b出版者1；$a出版地2：$b出版者2,$c出版日期.

[P3]$a出版地1；$a出版地2：$b出版者,$c出版日期.

[P4]$a出版地：$b出版者1：$b出版者2,$c出版日期.

---

① Cataloging Electronic Resources：OCLC-MARC Coding Guidelines［OL］.［2012-04-11］. http://www.oclc.org/support/documentation/worldcat/cataloging/electronicresources.

② 顾犇.《国际标准书目著录》及其最新发展[J].国家图书馆学刊,2006(3):56.

［P5］$a出版地 :$b出版者,$c出版日期$e(制作地 :$f制作者,$g制作年)

［P6］$a [S. l. :$bs. n.], $c出版日期$e(制作地 :$f制作者,$g制作年)

2.2.5.3 著录要点解析

（1）本项的规定信息源是电子资源本身,若电子资源本身信息不足时,著录的内容还可取自容器、出版者或发行者提供的文档和其他附件上的信息。

（2）远程访问的电子资源均作为已出版的文献。未出版的电子资源不著录出版、发行地和出版、发行者,也不记录为"［S.l］: ［s.n.］"(出版地不详:出版者不详)。

（3）若有多个版权日期适用电子资源的不同制作方面,如程序编制、录音制作、图形和文档编制等,且没有一个适用于整个资源的出版发行日期,则应著录最新的版权日期。

（4）未出版的电子资源应著录其创建日期。

（5）若电子资源的制作地、制作者和制作年与出版地、发行地和出版者、发行者和出版年、发行年不同,也可著录该信息。若电子资源的出版地、发行地和出版者、发行者信息不详,而制作地和制作者信息可获取,则可著录该信息,并置于圆括号内。

例1：

260 3#$aNew York :$bHarper,$c1994-

说明:本例为一个不断更新的网站资源,根据当前的出版信息进行著录时,260 字段第 1 指示符选"3",$c 著录起始日期和结束日期,中间加短横,本例尚未有结束日期,因此 $c 著录开口日期。

例2：

260 3#$aChicago :$bHolt,$c［2003?］-

说明:本例为一个不断更新的网站资源,但出版的起始日期为估计日期,因此著录在方括号内并加"?",在括号外加短横表明结束日期尚未确定。

例3：

260 3#$aNew York :$bHarper

362 1#$aBegan in 1999?

说明:本例为一个不断更新的网站资源,当起始日期无法确定时,也可不著录 260 字段的 $c,而将估计的出版日期著录在 362 字段(第1 指示符选"1")。此时,260 字段 $b 后不加结束符"."。

例4：

260 3#$aCharlottesville, Va. :$bLEXIS Pub.

［无 362 字段］

说明:与例3类似,当无法确定出版物日期时,无需著录 260 字段 $c,也不一定非要著录 362 字段。

例5：

260 ##$a［S.l.］:$bKukpangbu Kunsa P'yŏnch'an Yŏn'guso,$c［200-?］

说明:本例为光盘,出版地信息无从获得,因此 260 字段 $a 著录［S.l.］,出版日期估计为 2000—2009 年之间的某一年,因此出版年的最后一位用"－"代替,加"?"表示估计日期,估计的出版日期著录在方括号内。

例6：

260 ##$aTrivandrum :$bKerala State Chalachitra Academy ;$aKottayam :$bDistribution,
    Malayala Manorama,$c2004.

说明：本例为视频光盘，同时著录了出版和发行信息，第1个$a和$b分别著录出版地和出版者，第2个$a和$b著录发行地和发行者，$c著录出版发行日期。

例7：

260 ##$aNew York :$bAmerican Institute of Certified Public Accountants ;$aCanada :$b
    Chartered Accountants of Canada,$c2001.

说明：本例为存储于光盘的审计行业标准，其符合"2.2.5.2 常见应用模型"[P2]：资源由多个出版者共同出版，则将相应的出版信息著录在重复的子字段内。

例8：

260 ##$aLondon :$bArts Council of Great Britain,$c1976 $e(Twickenham :$fCTD Printers,
    $g1974)

说明：本例符合"2.2.5.2 常见应用模型"[P5]：制作信息著录在$e、$f、$g子字段，置于圆括号内。

2.2.6 载体形态项

2.2.6.1 数据元素与MARC21字段

表2-6 载体形态项数据元素对应MARC21字段

著录项目	MARC21 书目记录格式
载体形态项	300
资料数量	$a
其他物理细节	$b
尺寸	$c
附件说明	$e

2.2.6.2 常见应用模型

[P1]$a资料数量 :$b其他物理细节;$c尺寸

[P2]$a资料数量 ;$c尺寸

[P3]$a资料数量 :$b其他物理细节 ;$c尺寸 +$e附件(附件数量：附件的其他物理细节；附件的尺寸)

2.2.6.3 著录要点解析

(1)本项的规定信息源是整个资源。

(2)对于远程访问的电子资源，一般不著录本项。

(3)组成电子资源的物理单元数量用阿拉伯数字和特定资料标识一起著录。用于特定资料标识的术语不是规定性的，可用适合于编目资源和著录语言的术语著录，术语可采用缩略语。特定规格的物理载体形式可使用其惯用术语，如 CD(激光唱片)、CD-ROM(只读光盘)、CD – I(交互式光盘)、Photo CD(照片光盘)、VCD(视盘光盘)、DVD(数字视频光盘)、LD(激光视盘)等。

(4)电子资源的其他物理细节主要包括声音和颜色两个方面:若电子资源有声音,则著录为"sd."(或其他语言的等同词);若电子资源有两种或两种以上的颜色,则著录为"col."(或其他语言的等同词)。

(5)电子资源的尺寸单位为"in."(英寸)或"cm."(厘米)。使用厘米为单位时,不足 1 厘米的按 1 厘米计算。

①对于光盘或磁盘的尺寸应记录其直径,使用英寸为单位时,不足 1/4 英寸的按 1/4 英寸计算。

②对于计算机芯片应记录其长度,使用英寸为单位时,不足 1/4 英寸的按 1/4 英寸计算。

③对于盒式磁带应记录盒的长度和厚度,使用英寸为单位时,不足 1/8 英寸的按 1/8 英寸计算。

④卷式磁带不著录尺寸。

(6)若电子资源有多种物理载体且规格不同,著录最小和最大的规格,中间用连接号(–)连接。

(7)若电子资源由多部分组成且被装在容器中,可著录容器的尺寸。著录时可使用短语"in container"(或其他语言的等同词)。

(8)附件的处理:电子资源的附件若可独立使用,可单独著录;若与电子资源作为一个整体著录,其载体形态著录于主文献之后,其资料数量、其他物理细节及尺寸置于圆括号内;不便于著录在第 5 项的附件信息也可著录于附注项。

例 1:

    300 ##$a1 videodisc (ca. 130 min.) :$bdigital, sd., col. ;$c4 3/4 in. + $e1 sound disc (4 3/4
        in.) + 1 booklet (24 p. ; 20 cm.) + 1 folded sheet (25 × 20 cm., folded to 13 × 10)

说明:本例为带有 3 个附件的视频光盘,其篇幅数量、其他形态细节、尺寸分别著录于 $a、$b 和 $c 子字段,附件的载体形态信息著录在 $e,包括 1 张唱片、1 个小册子和一个折页,与附件相关的载体形态信息置于圆括号内,各附件之间用" +"相连。

例 2:

    300 ##$a1 CD-ROM :$bcol. ;$c4 3/4 in.

说明:本例为光盘型的电子书,其载体形态项采用最常见的著录形式,表明该资源是一个CD-ROM,彩色,直径为 4. 75 英寸。

例 3:

    007 cr^||||||||||||

    245 00$aAnalytics.

    500 ##$aDescription based on first issue; title from pdf cover (publisher's website viewed on
        Oct. 20, 2008).

说明：本例为网站资源，007/01 为"r"表明电子资源类型是远程访问，对于远程访问的电子资源，一般不著录载体形态项。

2.2.7　丛编和多部分单行资源项

2.2.7.1　数据元素与 MARC21 字段

表 2－7　丛编和多部分单行资源项数据元素对应 MARC21 字段

著录项目	MARC21 书目记录格式
丛编和多部分单行资源项	490
丛编正题名	$a
丛编并列题名	$a
丛编其他题名信息	$a
与丛编相关的责任说明	$a
丛编国际标准号	$x
丛编内部编号	$v
分丛编编号	$a
分丛编题名	$a

2.2.7.2　常见应用模型

［P1］$a丛编正题名

［P2］$a丛编正题名：丛编其他题名信息

［P3］$a丛编正题名 ;$v丛编内部编号

［P4］$a丛编正题名,$xISSN ;$v丛编内部编号

［P5］$a丛编正题名 = $a丛编并列题名,$xISSN

［P6］$a丛编正题名 / 与丛编相关的责任说明

［P7］$a丛编正题名.分丛编编号,分丛编题名

［P8］$a丛编正题名,$xISSN ;$v丛编内部编号.$a分丛编编号,分丛编题名,$x分丛编ISSN ;$v分丛编内部编号

2.2.7.3　著录要点解析

（1）本项的规定信息源是电子资源本身，若电子资源本身信息不足时，著录的内容还可取自容器、出版者或发行者提供的文档和其他附件上的信息。

（2）电子资源丛编项的著录与其他资料相同，无特殊规定。

例1：

245 00$aAncient Egypt.

300 ##$a1 CD-ROM :$bsd., col. ; $c4 3/4 in. + $e1 teacher's guide.

490 1#$aMultimedia collections ;$v3095

830 #0$aMultimedia collections.

说明:本例为视频光盘,符合"2.2.7.2 常见应用模型"[P3]:丛编正题名著录在 490 字段 \$a,丛编内部编号著录于 \$v,490 字段第 1 指示符"1"表示需要为该丛编题名设立检索点,此时需要启用 8XX 丛编附加检索款目字段,记录丛编题名的检索形式,通常为规范形式。

例2:

490 1#\$a1974–75 : Law and population monograph series

490 1#\$a1976 : Law and population book series

830 #0\$aLaw and population monograph series ;\$vno. 30,39.

830 #0\$aLaw and population book series ;\$vno. 20.

说明:本例为网络型电子资源,符合"2.2.7.2 常见应用模型"[P2]:丛编正题名和丛编其他题名信息均著录在 490 字段 \$a,中间用冒号(:)隔开。资源属于不同的丛编,重复 490 字段分别记录丛编题名,由相应的 830 字段提供丛编题名的检索点。

2.2.8 附注项

2.2.8.1 数据元素与 MARC21 字段

在其他著录项目不便说明或不能反映,但对读者利用文献有重要作用的书目信息应著录于附注项。附注项对应 MARC21 书目数据格式的 5XX 字段块。一般性附注著录于 500 字段,专指性附注著录于其他 5XX 字段。电子资源附注项包含的数据元素见下表。

表2–8 附注项数据元素对应 MARC21 字段

著录项目	MARC21 书目记录格式
附注项	5XX
系统要求	538
访问方式	538
正题名来源	500
变异题名	500
早期题名	500
性质和范围	500
语言和文字	546
并列题名	500
责任说明	500
版本与历史沿革	500
出版、发行等	500
附加物理细节	500
学位论文	502
书目等附注	504

续表

著录项目	MARC21 书目记录格式
适用对象	521
可获得的其他物理格式	530
提要	520
内容目次	505
馆藏说明及获取限定	500/506
合订说明	501
著录的基础	500/588

2.2.8.2　著录要点解析

（1）在 MARC21 书目数据格式中，5XX 附注字段多为可选用字段，但是对于电子资源编目，附注字段十分重要，有些附注更是必不可少。

（2）本项的规定信息源取自任何来源。

（3）附注项一般按照著录项目的顺序著录，若某一附注特别重要，也可提前著录。

（4）附注项应采用编目语言的语种。附注若为引文，应置于引号内，并注明出处。

（5）附注内容应尽量简洁清晰，尽可能使用固定导语或规范用语。

（6）电子资源的附注一般按下列顺序著录：

①系统要求：对于直接访问的电子资源，若系统要求的信息可获取，应著录附注项。系统要求包括一个或多个技术规格时，通常按照下列次序著录：

导语"System requirements："（或其他语言的等同词）；机器的名称、型号和/或数量；内存大小；操作系统名称；软件要求（包括编程语言）；外围设备；硬件配置；字符集。

若资源包含两个或两个以上不同的物理载体，编目机构可自行决定系统要求的附注数量，即可以做一条附注表示两个或两个以上物理载体的情况，也可做多条附注表示每一个物理载体不同的系统要求。

②访问模式：对于远程访问的电子资源，必须著录与访问模式相关的附注，导语为"Mode of access："（或其他语言的等同词）。

③正题名来源：在任何情况下都必须著录正题名的信息源。对于远程访问的电子资源，还应著录访问的时间。

④变异题名：电子资源载有的不同于正题名的变异题名，若未著录于 246 字段，可著录于附注项。不同于正题名的文件名或数据集名称，也可著录于附注项。

⑤早期题名：对于集成性电子资源，先前题名可著录于附注项。

⑥性质和范围：若著录的其他部分未说明电子资源的性质和范围，可将其著录于附注项。

⑦语言和文字：若著录的其他部分未说明电子资源内容所采用的语言或文字，可将其著录于附注项。

⑧并列题名：若必要，可在附注项著录未在题名和责任者项中出现的并列题名。

⑨责任说明：若必要，可在附注项著录未在题名和责任者项中出现的个人和团体。对于

集成性电子资源,先前责任说明可著录于附注项。若变化很多,可著录一个总的说明,例如"Editor varies"。

⑩版本说明:若电子资源的版本说明的信息源与正题名的不同,则必须将版本信息的来源著录于附注项。

⑪历史沿革:有关电子资源的版本和历史沿革,应做附注。

⑫微小变化:若必要,电子资源的微小变化可做附注项。

⑬出版、发行等:若必要,未在出版发行项著录的细节可著录于附注项。

⑭附加物理细节:包括用于补充载体形态项的附加载体形态信息、关于特定物理特点的说明以及用于描述附件或集成性资源先前物理细节的信息。

⑮学位论文:若电子资源为学位论文,可做附注。格式为:

导语"Thesis（M.A.）"（或其他学位缩写词）--授予学位的机构名称,授予学位的年代.

⑯适用对象:有关电子资源适用对象的说明,可著录于附注项。

⑰可获得的其他物理格式:若电子资源有其他物理载体或不同的格式,可著录于附注项。

⑱内容提要:若可能,将对电子资源简明的介绍著录于附注项。

⑲内容目次:若必要,将电子资源各个组成部分的名称著录于附注项。

⑳获取限定:电子资源的馆藏情况及使用限制条件等信息可著录于附注项。

㉑合订说明:对于无总题名文献的电子资源,若选择占主要地位的一部作品著录,则其他作品的题名可做合订说明,导语为"With:"。

㉒著录的基础:对于远程访问的电子资源,著录依据的卷、期号或更新应著录于附注项,还要著录浏览资源的日期。

例1：

538 ##$aSystem requirements for Windows：300MHz Pentium PC；64MB RAM；Windows 95；sound card；speakers；CD-ROM drive.

说明:本例为系统要求附注。直接访问的电子资源一般要求著录系统要求。著录顺序为:机器的名称、型号和/或数量;内存大小;操作系统名称;软件要求(包括编程语言);外围设备;硬件配置;字符集等。

例2：

538 ##$aMode of access：Electronic mail via Internet and BITNET；also available via FTP.

说明:538 字段可著录电子资源的访问方式,本例表明该资源可通过发送电子邮件或 FTP 方式进行访问。此时应著录导语:"Mode of access:"。

例3：

500 ##$aTitle from HTML homepage（viewed Sept. 22，2009）.

说明:电子资源正题名的信息来源必须著录在附注项,通常著录在 500 字段。

例4：

500 ##$aFormerly known as：The unidentified soldier.

说明：本例 500 字段著录的是资源的早期题名。

例 5：

008/35-37：dut

041 0#$adut$aeng

546 ##$aDutch and English.

说明：546 著录了电子资源内容所使用的语言和文字为荷兰语和英语。

例 6：

500 ##$aEd. statement from container insert.

说明：本例表明若电子资源版本说明的信息源与正题名的不同,则须将版本信息的来源著录于附注项。

例 7：

245 00$aFederal income taxation of intellectual properties and commercial assets.

588 ##$aDescription based on: release 11, published 1999.

正题名发生了微小变动后：

245 00$aFederal income taxation of intellectual properties and commercial assets in comparison to other assets.

500 ##$aTitle varies slightly.

588 ##$aDescription based on：release 14, published 2003.

说明：正题名发生微小变动,不影响检索,则直接更改书目记录 245 字段,同时在附注项 500 字段加以说明,而无需启用 247 字段记录原题名。588 字段说明著录依据。

例 8：

500 ##$aStereo sd.

500 ##$aCD-ROM with last update for the year.

说明：对于远程访问的电子资源,必要时,可在附注项著录载体形态细节,也可将没有著录在载体形态项的附加载体形态信息著录在附注项 500 字段。

例 9：

502 ##$aThesis（M.A.）--University College, London, 1969.

500 ##$aOriginally presented as the author's thesis（doctoral）--Sorbonne, Paris, 1969.

说明：若电子资源本身是学位论文,则需要启用 502 字段,著录论文级别、授予机构和授予日期;若资源非学位论文,而是在原论文基础上修改后出版的,则此类附注应记录在 500 字段,而非 502 字段。

例 10：

521 ##$aThis search engine is designed for piano teachers and students, as well as performing students.

说明:本例为搜索引擎,521 字段为读者对象附注,本例说明了该资源适用对象是钢琴专业师生以及其他表演专业学生。

例 11：

530 ##$aAlso available via Internet.

说明:本例为光盘型电子图书,530 字段为其他载体形态附注,本例说明了该资源还有网络在线版可以获取。

例 12：

520 ##$aPresents information on The Society of Uilleann Pipers, known as Na Píobairí Uilleann, founded in 1968 to foster the growth of uilleann pipe playing. Site provides information on the history, production, and maintenance of uilleann pipes.

说明:本例为一个不断更新的网站,520 字段简要介绍网站的内容。

例 13：

505 0#$aFire behavior -- Fuels management -- Smoke management -- Erosion control and land treatments -- Innovations -- Communication and collaboration.

说明:本例为光盘型的电子图书,505 字段为格式化内容附注,用于著录资源目次信息,本例著录了图书各组成部分的名称。

例 14：

506 1#$aAvailable to subscribing member institutions only.

说明:本例为网络型电子期刊,506 字段记录获取限定方式,第 1 指示符"1"表示该资源为限定获取资源,字段内容表明该资源仅向订购用户提供使用。

例 15：

501 ##$aIn cassette with：Dissection of the brain stem：inferior and superior cerebellar peduncle -- Dissection of the hemispheres：long association bundles -- Dissection of the hemispheres：extreme and external capsules and related structures.

说明:501 字段著录合订附注,一般著录导语"With：",本例附注导语为"In cassette with：",说明了在盒式录音带中的其他题名,"--"用于区别不同的合订题名信息。

例 16：

500 ##$aDescription based on：vol. 1, no. 1（2005）（PIERS website, viewed Feb. 5, 2009）.

说明:本例为远程访问的电子期刊,500 附注提供著录的基础为 2005 年出版的 vol. 1, no. 1。著录依据也可著录在 588 字段,如：

588 ##$aDescription based on：July 26, 2007 update; title from caption（viewed Sept. 25, 2007）.

例 17：

516 ##$aNumeric（Summary statistics）.

516 ##$aNumeric（Spatial data：Point）.

516 ##$aText（HTML and PDF）and sound files（MP3）.

说明：516 字段为计算机文件类型或数据附注，描述电子资源的一般性信息（如文本文件、计算机程序以及数字）。

2.2.9　资源标识号和获得方式项

2.2.9.1　数据元素与 MARC21 字段

表 2 - 9：资源标识号和获得方式项数据元素对应 MARC21 字段

著录项目	MARC21 书目记录格式
资源标识号和获得方式项	020、022
资源标识号	$a
识别题名（连续性资源）	$a
获得方式	$c

2.2.9.2　常见应用模型

［P1］020 ##$aISBN

［P2］020 ##$aISBN（限定）：$c 获得方式

［P3］020 ##$aISBN（限定 ；限定）

［P4］020 ##$a 有效的 ISBN$z注销/无效的 ISBN

［P5］022 ##$aISSN = 识别题名

［P6］022 ##$a 有效的 ISSN$z无效的 ISSN

2.2.9.3　著录要点解析

（1）本项的规定信息源取自任何来源。

（2）电子资源的资源标识号和获得方式项的著录与其他资料相同，无特殊规定。

例 1：

020 ##$a9780821387580

020 ##$a9780821387597（electronic）

说明：本例表明该作品既有印刷版，也有电子版，不同版本的 ISBN 号分别著录于重复的 020 字段，限定信息著录在圆括号内。

例 2：

020 ##$a0877790019$z0877780116 ：c14.00

说明：本例为"2.2.9.2 常见应用模型"［P2］和［P4］的结合。

第三章 电子资源编目方法概述

为更好地理解和操作电子资源的编目,本书将按照编目步骤展现电子资源编目的精要和技巧。下列步骤为推荐顺序,编目员在实践中可灵活调整操作顺序。其他资料类型的编目与电子资源编目有相似之处,在编目步骤上也大致相同,只是在记录类型编码、008 模式选择、特定字段应用上有所不同。因此,其他资料类型的编目亦可参照此方法操作。

§3.1 Step 1:确定编目策略及信息源

电子资源编目的 Step1 是全面了解编目文献的概貌,以确定编目策略和最全面、最完整的首选信息源。编目策略包含如下方面:

(1)创建记录的模式

由于数字技术具有便于复制的特点,因此许多电子资源都是传统资源的复制品,或出版时即有多种资料类型,包括电子版。这就决定了电子资源与传统资源之间必然产生这样或那样的关系,等同关系是最普遍的一种关系类型。电子资源与传统资源之间这种等同关系的表达对于实现目录导航的功能至关重要。

电子资源编目创建记录的模式是指,当馆藏中存在与电子资源等同的传统资源时,编目员需要首先确认,是为电子资源创建单独的书目记录,还是不为其创建单独的记录,而将其信息嵌入到已经存在的传统资源的书目记录中。前者的处理模式被称为分离法,后者则被称为嵌入法。两种方式对于电子资源的信息揭示、馆藏组织各有利弊。本书第五章将对电子资源与传统资源整合编目方法予以详细介绍。

(2)附件的处理方式

电子资源常常带有附件。附件的处理关系到创建书目记录的数量以及记录类型的确定,因此处理附件的方式属于编目策略的范畴。附件的处理以确定附件与主文献的关系为基础。当编目文献由多部分组成,其中包含电子资源,首先判断电子资源是否为主文献。

①若电子资源为主文献,其他部分为附件,则为电子资源创建书目记录,附件信息包含在该记录中,不单独析出另作处理。

②若不能判定电子资源与其他组成部分的主次关系,电子资源的附件可做单独编目处理,分别为电子资源与附件建立单独的书目记录,例如图书附带电子版光盘。

③虽不能判定编目文献各组成部分之间的主次关系,但也不能将其拆开作为独立文献处理,应将编目文献作为多载体配套资料(kit)处理。

（3）主要特征的判定

电子资源常常具有多种资料类型特征，即电子资源本身除具备电子资源这一显著特性外，其所承载的内容通常具有图书、连续性资源、测绘资料、音乐资料等其他文献类型的特征。MARC21 书目记录创建的依据是编目文献在内容上的主要特征，因此判定电子资源的主要特征也是编目策略的重要组成部分。在判定好电子资源的主要特征后，就可以开始创建书目记录了。

§3.2 Step 2—Step 5

如果说 Step1 确定了编制书目记录的基础，则 Step2—5 意在确定书目记录的框架结构。Step2 是根据编目文献的主要特征确定头标（LDR）各字符位的代码，Step3 的目标是在与 LDR 保持一致的前提下，编码定长数据元素 008 字段，Step4 是依据 LDR 和 008 字段的设置情况，决定是否需启用 006 字段补充描述编目文献的次要特征，Step5 是依据编目文献的载体形态编码 007 字段。上述四个步骤紧密相连，互为因果，因此在编目时应将此四个步骤作为一个整体统筹考虑。

3.2.1 Step2：确定记录类型

LDR 位于 MARC21 书目记录的开端，其长度为固定的 24 个字符位（00 – 23），其中 LDR/06（记录类型）和 LDR/07（书目级别）是最重要的两个数据元素，其值的选择关系到书目记录结构的确定。

LDR/06 字符位共定义了 14 种记录类型，分别对应 14 个代码。代码选择的依据是编目文献在内容上的显著特征，而非其物理载体。LDR/06 字符位的代码及定义如下表所示：

表 3 –1 LDR/06 字符位代码表

代码	记录类型	范围
a	文字资料	包括印刷型文字资料，还包括文献主体是文本的缩微资料和电子资源
c	乐谱	包括印刷型、缩微型和数字化乐谱
d	手稿型乐谱	包括手稿型乐谱或其缩微制品
e	测绘制图资料	包括非手稿型测绘制图资料或其缩微制品
f	手稿型测绘制图资料	包括手稿型测绘制图资料及其缩微制品
g	放映媒体	包括需要借助放映或投影仪器观看的资料，如电影片、录像资料、幻灯卷片、幻灯片和透明正片等
i	非音乐录音资料	包括非音乐性的录音资料，如演讲、讲话等
j	音乐录音资料	包括音乐录音资料，如唱片、光盘或磁带等
k	二维非放映图像	包括非放映的平面图及其复制品，如游戏卡、图表、拼贴画、计算机图画、素描等

续表

代码	记录类型	范围
m	**电子资源**	**包括计算机软件(包括程序、游戏、字体)、数值型数据(由数字、字母、图形、图像、移动图像、音乐、声音等构成的信息)、多媒体文献及联机系统或服务等**
o	多载体配套资料	包括由不同的出版物(两种或两种以上载体形式的子文献)组成的一套文献
p	混合型资料	包括由两种或两种以上形式、具有实际意义且彼此相互关联的资料组成
r	三维制品或天然物体	包括三维人工制品、三维艺术制品及三维自然生成物
t	手稿型文字资料	包括手稿型文字资料及其缩微制品

上表中有关"m"(电子资源)的范围定义是 1997 年美国国会图书馆对 USMARC 格式修订后的情况[1]。经过此次修订,"m"的适用范围有了很大的缩减,仅适用于:计算机软件(computer software)、数值型数据(numeric data)、基于计算机的多媒体(computer-oriented multimedia)以及联机系统或服务(online systems or services)[2]。内容上为其他资料类型的电子资源,其记录类型不归入"m",而按照显著的内容特征选取相应的记录类型代码。

LDR/07 字符位共定义了 7 种书目级别,分别对应 7 个代码。LDR/07 字符位的代码及定义如下表所示:

表 3 – 2　LDR/07 字符位代码表

代码	说明
a	专著部分级,是指编目实体是某专著的析出部分,如专著中的一篇文章或一个章节
b	连续出版物部分级,是指编目实体是连续出版物的析出部分,如期刊中的一篇文章、一个栏目或专辑
c	合集,是指由多部分组成的资料汇集而成的书目实体,这些资料最初并未一起出版、发行或生产,只是为了管理之便把这些资料汇集在一起
d	子集,是指编目实体是某个文献合集的一部分
i	集成性资源,是指出版物通过发行补充资料来增加或更新内容,但补充资料的内容通常被并入原版内而无法区分独立的刊期部分
m	专著,是指以单部分出版,或按计划以有限数量出版的多部分资料
s	连续出版物,是指载有卷期年月编号并计划无限期出版的资料

---

① LC Update No. 3 to USMARC Format for Bibliographic Data [OL]. [2012 – 05 – 02]. http://www. loc. gov/marc/marbi/1997/97-03R.

② Guidelines for Coding Electronic Resources in Leader/06 [OL]. [2012 – 05 – 02]. http://www. loc. gov/marc/ldr06guide.

电子资源常用的书目级别包括"m"、"i"(如不断更新的网站)和"s"(如电子期刊)。

LDR/06 和 LDR/07 字符位的取值结合在一起,确定了 MARC21 一条书目记录的结构,亦即决定了 008 字段(定长数据元素)的模式。

3.2.2　Step3:选择 008 模式

008 字段为定长控制字段,以代码的形式反映记录整体和编目文献特定书目特征的信息。MARC 21 书目数据格式共定义了 7 种资料类型,008 字段与之相应有 7 种模式,即图书(BK)、电子资源(ER)、地图(MP)、音乐(MU)、连续性资源(CR)、可视资料(VM)和混合型资料(MX)。008 字段包含 40 个字符位(00 - 39),其中 008/00 - 17 及 008/35 - 39 字符位的数据元素适用于所有 7 种资料类型,008/18 - 34 字符位则根据不同的资料类型分别定义。008 字段的模式与 LDR/06 和 LDR/07 字符位的代码选择存在对应关系。008 字段"电子资源"模式各字符位的定义如下表所示:

表 3 - 3　电子资源 008 字段字符位定义

字符位	定义	字符位	定义
00 - 05	记录入档日期	**26**	**电子资源类型**
06	日期类型/出版状态	27	未定义
07 - 10	日期 1	28	政府出版物
11 - 14	日期 2	29 - 34	未定义
15 - 17	出版地	35 - 37	语种
18 - 21	未定义	38	修改记录
22	读者对象	39	编目来源
23 - 25	未定义		

对电子资源编目而言,上述元素中最重要的是描述电子资源类型的 008/26 字符位。MARC21 书目数据格式定义的电子资源类型共有 11 种:

a	数值型数据	g	游戏
b	计算机程序	h	声音
c	图形显示	i	交互式多媒体
d	文本	j	联机系统或服务
e	书目数据	m	组合型
f	字体		

为配合电子资源的表示,其他资料类型的 008 字段中专门设置了一个用于表示载体形态的字符位,其中定义了 3 个与电子资源相关的代码"o"(远程访问的电子资源)、"q"(直接访问的电子资源)和"s"(电子资源),包括"图书"模式 008/23 字符位、"地图"模式 008/29 字符位、"音乐"模式 008/23 字符位、"连续性资源"模式 008/23 字符位、"可视资料"模式 008/29 字符位和"混合型资料"模式 008/23 字符位。

3.2.3 Step4:补充 006 字段

006 字段是 008 字段的补充,是以代码的形式反映编目文献次要特征或附属特征的定长数据字段,包含 18 个字符位(00 - 17),采用树结构的定义方式,即以 006/00 字符位所定义的资料类型为"根部",其值一旦确定,006/01 - 17 的值随即确定。

006 字段与 008 字段一样,按照 7 种资料类型定义了 7 种模式。006/00 字符位包含与 7 种资料类型对应的 15 种记录类型代码。除"s"(连续出版物/集成性资源)外,其他 14 种代码与 LDR/06 字符位定义的记录类型的代码完全一致。006/01 - 17 的代码及其含义与 008 字段相应资料类型的 18 - 34 字符位相同。例如电子资源的 006/09 字符位对应于电子资源 008/26 字符位,表示电子资源的类型。006/00 字符位 15 种代码与 008 字段 7 种模式的对应关系如下表所示:

表 3 - 4 006/00 代码与 008 资料类型模式对应表

代码	含义	008 资料类型模式
a	文字资料	图书
t	手稿型文字资料	
m	电子资源	电子资源
e	测绘制图资料	地图
f	手稿型测绘制图资料	
c	乐谱	音乐
d	手稿型乐谱	
i	非音乐录音资料	
j	音乐录音资料	
s	连续出版物/集成性资源	连续性资源
g	放映媒体	可视资料
k	二维非放映图像	
o	多载体配套资料	
r	三维制品或天然物体	
p	混合型资料	混合型资料

006 字段是 008 字段的补充,其内涵是,由于 008 字段只用于描述编目文献资料类型的主要特征且不可重复使用,因此当编目文献的资料类型特征多于一个时,需启用 006 字段补充描述,006 字段可重复使用。006 字段的启用主要包括两种情况:

(1)编目文献本身同时具有多种资料类型的特征,依据文献的主要特征选择 LDR/06 记录类型的代码和 008 字段的模式,将次要特征记于 006 字段。

(2)编目文献带有附件,依据主文献的主要特征选择 LDR/06 记录类型的代码和 008 字段的模式,006 字段补充记录附件的资料类型特征。

3.2.4 Step5：编码 007 字段

007 字段是以代码的形式对非书资料的载体形态进行描述的定长数据字段,它反映文献整体或文献部分(如附件)的物理形态特征。代码来源通常为 300 字段(载体形态项)和 5XX 字段(附注项)。

007 字段采用树结构的定义方式,即以 007/00 字符位所定义的资料类型为"根部",其值一旦确定,007 字段其他字符位的值随即确定。007 字段定义了 15 种资料类型,每种资料类型的 007 字段字符位数不同。007/00 字符位代码及含义如下表所示:

表 3 - 5   007/00 字符位代码表

007/00 代码	非书资料类型	字符位数
a	地图(Map)	8(00 - 07)
c	**电子资源(Electronic resources)**	**14(00 - 13)**
d	球仪(Globe)	6(00 - 05)
f	触摸资料(Tactile material)	10(00 - 09)
g	放映图像(Projected graphic)	9(00 - 08)
h	缩微资料(Microform)	13(00 - 12)
k	非放映图像(Nonprojected graphic)	6(00 - 05)
m	电影(Motion picture)	23(00 - 22)
o	多载体配套资料(Kit)	2(00 - 01)
q	乐谱(Notated music)	2(00 - 01)
r	遥感影像(Remote - sensing image)	11(00 - 10)
s	录音资料(Sound recording)	14(00 - 13)
t	文本(Text)	2(00 - 01)
v	录像资料(Videorecording)	9(00 - 08)
z	未详细说明资料类型(Unspecified)	2(00 - 01)

电子资源 007 字段 14 个字符位(00 - 13)的定义如下表所示:

表 3 - 6   电子资源 007 字段字符位定义

字符位	定义	字符位	定义
00	资料类型(c)	06 - 08	图像比特深度
01	**特定资料标识**	09	文件格式数量
02	未定义	10	质量保证指标
03	颜色	11	先前/来源
04	尺寸	12	压缩级别
05	声音	13	重定格式质量

上述元素中最重要的是描述电子资源特定资料类型的 007/01 字符位。MARC21 书目数据格式定义的电子资源特定资料类型共有 9 种：

a	盒式磁带	j	磁盘
b	盒式计算机芯片	m	磁光盘
c	计算机盒式光盘	o	光盘
f	计算机盒式磁带	r	远程访问
h	盘式磁带		

007 字段的启用与编目文献的主要特征与次要特征或附属特征无关。如果编目文献具有 007/00 字符位代码所定义的 15 种资料类型特征之一，无论是主要特征还是次要特征，都需启用 007 字段描述载体形态。

3.2.5　LDR、006、007、008 字段的综合应用

在编目电子资源时，从确定 LDR/06－07 字符位、到选取 008 字段的模式、到启用 006 字段补充描述、再到编码 007 字段载体形态，这 4 个步骤是一个完整的、不可分割的逻辑过程。

（1）首先，根据编目文献在内容上的显著特征，依据 LDR/06 记录类型和 LDR/07 书目级别代码的定义范围，确定 LDR/06 和 LDR/07 的代码。若编目文献符合 MARC21 书目数据格式对电子资源的定义，则 LDR/06 选择代码"m"（电子资源），008 字段相应选择"电子资源"模式，008/26 字符位记录电子资源的类型。若电子资源在内容上其他资料类型的特征更为突出，如文字资料、音乐资料、测绘资料等，则不选择记录类型"m"，而选择与最显著的特征匹配的记录类型代码。

（2）若电子资源的内容为文字资料，LDR/06 记录类型选择"a"，则需要进一步考虑编目文献的书目级别为专著、连续性资源还是集成性资源，从而决定 LDR/07 的代码，并确定 008 字段的模式为图书还是连续性资源。对于未选择记录类型"a"的其他资料，LDR/06 的代码就可直接决定 008 字段的模式了。

（3）若 LDR/06 记录类型未选择"m"，008 字段则不使用"电子资源"模式，此时无论 008 字段使用何种模式，都应在"载体形态"字符位注明电子资源的代码"s"（不区分直接访问或远程访问）、"o"（仅表示远程访问）或"q"（仅表示直接访问）。例如，"图书"模式的 008/23 字符位，"可视资料"模式的 008/29 字符位。

（4）若 LDR/06 记录类型未选择"m"，则需要启用 006 字段补充记录编目文献作为电子资源的特征。006/00 字符位选择代码"m"，006/09 字符位根据电子资源的情况选择电子资源类型的代码，代码定义与"电子资源"模式 008/26（电子资源类型）相同。

（5）006 字段可重复使用，当电子资源有附件，且需要著录 006 字段时，可选择著录。

（6）007 字段本身为可选用字段，但对于电子资源应著录 007 字段。007 字段可重复使用，当电子资源具有多种载体形态特征，或电子资源有附件，且需要著录 007 字段时，可选择著录。007 字段针对编目文献的载体，只要编目文献中含有电子资源，不管是不是主要特征，即不管 LDR/06 字符位代码是不是"m"，皆需编码 007 字段。"电子资源"模式 007/00 字符位代码为"c"（电子资源），007/01 特定资料类型按实际情况选择代码。

（7）336（内容类型）、337（媒介类型）和 338（载体类型）三个字段用于 ISBD 第 0 项内容

形式和媒介类型项的著录,其中336字段的术语及术语代码与LDR/06(记录类型)的代码、337字段的术语及术语代码与007/00(资料类型)的代码、338字段的术语及术语代码与007/01(特定资料标识)之间存在对应关系(详见附录1表8至表10),即此三个字段术语及术语代码要依据LDR/06、007/00、007/01的代码来确定。

3.2.6　样例分析

例1:书目数据库

LDR/06	a	编目文献为书目数据库,资源在内容上的突出特征为文本的书目数据,LDR/06选择"a"(文字资料)。008字段依据LDR/06-07代码"am",选择"图书"模式,008/23(载体形态)标注"s"(电子资源)。006字段补充记录电子资源特征,006/09代码"e"表示电子资源类型为"书目数据"。007字段采用电子资源模式,007/01代码"r"表示特定资料类型为"远程访问"
LDR/07	m	
006/00	m	
006/09	e	
007/00	c	
007/01	r	
008	图书	
008/23	s	
336 ##$atext$2rdacontent		
337 ##$acomputer$2rdamedia		
338 ##$aonline resource$2rdacarrier		

例2:数据库系统

LDR/06	m	编目文献为数据库系统,而非其中的某个数据库,属于MARC21定义的电子资源范畴,LDR/06选择"m"(电子资源),008字段相应选择"电子资源"模式,008/26代码为"j",表明电子资料类型为"联机系统或服务"。编目文献不具有多种资料类型特征,不必启用006字段
LDR/07	m	
007/00	c	
007/01	r	
008	电子资源	
008/26	j	
336 ##$acomputer dataset$2rdacontent		
337 ##$acomputer$2rdamedia		
338 ##$aonline resource$2rdacarrier		

例 3：PDF 格式的期刊

LDR/06	a	
LDR/07	s	编目文献为印刷型期刊的电子版，资源在内容上的突出特征为文字资料，LDR/06 选择"a"，由于期刊为连续性资源，LDR/07 书目级别选择"s"。008 字段依据 LDR/06 - 07 代码"as"，选择"连续性资源"模式，008/23（载体形态）标注"s"（电子资源）。006 字段补充记录电子资源特征，006/09 代码"d"表示电子资源类型为"文本"
006/00	m	
006/09	d	
007/00	c	
007/01	r	
008	连续性资源	
008/23	s	
336 ##$atext$2rdacontent		
337 ##$acomputer$2rdamedia		
338 ##$aonline resource$2rdacarrier		

例 4：光盘版的引文数据库（每季度添加累积）

LDR/06	a	
LDR/07	s	编目文献为光盘版的数据库。资源在内容上的突出特征为文字资料，LDR/06 选择"a"，由于是每季度增加累积，因此属于连续性资源，LDR/07 书目级别选择"s"。008 字段依据 LDR/06 - 07 代码"as"，选择"连续性资源"模式，008/23（载体形态）标注"s"（电子资源）。006/09 代码"e"表示电子资源类型为"书目数据"。007/01 代码"o"表示特定资料类型为盒式光盘
006/00	m	
006/09	e	
007/00	c	
007/01	o	
008	连续性资源	
008/23	s	
336 ##$atext$2rdacontent		
337 ##$acomputer$2rdamedia		
338 ##$acomputer disc$2rdacarrier		

例 5：光盘版的电子书

LDR/06	a	
LDR/07	m	编目文献为光盘版的电子书。资源在内容上的突出特征为文字资料，LDR/06 选择"a"，LDR/07 书目级别选择"m"（专著）。008 字段依据 LDR/06 - 07 代码"am"，选择"图书"模式，008/23（载体形态）标注"s"（电子资源）。006/09 代码"d"表示电子资源类型为"文本"。007/01 代码"o"表示特定资料类型为盒式光盘
006/00	m	
006/09	d	
007/00	c	
007/01	o	
008	图书	
008/23	s	
336 ##$atext$2rdacontent		
337 ##$acomputer$2rdamedia		
338 ##$acomputer disc$2rdacarrier		

例6：光盘版的测绘资料

LDR/06	e	
LDR/07	m	编目文献为光盘版的地图。资源在内容上的突出特征为测绘资料，LDR/06 选择"e"（测绘制图资料），LDR/07 书目级别选择"m"（专著）。008 字段依据 LDR/06 代码"e"，选择"地图"模式，008/29（载体形态）标注"s"（电子资源）。006/09 代码"c"表示电子资源类型为"图形显示"。007/01 代码"o"表示特定资料类型为盒式光盘
006/00	m	
006/09	c	
007/00	c	
007/01	o	
008	地图	
008/29	s	
336 ##$acartographic image$2rdacontent		
337 ##$acomputer$2rdamedia		
338 ##$acomputer disc$2rdacarrier		

例7：远程访问的建筑艺术图片库

LDR/06	k	
LDR/07	i	
006/00	m	编目文献为远程访问的图片数据库，资源在内容上的突出特征为图片，属于二维非放映图像，LDR/06 选择"k"，由于数据库不断更新，LDR/07 书目级别选择"i"（集成性资源）。008 字段依据 LDR/06 代码"k"，选择"可视资料"模式，008/29（载体形态）标注"s"（电子资源）。由于 008 字段只表示了编目文献可视资料的特征，未表示电子资源和集成性资源的特征，因此启用两个 006 字段补充。第 1 个 006 字段表示电子资源的特征，006/09 代码"c"表示电子资源的类型为"图形显示"；第 2 个 006 字段表示集成性资源的特征，006/00 为"s"（连续性资源），006/01"k"表示频率为不断更新，006/04"w"表示连续性资源的类型是不断更新的网站，006/06"s"表示载体形态是电子资源。启用两个 007 字段，分别编码电子资源和可视资料的载体形态
006/09	c	
006/00	s	
006/01	k	
006/04	w	
006/06	s	
007/00	c	
007/01	r	
007/00	k	
007/01	h	
008	可视资料	
008/29	s	
336 ##$astill image$2rdacontent		
337 ##$acomputer$2rdamedia		
338 ##$aonline resource$2rdacarrier		

例8:远程访问的乐谱数据库

LDR/06	c	编目文献为远程访问的乐谱数据库。资源在内容上的突出特征为乐谱,LDR/06 选择"c"(乐谱),LDR/07 书目级别选择"m"(专著)。008 字段依据 LDR/06 代码"c",选择"音乐"模式,008/23(载体形态)标注"s"(电子资源)。006/09 代码"z"表示电子资源类型为"其他",即没有特定的代码指示。007/01 代码"r"表示特定资料类型为远程访问
LDR/07	m	
006/00	m	
006/09	z	
007/00	c	
007/01	r	
008	音乐	
008/23	s	
336 ##$anotated music$2rdacontent		
337 ##$acomputer$2rdamedia		
338 ##$aonline resource$2rdacarrier		

例9:包含可操作数值型数据的数据库

LDR/06	m	编目文献为可操作的数值型数据库,属于 MARC21 定义的电子资源范畴。LDR/06 选择"m"(电子资源)。008 字段依据 LDR/06 代码"m",选择"电子资源"模式,008/26 代码为"a",表示电子资源类型为"数值型数据"。由于 008 字段已采用电子资源模式,不必启用 006 字段。若编目文献只是一些由表格列出的数值数据,或许还有印刷版,且不可操作,则 LDR/06 选择"a",按文字资料处理
LDR/07	m	
007/00	c	
007/01	o	
008	电子资源	
008/26	a	
336 ##$acomputer dataset$2rdacontent		
337 ##$acomputer$2rdamedia		
338 ##$acomputer disc$2rdacarrier		

例10:因特网上不断更新的计算机软件

LDR/06	m	编目文献为不断更新的计算机软件,属于 MARC21 定义的电子资源范畴,LDR/06 选择"m",由于不断更新,LDR/07 书目级别选择"i"(集成性资源)。008 字段依据 LDR/06 代码"m",选择"电子资源"模式,008/26 代码为"b",表示电子资源类型为计算机程序。由于 008 字段只表示了编目文献电子资源的特征,未表示集成性资源的特征,因此启用 006 字段补充。006/00 代码"s",表示电子资源为连续性资源,006/01"k"表示频率为不断更新,006/04"w"表示连续性资源的类型是不断更新的网站,006/06"s"表示载体形态是电子资源
LDR/07	i	
006/00	s	
006/01	k	
006/04	w	
006/06	s	
007/00	c	
007/01	r	
008	电子资源	
008/26	b	
336 ##$acomputer program$2rdacontent		
337 ##$acomputer$2rdamedia		
338 ##$aonline resource$2rdacarrier		

§3.3　Step 6:组合数据字段

MARC21 书目数据包含四个部分,即头标区、地址目次区、控制字段区和数据字段区。地址目次区由计算机自动生成,处于后台处理模式。Step2—Step5 涉及头标区和控制字段区 00X 字段的处理。Step6 的主要任务是根据电子资源的情况著录数据字段区。

MARC21 书目数据的数据字段区包含若干字段块,涉及著录、标目选取、分类标引、主题标引、馆藏分配等几部分内容,具体对应关系如下表所示:

表 3 – 7　MARC21 数据字段块与编目任务对应表

数据字段块	功能	对应编目任务
01X – 09X	号码和代码	著录第 8 项(020、022) 分类标引(050、055、060、070、080、082、084、086、09X)
1XX	主要款目	标目选取
2XX	题名、版本、出版说明	著录第 1 项、第 2 项、第 4 项
3XX	载体形态等	著录第 0 项、第 5 项
4XX	丛编说明	著录第 6 项
5XX	附注	著录第 7 项
6XX	主题	主题标引
7XX	附加款目和连接款目	标目选取
8XX	丛编附加款目、电子资源定位与检索	著录第 6 项、馆藏分配
9XX	本地使用块	馆藏分配

与九大著录项目对应的数据字段用法详见本书第二章。856 字段(电子资源定位与检索)对电子资源编目至关重要,详见本书第八章。其他数据字段的用法参见 MARC21 相关规则。

§3.4　Step 7:分类标引和主题标引

3.4.1　分类标引

分类标引是指依据一定的分类语言,对信息资源的内容特征进行分析、判断、选择,赋予分类标识的过程[①]。分类标引所依据的分类语言被称为分类法。国内外主要使用的分类法包括:《杜威十进分类法》(Dewey Decimal Classification,简称 DDC)、《国际十进分类法》(Universal Decimal Classification,简称 UDC)、《美国国会图书馆分类法》(Library of Congress

---

① 马张华.信息组织[M].3 版.北京:清华大学出版社,2008:148.

Classification,简称 LCC)、《冒号分类法》(Colon Classification,简称 CC)、《中国图书馆分类法》等。大多数文献机构不编制分类法,而是直接选择一种适合馆情的通用分类法作为分类依据,例如,国家图书馆的中文文献和外文文献均依据《中国图书馆分类法》标引类号。由于分类号对于揭示文献内容至关重要,MARC21 书目数据格式设置了专门字段对分类号予以记录,主要包括:050(美国国会图书馆索取号)、055(加拿大分类号)、060(美国国家医学图书馆索取号)、070(美国国家农业图书馆索取号)、080(国际十进分类号)、082(杜威十进分类号)、09X(本地索取号/分类号)。

在上述字段中,09X 字段为本地使用,各馆可根据需要自行定义。以国家图书馆为例,090 字段定义为索取号,096 字段定义为分类号。

例 1:

    090 ##$aA81$bE11

    096 ##$aA81

    100 1#$aEagleton, Terry, $d1943-

    245 10$aWhy Marx was right /$cTerry Eagleton.

    说明:本例为国家图书馆一条图书书目记录。090 字段为自定义本地字段,用于记录文献索取号。图书索取号采用分类排架法,$a 为分类号,$b 为书次号。096 字段为自定义本地字段,用于记录文献分类号。

例 2:

    090 ##$a2-2011/YX00001

    096 ##$aI712.45

    100 1#$aPatterson, James, $d1947-

    245 10$aJudge & jury /$cJames Patterson and Andrew Gross.

    说明:本例为国家图书馆一条音像资料书目记录。090 字段记录的索取号采用了固定排架法。096 字段记录文献的分类号。

3.4.2　主题标引

主题标引是依据一定的主题词表或主题标引规则,赋予信息资源语词标识的过程[①]。主题标引按照是否使用词表,可分为受控标引和自由标引。国内外主要使用的主题词表包括:《美国国会图书馆标题表》(Library of Congress Subject Headings,简称 LCSH)、《医学标题表》(Medical Subject Headings,简称 MeSH)、《汉语主题词表》等。各馆在编目实践中通常会选择一种主题词表作为主题标引的依据。国家图书馆中文文献主题标引依据《汉语主题词表》,西文文献主题标引依据 LCSH。MARC21 书目数据格式设置了主题字段块 6XX,包括600(个人名称)、610(团体名称)、611(会议名称)、630(统一题名)、648(年代术语)、650(论题性术语)、651(地理名称)、653(非控词语)等。

分类和主题标引的方法详见相关规则,所涉及书目记录字段的使用方法详见 MARC21 相关规则。

---

① 马张华.信息组织[M].3 版.北京:清华大学出版社,2008:253.

§3.5 Step 8：分配馆藏信息

3.5.1 馆藏处理模式

馆藏记录用于揭示文献馆藏地点、利用政策、管理情况等方面的信息，是实现《国际编目原则声明》(Statement of International Cataloguing Principles，简称ICP)所定义的目录五大功能中"获取"功能的主要手段。在书目记录完成之后，下一步骤就要考虑为文献分配馆藏信息了。馆藏信息中最主要的就是文献排架号。

排架号是图书馆组织馆藏文献的一种号码，它决定了文献在馆藏中的位置。确定排架号的方法主要包括内容排架法和形式排架法。内容排架法是根据文献所阐述的主题和学科范畴进行排架，主要包括分类排架法和专题排架法；形式排架法是以文献的形式特征为依据排列文献，常见的有字顺排架法、年代排架法、文种排架法、固定排架法、登录号排架法以及文献装帧形式排架法等。

在内容排架法中，分类排架法是最常用的排架方法，适合于图书期刊等文献的排架。在形式排架法中，最常用的是固定排架法，它是指将每件文献按入藏先后编制一个固定的排架号，以此排列馆藏的方法。其排架号一般由库室号、书架号、格层号和书位号组成。

传统的馆藏信息一般通过不同的卡片目录来揭示。在现代化编目的今天，馆藏信息已经能通过机读目录来反映，MARC21馆藏数据格式是专门用于制作馆藏记录的格式规则。在馆藏处理方面，主要包括两种形式：嵌入式和分开式。嵌入式是指没有独立的馆藏数据，而是将馆藏信息直接嵌入在书目数据中，并采用852字段或自定义的9XX字段来记录该馆藏信息。分开式是指图书馆系统中有独立的书目数据库和馆藏数据库，可为编目文献分别建立书目数据和馆藏数据，利用系统本身的连接功能并通过某些特定的字段将书目记录和相应的馆藏记录进行系统内的连接，如MARC21馆藏数据格式中的004字段（相关书目记录控制号）。

嵌入式的方式可以说是早期馆藏信息处理的一种模式，操作简单，应用普遍。但是随着馆藏文献在类型和数量上的急剧增长，嵌入式逐渐不能满足馆藏信息的处理需要，分开式将成为处理馆藏信息的理想模式。国家图书馆采用的就是典型的分开式馆藏管理模式，馆藏数据库收纳了所有文献的馆藏记录，馆藏记录依据MARC21馆藏数据格式创建，与书目数据库保持着良好的连接关系。馆藏记录中最重要的字段是852字段，由馆藏地和索取号构成。

例1：

852 91$bWWDY$k2-2012$hA711$iC851

004 ##002657371

说明：本例为国家图书馆一条图书馆藏记录。图书采用了分类排架法。$b为馆藏地（外文第一阅览室），$k为索取号前缀（语种代码＋编目年），$h为《中图法》分类号，$i为著者号，取自卡特号码表。004字段记录与该馆藏记录相连的书目记录系统号。852字段第1指示符的含义是指排架体系，其值为"9"，表示由编目机构自行定义。

例2：

852 41$bSWYL$jUMI/32-00050

004 ##001656372

说明：本例为国家图书馆一条缩微文献馆藏记录。缩微文献采用了固定排架法。$b 为馆藏地（缩微阅览室），$j 为固定排架号。852 字段第 1 指示符为"4"，表明排架采用固定排架法。

3.5.2　电子资源的馆藏处理

直接访问和远程访问两种类型的电子资源在排架方法上差异较大。直接访问的电子资源属于实体馆藏，其排架方法与图书等其他实体馆藏异曲同工。但远程访问的电子资源属于虚拟馆藏，与实体馆藏相比，没有实际的馆藏地点，因此在排架方法上具有很大的特殊性。以国家图书馆为例，实体电子资源的排架采用固定排架法：

例1：

852 41$bYBYX$j2-2011/DZ00001

004 ##003131067

说明：本例为国家图书馆一条纯电子资源的馆藏记录（编目学意义上的电子资源）。852 字段第 1 指示符为"4"，表明排架采用固定排架法。$b 为馆藏地（一般音像阅览室），$j 为固定排架号，其构成为"语种代码 – 编目年/DZ（电子）流水号"。004 记录与该馆藏记录相连的书目记录系统号。

例2：

852 41$bYBYX$j2-2011/YX00033

004 ##003128692

说明：本例为国家图书馆一条外文音像资料的馆藏记录（在广义上属于电子资源，在编目学意义上按音像资料处理）。

远程访问的电子资源由于没有有形载体，无法进行实体排架，因此在馆藏地、索取号等馆藏信息的分配上更为抽象。记录远程访问电子资源馆藏信息最常用的字段为 852 和 856 字段。依据各馆本地政策，按照馆藏信息两种处理模式"嵌入式"和"分开式"，852 和 856 字段可记录在书目记录或馆藏记录中。常见的方式有 3 种：

（1）仅启用 856 字段

通过书目记录中的 856 字段记录定位与访问电子资源的地址，通过该信息，读者可以获取资源，通常不再单独建立馆藏记录。

例1：

书目记录：

245 00$aElectronic resource management in libraries :$bresearch and practice /$cHolly Yu, Scott Breivold ［editors］.

856 40$uhttp：//eproxy. lib. hku. hk/login？ url＝http：//infosci-books. com/content/tocVolumes. asp？ ID＝1927$x183$zClick to view the book via InfoSci-Books

856 40 $uhttp://eproxy. lib. hku. hk/login? url = http://www. myilibrary. com? id = 123232$x210$zClick to view the book via MyiLibrary

说明:本例是香港大学图书馆收录的可在线阅读的图书,馆藏信息通过 856 字段直接记录在书目记录中,读者可通过该地址链接至资源。重复记录 856 字段表示可通过多个地址获取该资源。

例 2:

书目记录:

245 10$aBook review digest.

500 ##$aTitle from database search page（viewed 22. 10. 02）.

856 40$uhttp://search. ebscohost. com/login. aspx? authtype = ip,uid&profile = ehost&defaultdb = brd

说明:本例是澳大利亚国家图书馆收藏的在线数据库资源,直接通过书目记录中的 856 字段记录资源的访问地址,没有启用 852 字段。

（2）同时启用 852 和 856 字段

852 字段是记录文献馆藏信息最为常用的字段,在实体型文献编目中经常见到,对于虚拟型的远程电子资源,不仅可以通过 856 字段提供获取资源的所需信息,也可以在 852 字段记录相关的馆藏信息。

例 1:

书目记录:

245 00$a2009 post trial handbook /$cprepared by the Office of the Clerk of Court for the United States Army Court of Criminal Appeals ;[contributors: Malcom H. Squires, Jr., Randall M. Bruns].

300 ##$a1 online resource（205 p. ）:$bforms

856 40$uhttp://www. loc. gov/rr/frd/Military_Law/pdf/Post – Trial – Handbook. pdf

馆藏记录:

852 8#$bOnline$hElectronic resource$zNot Charged

说明:本例为美国国会图书馆收藏的 PDF 格式的在线资源,书目记录中的 856 字段记录了资源的获取地址,同时建立了单独的馆藏记录,其中用 852 字段记录馆藏信息,第 1 指示符"8"表明排架体系为其他,$b 馆藏地为在线,$h 索取号表明该例为电子资源,$z 为公共附注。

例 2:

书目记录:

856 40$uhttp://www. morganclaypool. com/doi/abs/10. 2200/S00035ED1V01Y200606IVM006

馆藏记录:

852 8#$belf1 $hElectronic Resource

说明:本例是普林斯顿大学图书馆收藏的在线电子资源,同例 1,在书目记录中用 856 字段说明了资源的获取地址,同时单独建立馆藏记录,并在 852 字段表明馆藏信息,该馆为所有远程电子资源分配的馆藏地都为 elf1，索取号都为 Electronic Resource。

例 3：

馆藏记录：

852 ##$bNET$cGEN

856 40$ahttp://www. kb. nl/kb/manuscripts

说明：本例为哈佛大学图书馆收藏的一种在线资源，图书馆为其建立单独的馆藏记录，并同时将 852 和 856 字段记录于馆藏记录中。

（3）仅启用 852 字段

关于资源的馆藏信息仅通过 852 字段记录，资源访问及获取所需要的信息另外单独存放。

例：

书目记录：

245 00$aGoing beyond the mainstream? :$bonline participatory journalism as a mode of civic
    engagement.

300 ##$a1 online resource.

852 4#$aBritish Library$bDSC$cSFX$j541488$zAvailable for immediate download

说明：本例是英国国家图书馆电子学位论文在线系统中的一篇，记录馆藏信息的 852 字段置于书目记录内，第 1 指示符"4"表明排架方式为固定排架，$a 为馆藏地，$b 为馆藏子库，$c 为排架地，$j 为固定排架号，$z 为公共附注信息。关于获取资源的地址链接在另一模块中向读者提供。

第四章　电子资源编目实践分析

§4.1　直接访问的电子资源编目实践分析

直接访问的电子资源又称本地访问的电子资源,是以脱机载体形态出版的有形电子资源(如光盘、磁盘、磁带、盒式磁带等),需要插入计算机或外围设备使用。直接访问的电子资源按照内容可划分为:文本(如电子图书、电子期刊、文件、列表型数字数据、书目数据库等)、图形(如图片、图表、地图等)、程序软件(如处理数据的各种指令、游戏、教学教程等)、音频(如演讲、广播、音乐等)、视频(如讲座、报告、影视作品等)以及集文本、图像、声音等于一体的交互式多媒体。直接访问的电子资源常见的载体形态包括光盘、磁盘等,光盘如 CD-ROM、VCD-ROM、VCD、DVD 等,光盘有不同的尺寸,最常见的是直径12 厘米,除一般所见的圆形之外,也会出现一些不规则形状的光盘。磁盘早期使用较多,现在已不多见。除光盘和磁盘外,还有 USB 闪存驱动器、集成电路卡、计算机盒式磁带等。

直接访问的电子资源与传统的纸质文献相比,拥有其电子资源的优势特征,如载体体积小、信息存储量大、形式多样、使用便利等。但是与远程访问的电子资源相比,则存在着信息量受载体容量限制、难于扩充、即时性较差、更新速度相对滞后等劣势。另外对存取设备的依赖性过大,也使这类电子资源的使用产生局限性。尽管如此,直接访问的电子资源仍然是馆藏中最常见的资源类型之一。

直接访问的电子资源作为实体资源,其信息源一般都集中在文献载体上,相对容易识别。通常信息源按获取方式分为三类,首先是内部信息源,这需要将物理载体(光盘、磁盘等)直接插入计算机设备,通过显示的内容选取信息源。其次是外部信息源,一般来自物理载体的容器或标签上的信息。另外,在上述两种方式都无法获取信息源的情况下,也可以通过其他渠道获得,如文献的附件(出版者的信件等)。

在获取内部信息源时,通常会出现三种情况:一是文献打开后,直接以 PDF 格式展现文本内容;二是文献打开后,出现多个文件和文件夹,包括启动画面(相当于版权页)、自动阅读程序(支持使用者在作品内的线性导航)、HTML 文件、PDF 文件包等,这时所列信息源的信息量各不相同,一般采用最完整的信息源作为主要信息源;三是文献打开后直接进入安装程序,这种情况通常会有本机安装、只读光盘和网络注册安装等选择,编目员一般只需选择只读光盘即可获得信息源,当然也存在需要全部安装后方可阅读的情况。

例 1：文本型电子资源（教程）

题名屏

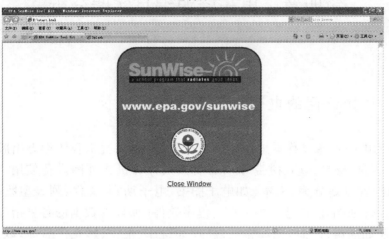

书目记录及解析：

LDR		^^^^cam^^2200385^a^4500
		编目文献是以文本为主要内容特征的只读光盘。据此：LDR/06（记录类型）选取代码"a"（文字资料）；LDR/07（书目级别）选取代码"m"（专著）
006		m^^^^^^d^f^^^^
		008 字段根据 LDR/06-07 代码"am"选择匹配的"图书"模式，电子资源作为次要特征补充记录在 006 字段"电子资源"模式中。006/00（记录类型）选取代码"m"（电子资源）；006/09（电子资源类型）选取代码"d"（文本）；006/11（政府出版物）选取代码"f"（从 245/$c 得知该文献由美国环境保护署编辑）
007		co^cz|||||||||
		电子资源载体形态特征启用 007 字段"电子资源"模式予以说明。007/00（资料类型）选取代码"c"（电子资源）；007/01（特定资料标识）选取代码"o"（光盘）；007/04（尺寸）选取代码"z"（该光盘的尺寸特殊，不在已定义的常规"值"中，因此选用"z"，表示"其他"）
008		040310s2003^^^^dcua^^^js^^^^f000^0^eng^d
		008 字段依据 LDR/06-07 代码"am"选取"图书"模式。文献内容是 1—8 年级学校计划，008/22（读者对象）选取代码"j"（少年）；008/23（载体形态）选取代码"s"（电子资源）或"q"（直接访问的电子资源）
043	##	$an-us---
		文献内容涉及美国，043 字段记录其地理区域代码"n-us---"，与主题字段里的地理区域相呼应
086	0#	$aEP 1.104:SU 7/5/CD

		086 字段记录政府文献分类号,第 1 指示符选取值"0"表示分类号由美国政府出版局(GPO)分配
245	00	$aSunWise：$ba school program that radiates good ideas /$cEnvironmental Protection Agency.
		正题名取自题名屏
260	##	$a［Washington, D.C.］:$bEPA,$c［2003］
300	##	$a1 CD-ROM：$bcol. ill. ;$c2 3/8 x 3 in.
		此光盘形状不规则,$c 用长度乘以宽度描述尺寸
336	##	$atext$2rdacontent
		336 字段记录文献的内容类型,根据 LDR/06 代码"a"(文字资料)和编目文献的情况,内容类型选取术语"text"
337	##	$acomputer$2rdamedia
		337 字段记录文献的媒介类型,根据 007/00 代码"c"(电子资源),媒介类型选取术语"computer"
338	##	$acomputer disc$2rdacarrier
		338 字段记录文献的载体类型。RDA 在载体类型术语中用"computer disc"(计算机盘)取代了 AACR2 电子资源 SMD 术语中的"computer disk"(计算机软盘)和"computer optical disc"(计算机光盘),因此电子资源 007/01 字符位代码"j"(计算机软盘)和代码"o"(计算机磁盘)均对应 RDA 载体术语"computer disc",即采用了 007/01 代码"d"(计算机盘,不区分类型)对应的载体类型术语
538	##	$aSystem requirements：Adobe Acrobat Reader.
		538 字段记录只读光盘对计算机软件或硬件的要求
516	##	$aDisc characteristics：Mini-CD.
		特殊光盘类型,在 516 字段(计算机文件类型)予以说明
500	##	$aTitle from title screens.
		电子资源正题名的来源必须在附注项说明
650	#0	$aSolar radiation$xSafety measures$xStudy and teaching (Elementary)$zUnited States.
650	#0	$aUltraviolet radiation$xSafety measures$xStudy and teaching (Elementary)$zUnited States.
650	#0	$aSkin$xCancer$xPrevention$xStudy and teaching (Elementary)$zUnited States.
710	1#	$aUnited States.$bEnvironmental Protection Agency.
		机构责任者做附加款目
856	41	$uhttp://www.epa.gov/sunwise
		856 字段(电子资源定位与访问)第 1 指示符(访问方法)选取值"4",表示访问方法为超文本传输协议(http);第 2 指示符(关系)选取值"1",表示访问地址定位的是编目文献的远程访问版

例 2：文本型电子资源（电子书）

题名屏

书目记录及解析：

LDR		^^^^cam^^2200349^a^4500
		编目文献是会议录，以文本为主要内容特征。据此：LDR/06（记录类型）选取代码"a"（文字资料）；LDR/07（书目级别）选取代码"m"（专著）
006		m^^^^^^^d^^^^^^^
		008 字段根据 LDR/06-07 代码"am"选择匹配的"图书"模式，电子资源作为次要特征补充记录在 006 字段"电子资源"模式中。006/00（记录类型）选取代码"m"（电子资源）；006/09（电子资源类型）选取代码"d"（文本）
007		co^cg|||||||||
		电子资源载体形态特征启用 007 字段"电子资源"模式予以说明。007/00（资料类型）选取代码"c"（电子资源）；007/01（特定资料标识）选取代码"o"（光盘）；007/03（颜色）选取代码"c"（从 300/$b 得知，文件为多色）；007/04（尺寸）选取代码"g"（从 300/$c 得知，光盘的尺寸为 4 3/4 英寸）
008		101222s2010^^^^gw^a^^^^sb^^^101^0^eng^d
		008 字段依据 LDR/06-07 代码"am"选取"图书"模式。008/23（载体形态）选取代码"s"（电子资源）或"q"（直接访问的电子资源）。008/29 字符位取"1"，表示编目文献是会议录
020	##	$a9783930037650
		文件内部和容器上均注有 ISBN 号

续表

111	2#	$aInternational Working Conference on Stored-product Protection$n（10th :$d2010 :$cEstoril, Portugal）
		文献内容是会议录,取会议名称作主要款目标目
245	10	$aProceedings of the 10th International Working Conference on Stored Product Protection :$b27 June to 2 July 2010, Estoril, Portugal /$cedited by M.O. Carvalho … [et al.].
		正题名取自题名屏
246	3#	$aProceedings of the Tenth International Working Conference on Stored Product Protection
		246 字段记录变异题名,其中,用字母拼写的形式表示序数词"10th",指示符为固定搭配"3#"
260	##	$aQuedlinburg :$bJulius-Kühn-Institut,$c2010.
300	##	$a1 CD-ROM :$bcol. ;$c4 3/4 in.
		电子资源载体为只读光盘。本字段为 007 字段代码选取的来源
336	##	$atext$2rdacontent
		336 字段记录文献的内容类型,根据 LDR/06 代码"a"（文字资料）和编目文献的情况,内容类型选取术语"text"
337	##	$acomputer$2rdamedia
		337 字段记录文献的媒介类型,根据 007/00 代码"c"（电子资源）,媒介类型选取术语"computer"
338	##	$acomputer disc$2rdacarrier
		338 字段记录文献的载体类型。RDA 在载体类型术语中用"computer disc"（计算机盘）取代了 AACR2 电子资源 SMD 术语中的"computer disk"（计算机软盘）和"computer optical disc"（计算机光盘）,因此电子资源 007/01 字符位代码"j"（计算机软盘）和代码"o"（计算机磁盘）均对应 RDA 载体术语"computer disc",即采用了 007/01 代码"d"（计算机盘,不区分类型）对应的载体类型术语
490	1#	$aJulius-Kühn-Archiv,$x1868-9892 ;$v425
		490 字段为丛编说明,如实著录了出现在文献上的丛编题名信息。当第 1 指示符选取值"0"时,表示丛编不提供根查;当第 1 指示符选取值"1"时,同时需启用 830 字段,为丛编提供根查。$x 为丛编 ISSN 号,$v 为丛编卷期标识
500	##	$aTitle from title screen.
		电子资源正题名的来源必须在附注项说明
504	##	$aIncludes bibliographical references and indexes.
650	#0	$aFood storage pests$xControl$vCongresses.
650	#0	$aFood$xStorage$vCongresses.
700	1#	$aCarvalho, Maria Otília.
830	#0	$aJulius-Kühn-Archiv ;$v425.
		830 字段为丛编附加款目,与 490 字段匹配使用

例 3：文本型电子资源（电子连续出版物）

题名屏

书目记录及解析：

LDR		^^^^cas^^2200625^a^4500
		编目文献是文本型的连续出版物,据此:LDR/06（记录类型）选取代码"a"（文字资料）;LDR/07（书目级别）选取代码"s"（连续出版物）
006		m^^^^^^^d^f^^^^^
		008 字段根据 LDR/06-07 代码"as"选择匹配的"连续性资源"模式,电子资源作为次要特征补充记录在 006 字段"电子资源"模式中。006/00（记录类型）选取代码"m"（电子资源）;006/09（电子资源类型）选取代码"d"（文本）;006/11（政府出版物）选取代码"f"（从 245/$c 得知该文献由美国众议院编辑）
007		co^cg|||||||||
		电子资源的载体形态特征启用 007 字段"电子资源"模式予以说明。007/00（资料类型）选取代码"c"（电子资源）;007/01（特定资料标识）选取代码"o"（光盘）;编目文献包含彩色图片等,007/03（颜色）选取代码"c"（多色）;007/04（尺寸）选取代码"g"（4 3/4 英寸的光盘）
008		990112c19uu9999dcuar^p^q^l^^f1^^^^0eng^d
		008 字段依据 LDR/06-07 代码"as"选取"连续性资源"模式。008/06（日期类型）选取代码"c"（现刊）;008/07-10（起始年）记录出版日期,不详的数字用"u"代替;008/18（出版频率）选取代码"a"（年刊）;008/19（发行规律）选取代码"r"（定期）;008/21（连续性资源类型）选取代码"p"（期刊）;008/23（载体形态）选取代码"q"（直接访问的电子资源）;008/34（款目原则）选取代码"0"（后续款目）
043	##	$an-us---
		文献内容涉及美国,043 字段记录其地理区域代码"n-us---",与主题字段里的地理区域相呼应

110	1#	$aUnited States.$bCongress.$bHouse.
240	10	$aJournal of the House of Representatives of the United States（CD-ROM）
		团体名称作为主要款目记录在110字段,统一题名记录在240字段。本文献除电子资源形式外,还以其他不同的载体形式出版,统一题名后括号内的载体限定起到了区分的作用
245	10	$aJournal of the House of Representatives of the United States /$ccompiled by the Clerk of the House.
		本例为连续出版物,著录依据是1991年的文献,图例为2007年文献的题名屏,真正题名与1991年相比有变化。但依据ISBD(统一版)A.2.6规定,该变化不是主要变化,因此正题名采用1991年文献题名屏上的正题名
246	1#	$iTitle from disc label:$aJournal of the U.S. House of Representatives
		246补充记录变异题名检索点,$i说明变异题名来自盘盒标签,第1指示符选取值"1",与$i匹配使用
246	1#	$iKnown also as:$aHouse journal
260	##	$aWashington :$bU.S. House of Representatives,
300	##	$aCD-ROMs ;$c4 3/4 in. + $econtainer insert installation instructions.
		此光盘盒内附有安装说明书
310	##	$aAnnual
336	##	$atext$2rdacontent
		336字段记录文献的内容类型,根据LDR/06代码"a"（文字资料）和编目文献的情况,内容类型选取术语"text"
337	##	$acomputer$2rdamedia
		337字段记录文献的媒介类型,根据007/00代码"c"（电子资源）,媒介类型选取术语"computer"
338	##	$acomputer disc$2rdacarrier
		338字段记录文献的载体类型。RDA在载体类型术语中用"computer disc"（计算机盘）取代了AACR2电子资源SMD术语中的"computer disk"（计算机软盘）和"computer optical disc"（计算机光盘）,因此电子资源007/01字符位代码"j"（计算机软盘）和代码"o"（计算机磁盘）均对应RDA载体术语"computer disc",即采用了007/01代码"d"（计算机盘,不区分类型）对应的载体类型术语
538	##	$aSystem requirements for Windows:i486 processor-based PC（Pentium or better recommended）; Windows 95, 98, or NT 4.0 with Service Pack 3 or later（English language version only）;8MB of RAM（16MB recommended）for Windows 95 and 98, or 16MB of RAM（24MB recommended）for Windows NT;10MB free space on hard drive.
		538字段记录只读光盘对计算机软件或硬件的要求
516	##	$aFiles in Adobe Acrobat and platform-specific formats.
		516字段记录计算机文件类型,说明本文献为阅读软件和特定平台格式

续表

588	##	$a Description based on：102nd Congress，1st session（1991）；title from title screen.
		著录的依据在 588 字段说明
610	10	$aUnited States.$bCongress.$bHouse$vPeriodicals.
650	#0	$aLegislation$zUnited States$vPeriodicals.
651	#0	$aUnited States$xPolitics and government$vPeriodicals.
776	08	$iPrint version：$aUnited States. Congress. House.$tJournal of the House of Representatives of the United States$w（DLC）31005736$w（OCoLC）8632633
		除电子形式外，文献还有其他载体形式的版本，使用 776 字段连接其印刷版
776	08	$iMicrofiche version：$aUnited States. Congress. House.$tJournal of the House of Representatives of the United States$w（DLC）2009230942$w（OCoLC）64142436
		776 字段连接缩微平片版
776	08	$iOnline version：$aUnited States. Congress. House. $sJournal of the House of Representatives of the United States（Online）.$tJournal of the House of Representatives of the United States$w（DLC）2009230077$w（OCoLC）317116474
		776 字段连接远程访问版
856	41	$uhttp：//purl. access. gpo. gov/GPO/LPS7701
		856 字段（电子资源定位与访问）第 1 指示符（访问方法）选取值"4"，表示访问方法为超文本传输协议（http）；第 2 指示符（关系）选取值"1"，表示访问地址定位的是编目文献的远程访问版

例 4：计算机软件

盘面

书目记录及解析：

LDR		^^^^cmm^^2200361^a^4500
		编目文献是一张只读光盘附带一本用户手册,光盘内容为计算机软件,符合 MARC21 定义的电子资源范畴。据此:LDR/06(记录类型)选取代码"m"(电子资源);LDR/07(书目级别)选取代码"m"(专著)
007		co^|g||||||||
		电子资源载体形态特征启用 007 字段"电子资源"模式予以说明。007/00(资料类型)选取代码"c"(电子资源);007/01(特定资料标识)选取代码"o"(光盘);007/04(尺寸)选取代码"g"(4 3/4 英寸的光盘)
008		970411s1997^^^^nyu^^^^f^^b^^^^^^^eng^^
		008 字段依据 LDR/06-07 代码"mm"选取"电子资源"模式。编目文献只具有电子资源一种资料类型特征,因此不必启用 006 字段补充。008/22(读者对象)选取代码"f"(专业人员),匹配使用 521 字段说明读者对象的具体范围;008/26(电子资源类型)选取代码"b"(计算机程序)
020		$a0195100158
		ISBN 号来自附件小册子上
100	1#	$aDeutsch,Clayton V.
		根据盘面信息,最先出现的软件开发者作主要款目标目
245	10	$aGSLIB :$bgeostatistical software library and user's guide /$cClayton V. Deutsch, André G. Journel.
		根据光盘标签的信息著录正题名、责任者信息
250	##	$aVersion 2.0.
		该字段记录文献的版本信息。在电子资源编目中,若版本信息的来源不同于正题名的来源,则将版本说明的来源著录于附注中。该文献的版本信息来源与正题名相同,无需再说明
300	##	$a1 CD-ROM ;$c4 3/4 in. + $e1 user's guide (x, 369 p. : ill. ; 24 cm.)
		附件信息记录在$e
336	##	$acomputer program$atext$2rdacontent
		336 字段记录文献的内容类型。由于源自同一个术语表,因此多个内容类型记录在同一个 336 字段,根据 LDR/06 代码"m"(电子资源),内容类型选取术语"computer program",由于带有文本型附件,重复$a 记录附件的内容类型"text"
337	##	$acomputer$aunmediated$2rdamedia
		337 字段记录文献的媒介类型。由于源自同一个术语表,因此多个媒介类型记录在同一个 337 字段,根据 007/00 代码"c"(电子资源),媒介类型选取术语"computer",重复$a 记录附件的媒介类型"unmediated"

续表

338	##	$acomputer disc$avolume$2rdacarrier
		338 字段记录文献的载体类型。由于源自同一个术语表,因此多个载体类型记录在同一个 338 字段。根据 007/01 代码"o"(光盘),载体类型选取术语"computer disc",附件的载体类型记录为"volume"
538	##	$aSystem requirements:IBM-compatible PC;FORTRAN compiler(level 77 or higher);CD-ROM drive.
		538 字段记录只读光盘对计算机软件或硬件的要求,"System requirements:"为导语
500	##	$aTitle from disc label.
		电子资源的正题名来源必须在附注项说明,本例的正题名取自盘面标签
521	##	$aGeoscientists.
		521 字段记录读者对象附注,本例的读者对象是地质学家
520	##	$aThirty-seven programs that summarize data with histograms and other graphics,calculate measures of spatial continuity,provide smooth least-squares-type maps,and perform stochastic spatial simulation.
		520 字段为摘要附注,介绍该文献的主要内容
650	#0	$aGeology$xStatistical methods$xSoftware.
700	1#	$aJournel, A. G.
		根据盘面信息,第二位软件开发者作附加款目标目
856	42	$3Publisher description $uhttp://www.loc.gov/catdir/enhancements/fy0602/97004525-d.html
		856 字段(电子资源定位与访问)第 1 指示符(访问方法)选取值为"4",表示访问方法为超文本传输协议(http);第 2 指示符(关系)选取值为"2",表示本字段所描述的电子资源与编目文献之间的关系是"相关资源",$3 用于说明该关系

例 5:组合型电子文件

题名屏

书目记录及解析:

LDR		⌐⌐⌐⌐cmm⌐⌐2200493^a^4500
		编目文献是使用多媒体(文本、声音、图像)展示其信息的计算机文件,尽管容器上有"Interactive CD-ROM edition"字样,但该文献的内容是以线性方式展现的,所以并不将其视为交互式多媒体,而视为计算机文件编目,符合MARC21定义的电子资源范畴。据此:LDR/06(记录类型)选取代码"m"(电子资源);LDR/07(书目级别)选取代码"m"(专著)
007		co^cgammm‖‖‖‖
		电子资源载体形态特征启用007字段"电子资源"模式予以说明。007/00(资料类型)选取代码"c"(电子资源);007/01(特定资料标识)选取代码"o"(光盘);编目文献包含彩色图片等,007/03(颜色)选取代码"c"(多色);007/04(尺寸)选取代码"g"(4 3/4英寸的光盘);007/05(声音)选取代码"a"(有声);007/06-08(图像比特深度)选取代码"mmm"(多种比特深度),因为文件中含有文本、彩色等多种图像
008		110208s2008⌐⌐⌐⌐ph⌐⌐⌐⌐⌐⌐⌐m⌐⌐⌐⌐⌐⌐eng^d
		008字段依据LDR/06-07代码"mm"选取"电子资源"模式。编目文献只具有电子资源一种资料类型特征,因此不必启用006字段补充。文件中有文本、声音、图像等信息,所以008/26字符位(电子资源类型)取"m"(组合型)
020	##	$a9789718141199
		ISBN号取自容器信息
043	##	$aa-ph---
		文献内容涉及菲律宾,043字段记录其地理区域代码"a-ph---",与主题字段里的地理区域相呼应
245	00	$aBuilding modernity :$bPhilippine architecture and allied arts during the 20th century /$c [project director, Edson Cabalfin].
		正题名取自主菜单,责任者信息取自附件,而非首选信息源,所以加注方括号
246	1#	$iTitle on container:$aBuilding modernity :$ba century of Philippine architecture and allied arts
		$i说明该变异题名的来源,变异题名中的其他题名记录在$b
250	##	$aInteractive CD-ROM ed.
		版本信息显示在容器上,由于其信息源与正题名不同,需要在附注项说明
260	##	$aManila, Philippines :$bNational Commission for Culture and the Arts,$cc2008.
300	##	$a1 CD-ROM :$bcol. ;$c4 3/4 in. + $e1 insert ([10] p. : ill. (some col.) ; 19 cm.) in case 19 × 14 × 2 cm.
		$e字段记录了附件、容器的细节信息
336	##	$atext$aspoken word$astill image$2rdacontent
		336字段记录文献的内容类型,本例是含有文本、声音、图像等多媒体信息的组合型的计算机文件,因此选取术语"text"、"spoken word"、"still image"反映文献的内容特征

续表

337	##	$acomputer$2rdamedia
		337 字段记录文献的媒介类型，根据 007/00 代码"c"（电子资源），媒介类型选取术语"computer"
338	##	$acomputer disc$2rdacarrier
		338 字段记录文献的载体类型。RDA 在载体类型术语中用"computer disc"（计算机盘）取代了 AACR2 电子资源 SMD 术语中的"computer disk"（计算机软盘）和"computer optical disc"（计算机光盘），因此电子资源 007/01 字符位代码"j"（计算机软盘）和代码"o"（计算机磁盘）均对应 RDA 载体术语"computer disc"，即采用了 007/01 代码"d"（计算机盘，不区分类型）对应的载体类型术语
500	##	$aPublished in conjunction with the exhibition "Building Modernity" was held on Feb. 7, 2007 to Sept. 2007 at the Museum of the Filipino People at the National Museum Complex in Manila, as part of the Ani ng Sining: Philippine Arts Festival 2007.
		一般性附注记录展览的背景信息
500	##	$aSponsored by the Committee on Architecture and Allied Arts of the National Commission for Culture and the Arts（NCCA），the National Museum of the Philippines, the Art Studies Foundation, Inc, and the Museum of Filipino Architecture of the University of the Philippines-College of Architecture.
		一般性附注著录参与展览的机构
500	##	$aTitle from main menu.
		电子资源的正题名来源必须在附注项说明，本例的正题名取自文件的主菜单
500	##	$aEdition statement from container.
		版本说明与正题名的信息源不同，需做附注说明
520	##	$a"Building modernity aims to present the landmarks of Philippine architecture in the last century, structures that have been presented here are emblematic of larger tendencies, movements, idealogies, and directions that have shaped the complex Filipino architectural culture in the 20th century. These modern landmarks are situated within the contexts of shifting social environments, from colonial to national, from national to global."—CD-ROM curatorial note.
		文献的内容摘要，取自文件信息
650	#0	$aArchitecture$zPhilippines$xHistory$y20th century$vExhibitions
700	1#	$aCabalfin, Edson.
		项目主管作附加款目标目
710	2#	$aNational Commission on Culture and the Arts（Philippines）
710	2#	$aMuseum of Filipino Architecture.
710	2#	$aArt Studies Foundation.
710	2#	$aNational Museum（Philippines）
710	2#	$aMuseum of the Filipino People.
		文献涉及的机构分别作团体附加款目标目

例6：数值型电子资源

磁盘标签

书目记录及解析：

LDR		^^^^cms^2200265^a^4500
		编目文献是以数值型数据为主要内容特征的连续出版物,其载体为磁盘,电子资源视为其主要特征,连续性资源视为其次要特征。据此:LDR/06(记录类型)选取代码"m"(电子资源);LDR/07(书目级别)选取代码"s"(连续出版物)
006		sar^p^s^^^^f0^^^2
		008字段根据LDR/06-07代码"ms"选择匹配的"电子资源"模式,连续性资源作为次要特征补充记录在006字段"连续性资源"模式中。其中006/01-17字符位的代码与008/18-34连续性资源模式的代码一致。006/00(记录类型)选取代码"s"(连续性资源);006/01(出版频率)选取代码"a"(年刊);006/02(发行规律)选取代码"r"(定期);006/04(连续性资源类型)选取代码"p"(期刊);006/06(载体形态)选取代码"s"(电子资源);006/11(政府出版物)选取"f"(联邦/国家政府机构),该文献由美国教育统计中心编辑;006/17(款目原则)选取代码"2"(集成款目)
007		cj^ua|||||||||
		电子资源载体形态特征启用007字段"电子资源"模式予以说明。007/00(资料类型)选取代码"c"(电子资源);007/01(特定资料标识)选取代码"j"(软盘);007/04(尺寸)选取代码"a"(3 1/2英寸的软盘)
008		960909c19uu9999dcu^^^^^a^f^^^^eng^d
		008字段依据LDR/06-07代码"ms"选取"电子资源"模式。008/06(日期类型)选取代码"c"(现刊);008/07-10(起始年)记录出版日期不详的数字用"u"代替;008/26(电子资源类型)选取代码"a"(数值型数据)
043	##	$an-us---
		文献内容涉及美国,043字段记录其地理区域代码"n-us---",与主题字段里的地理区域相呼应
245	00	$aState library agencies data FY … on disk /$cNational Center for Education Statistics.
		正题名取自磁盘标签

续表

260	##	$aWashington, D.C. : $bNational Center for Education Statistics
300	##	$acomputer disks ; $c3 1/2 in.
310	##	$aAnnual
336	##	$acomputer dataset$2rdacontent
		336 字段记录文献的内容类型,根据 LDR/06 代码"m"和 008/26 代码"a"(数值型数据),内容类型选取术语"computer dataset"
337	##	$acomputer$2rdamedia
		337 字段记录文献的媒介类型,根据 007/00 代码"c"(电子资源),媒介类型选取术语"computer"
338	##	$acomputer disc$2rdacarrier
		338 字段记录文献的载体类型。RDA 在载体类型术语中用"computer disc"(计算机盘)取代了 AACR2 电子资源 SMD 术语中的"computer disk"(计算机软盘)和"computer optical disc"(计算机光盘),因此电子资源 007/01 字符位代码"j"(计算机软盘)和代码"o"(计算机磁盘)均对应 RDA 载体术语"computer disc",即采用了 007/01 代码"d"(计算机盘,不区分类型)对应的载体类型术语
538	##	$aSystem requirements: PC/MS DOS with hard drive; 1 Mb of free hard drive space; floppy disk drive.
		538 字段记录磁盘对计算机软件或硬件的要求
588	##	$aDescription based on: FY 1996; title from disk label.
		连续性资源著录依据如果不是第 1 期,应做附注说明著录基础;电子资源的正题名来源必须在附注项说明
650	#0	$aState libraries$zUnited States.
650	#0	$aState library agencies$zUnited States.
710	2#	$aNational Center for Education Statistics.
710	1#	$aUnited States.$bOffice of Educational Research and Improvement.

例 7：电子地图

盘面

书目记录及解析：

LDR		^^^^nem^^2200445^a^4500
		编目文献是含有电子地图集的只读光盘，其主要内容特征是地图资料。据此：LDR/06（记录类型）选取代码"e"（测绘制图资料）；LDR/07（书目级别）选取代码"m"（专著）
006		m^^^^^^^c^f^^^^
		根据 LDR/06-07 代码"em"选择匹配的 008 字段"地图"模式，电子资源作为次要特征补充记录在 006 字段"电子资源"模式。006/00（记录类型）选取代码"m"（电子资源）。006/11（政府出版物）"f"（联邦/国家政府机构出版物）
007		co^cz|||||||||
		电子资源载体形态特征启用 007 字段"电子资源"模式予以说明。007/00（资料类型）选取代码"c"（电子资源）；007/01（特定资料标识）选取代码"o"（光盘）；007/03（颜色）选取代码"c"（多色）；007/04（尺寸）选取代码"z"（该光盘的尺寸特殊，不在已定义的常规"值"中，因此选用"z"，表示"其他"）
008		021205s2002^^^^dcu^^^^^^e^fs^0^^^eng^^
		008 字段依据 LDR/06-07 代码"em"选取"地图"模式。008/25（测绘资料类型）取"e"（地图集），因为编目文献由多张地图组成；008/28 选取代码"f"（联邦/国家政府机构出版物），政府出版物的信息取于 260$b 出版者项；008/29（载体形态）选取代码"s"（电子资源）或"q"（直接访问的电子资源）
034	0#	$aa
		本字段为制图数学数据代码，包括测绘资料的比例尺、投影、坐标、赤经、赤纬及二分点等的代码，与 255 字段相对应。第 1 指示符表示比例尺的类型，取值"0"表示比例尺不确定或无比例尺。$a 是比例尺的类型，为必备子字段，即使没有比例尺信息也要使用，取值"a"表示比例尺为线型比例尺
043	##	$an-us---
		文献内容涉及美国，043 字段记录其地理区域代码"n-us---"，与主题字段里的地理区域相呼应
086	0#	$aC 3.2:M 32/2002/CD
		086 字段记录政府文献分类号，第 1 指示符为"0"表示分类号由美国政府出版局（GPO）分配
245	00	$aMapping census 2000 :$bthe geography of U.S. diversity.
		由于盘面的信息最为完整，所以正题名信息取自盘面
246	3#	$aMapping census Two Thousand, the geography of U.S. diversity
		变异题名为正题名中数字的英文拼写展开式，指示符固定搭配为"3#"
246	30	$aGeography of U.S. diversity
		其他题名信息有检索意义，用 246 字段为其提供检索点，第 2 指示符为"0"，表示题名类型为部分题名
255	##	$aScales differ.

续表

		本字段包含与测绘资料相关的数学数据,包括比例尺说明、投影说明和/或坐标说明,是测绘资料的必备字段
260	##	$a〔Washington,D.C.〕:$bU.S. Dept. of Commerce, Economics and Statistics Administration, U.S. Census Bureau :$b〔For sale by Supt. of Docs.,U.S.G.P.O.,$c2002〕
		在文献上找不到出版地、发行机构、出版年信息,但可以根据出版者等其他信息推测所得,需加方括号
300	##	$a1 CD-ROM :$bcol. ;$c8 cm.
		该光盘的尺寸不同于常规光盘的尺寸,盘面直径为 8cm,被称作"迷你盘",与 007/04 代码取值"z"相匹配
336	##	$acartographic image$2rdacontent
		336 字段记录文献的内容类型,根据 LDR/06 代码"e"(测绘制图资料)和编目文献的情况,内容类型选取术语"cartographic image"
337	##	$acomputer$2rdamedia
		337 字段记录文献的媒介类型,根据 007/00 代码"c"(电子资源),媒介类型选取术语"computer"
338	##	$acomputer disc$2rdacarrier
		338 字段记录文献的载体类型。RDA 在载体类型术语中用"computer disc"(计算机盘)取代了 AACR2 电子资源 SMD 术语中的"computer disk"(计算机软盘)和"computer optical disc"(计算机光盘),因此电子资源 007/01 字符位代码"j"(计算机软盘)和代码"o"(计算机磁盘)均对应 RDA 载体术语"computer disc",即采用了 007/01 代码"d"(计算机盘,不区分类型)对应的载体类型术语
500	##	$aTitle from disc label.
		电子资源的正题名来源必须在附注项说明
500	##	$aShipping list no. :2003-0001-E.
500	##	$a"Issued August 2002. "
500	##	$a" C1-D00-C2SR-14-MINI. "
520	##	$aPresents synthesis of basic patterns and changes in U.S. population distribution since 1990.
530	##	$aAlso available via Internet from the Census website. Address as of 8/16/2004:http://www.census. gov/population/www/cen2000/atlas. html;current access is available via PURL.
		除实体电子资源之外,文献还有网络版,530 字段(其他载体形式附注)记录网络版的相关信息
651	#0	$aUnited States$xCensus,22nd ,2000$vMaps.
651	#0	$aUnited States$xPopulation$vStatistics$vMaps.
650	#0	$aMinorities$zUnited States$xPopulation$vMaps.
710	2#	$aU.S. Census Bureau.
		鉴于文献出版机构的重要性需做附加款目标目
856	41	$uhttp://purl. access. gpo. gov/GPO/LPS53017
		第 2 指示符为"1",表示访问地址定位的是编目文献的远程访问版

例 8：交互式多媒体

盘面

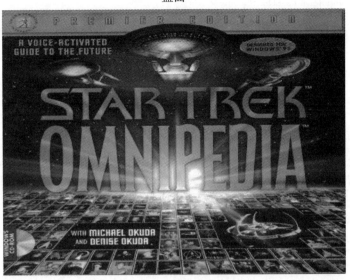

书目记录及解析：

LDR		^^^^cmm^^2200373^a^4500
		编目文献包括文本、照片、视频、图表和音频信息，并支持随机存取信息的交互式多媒体文献。交互式多媒体是指使用计算机技术、视频技术和音频技术来表现由两个或两个以上媒体格式（文本、图像或声音）组成的作品，支持使用者在作品内的非线性导航。据此：LDR/06（记录类型）选取代码"m"（电子资源）；LDR/07（书目级别）选取代码"m"（专著）
007		co^cga---muuuu
		电子资源载体形态特征启用 007 字段"电子资源"模式予以说明。007/00（资料类型）选取代码"c"（电子资源）；007/01（特定资料标识）选取代码"o"（光盘）；编目文献包含多种媒体形式，所以 007/03（颜色）选取代码"c"（多色）；007/04（尺寸）选取代码"g"（4 3/4 英寸的光盘）；007/05（声音）选取代码"a"（有声）；007/09（文件格式数量）选取代码"m"（多种文件格式）
008		960202s1995^^^nyu^^^^^^i^^^^^^eng^d
		008 字段依据 LDR/06-07 代码"mm"选取"电子资源"模式。008/26（电子资源类型）选取代码"i"（交互式多媒体）
245	00	$aStar Trek omnipedia.
		正题名取自题名屏
260	##	$aNew York, NY : $bSimon & Schuster Interactive, $cc1995.
300	##	$a 1 computer optical disc : $bsd., col. ; $c4 3/4 in. + $e1 user guide（28 p.）+ 1 voice commands card.

续表

		编目文献除光盘外,还包含两个附件,即一本用户指南和一张声卡,附件信息著录在$e
336	##	$acomputer dataset$2rdacontent
		336 字段记录文献的内容类型,根据 LDR/06 代码"a"和编目文献的情况,内容类型选取术语"computer dataset"
337	##	$acomputer$2rdamedia
		337 字段记录文献的媒介类型,根据 007/00 代码"c"(电子资源),媒介类型选取术语"computer"
338	##	$acomputer disc$2rdacarrier
		338 字段记录文献的载体类型。RDA 在载体类型术语中用"computer disc"(计算机盘)取代了 AACR2 电子资源 SMD 术语中的"computer disk"(计算机软盘)和"computer optical disc"(计算机光盘),因此电子资源 007/01 字符位代码"j"(计算机软盘)和代码"o"(计算机磁盘)均对应 RDA 载体术语"computer disc",即采用了 007/01 代码"d"(计算机盘,不区分类型)对应的载体类型术语
538	##	$aSystem requirements:Macintosh LC-III,Performa or better;8 MB RAM;System 7.01 or later;13 in. color monitor with 256 colors;double-speed CD-ROM drive. Requirements for voice activation:Power Macintosh or Quadra A/V Macintosh;Plaintalk or similar microphone.
		538 字段记录只读光盘对计算机软件或硬件的要求
500	##	$aTitle from title screen.
		电子资源的正题名来源必须在附注项说明
500	##	$a"A voice-activated guide to the future"—Container.
		引文附注后说明信息来源
500	##	$a"MAC CD-ROM"
500	##	$aBased on The star trek encyclopedia by Michael Okuda,Denise Okuda,and Debbie Mirek,and The star trek chronology by Michael Okuda.
511	0#	$aFeaturing Majel Barrett,the official voice of Star trek's computer systems;with special audio/visual features narrated by Mark Lenard.
		参加者和表演者附注
650	#0	$aStar Trek television programs$vEncyclopedias.
650	#0	$aStar Trek films$vEncyclopedias.
700	1#	$aLeonard, Mark.
700	1#	$aBarret, Majel.
		为参加者和表演者做附加款目
700	1#	$aOkuda, Michael.$tStar trek encyclopedia.
700	1#	$aOkuda, Michael.$tStar trek chronology.

续表

		根据 500 附注为相关作品做名称题名附加款目
710	2#	$aSimon & Schuster Interactive（Firm）
		为重要出版者做团体附加款目

§4.2　远程访问的电子资源编目实践分析

远程访问的电子资源是指本地没有物理实体、只能通过输入输出设备连接到计算机系统或存储在远程主机上的硬盘或者其他存储设备中的资源①，即包括所有通过计算机网络获取、使用的电子资源。远程访问的电子资源包括：文本型数据（如电子期刊、文档、图书、书目数据库、论文等）、图像数据（如图片、活动图像等）、地图数据（如地图、地图集、测绘制图资料等）、音乐数据（如乐谱或乐谱的扫描图像等）、声音数据（如音乐设备数字接口文件、流式音频等）、电子程序、系统或服务（如软件、在线系统和服务、数值型数据等）、网站、在线通讯、Web 文档等。

远程访问的电子资源除具有电子资源的一般特征外，还有其特有的特点。例如，远程访问的电子资源更新速度快、易变性强，网页的内容会随时更新、修改，链接地址也会发生变化或者消失。再如，资源存取权限的限制性突出。许多电子资源并非完全向公众开放使用，如由正式出版机构或数据库集成商发行的电子期刊、电子图书、引文数据库、事实数据库等正式电子出版物多为商用电子资源，需要购买访问权限方可使用。

信息源的选取是编目的基础和前提。由于远程访问的电子资源很难像传统资源那样具有比较集中、固定、易识别的信息源，如图书的题名页、缩微资料的题名帧等，因此选取好信息源是远程访问电子资源编目的难点。如前所述，远程访问的电子资源最大的特点之一就是易变性，资源的内容会随时更新、修改，链接地址也会发生变化或者消失，编目人员往往很难确定什么时候、在哪里、由谁第一次出版这一资源，对于网络连续出版物，也很难像印刷期刊那样，找到最理想的著录依据。编目员必须在编目前对资源有一个整体的了解，才能做出客观的判断。远程访问的电子资源的著录信息源就是资源本身，主要可供参考的有题名屏、主页、文件标题、元数据、欢迎屏、出版商说明页、目次页、浏览器的题名条等。当然，这众多的信息源肯定有一个选择和取舍问题，尤其是当不同的信息源所提供的信息有差异时，应优先考虑内容最完整、详细的信息源②。

值得注意的是，编目远程访问的电子资源除了要在附注项记录、说明正题名的来源之外，还要在其后将浏览网页的日期著录于圆括号内。

---

① 王亚林.电子资源的编目策略[J].图书馆建设,2012(2):47－49,53.
② 郑雯译,丁育明.网络资源与光盘资源编目要点探析[J].现代图书情报技术,2004(5):58－61,65.

例1:网站(文字)

题名屏

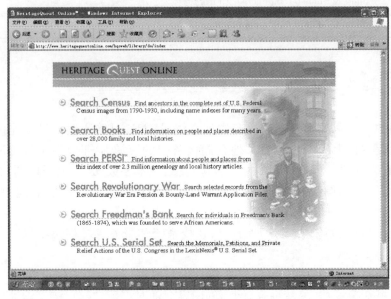

书目记录及解析:

LDR		^^^^^**cai**^^2200433^a^4500
		编目文献为不断更新的网站。网页的主要内容是文字资料。据此:LDR/06(记录类型)选取代码"a"(文字资料);不断更新的网站属于集成性资源,LDR/07(书目级别)选取代码"i"(集成性资源)
006		**m**^^^^^^^**d**^^^^^
		008 字段根据 LDR/06-07 代码"ai"选择匹配的"连续性资源"模式,电子资源作为次要特征补充记录在 006 字段"电子资源"模式。006/00(记录类型)选取代码"m"(电子资源);006/09(电子资源类型)选取代码"d"(文本)
007		**cr**^cn|---|||||
		电子资源载体形态特征启用 007 字段"电子资源"模式予以说明。007/00(资料类型)选取代码"c"(电子资源);007/01(特定资料标识)选取代码"r"(远程访问)
008		021009**c**19999999miu||^^^**s**^^^^0^^^**2**eng^^
		008 字段依据 LDR/06-07 代码"ai"选取"连续性资源"模式。由于还在不断更新,008/06(日期类型)选取代码"c"(现刊);008/23(载体形态)选取代码"s"(电子资源);由于是集成性资源,008/34(款目原则)选取代码"2"(集成款目)
043	##	$an-us---
		文献内容涉及美国,043 字段记录其地理区域代码"n-us---",与主题字段的地理区域相呼应

续表

082	04	$a929.373$222
245	00	$aHeritageQuest online.
		正题名取自题名屏。无其他题名信息和责任说明
246	3#	$aHeritage quest online
		246 字段记录正题名的其他变异形式,第 2 指示符选取值"#",表示变异题名不属于定义专指"值"所表示的类型
246	1#	$iFormerly known as:$aGenealogy & local history online
		$i 记录有关$a 变异题名的说明,当启用$i 时,246 指示符的值固定为"1#"
260	##	$a[Ann Arbor, Mich.]:$bProQuest Information and Learning,$cc1999-
		本例为不断更新的网站,属于集成性资源,出版日期采用开口日期的著录方式
336	##	$atext$2rdacontent
		336 字段记录文献的内容类型,根据 LDR/06 代码"a"(文字资料)和编目文献的情况,内容类型选取术语"text"
337	##	$acomputer$2rdamedia
		337 字段记录文献的媒介类型,根据 007/00 代码"c"(电子资源),媒介类型选取术语"computer"
338	##	$aonline resource$2rdacarrier
		338 字段记录文献的载体类型,根据 007/01 代码"r"(远程访问),载体类型选取术语"online resource"
538	##	$aMode of access:World Wide Web.
		远程访问的电子资源,必须著录 538 字段,以记录访问方式、访问途径等,通常以"Mode of access"为固定导语
506	##	$aAccess restricted to subscribing institutions.
		506 字段为获取限定附注,记录获取编目文献的限定信息。本例 506 字段表明只有订购该数据库的机构才有访问权限
500	##	$aTitle from home page (last viewed on June 10, 2005).
		电子资源的正题名来源必须在附注项说明,远程访问的电子资源还在来源后注明浏览网页的日期
520	##	$aOffers research materials for tracing family lineage and American culture. Features United States census records, family and local histories, and primary source material.
		520 字段记录有关资源的介绍性信息,信息取自任何来源
650	#0	$aGenealogy$vDatabases.
651	#0	$aUnited States$xGenealogy$vDatabases.
710	2#	$aProQuest Information and Learning Company.
		将本网页的版权拥有者做机构附加款目

续表

710	2#	$aHeritage Quest（Society）
		将项目责任者做机构附加款目
856	40	$uhttp://www.heritagequestonline.com/hqoweb/library/do/index
		856 字段第 1 指示符（访问方法）选取值为"4"，表示访问方法为超文本传输协议（http）；第 2 指示符（关系）选取值为"0"，表示编目文献本身为电子资源，$u 记录该资源的访问地址

例 2：网站（视频）

题名屏

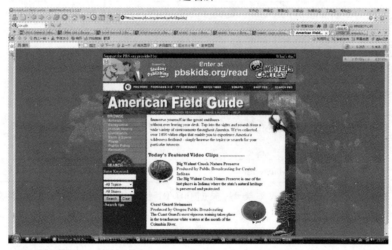

书目记录及解析：

LDR	^^^^cgi^22003735a^4500
	编目文献为视频网站，视频为主要内容特征。据此：LDR/06（记录类型）选取代码"g"（放映媒体）；LDR/07（书目级别）选取代码"i"（集成性资源）
006	s^||w|s||||||^^|2
	008 字段根据 LDR/06-07 代码"gi"选择匹配的"可视资料"模式，非印刷型集成性资源作为次要特征补充记录在 006 字段"连续性资源"模式。006/00（记录类型）选取代码"s"（连续出版物/集成性资源）；006/04（连续性资源类型）选取代码"w"（更新的网页）；006/06（载体形态）选取代码"s"（电子资源）；006/17（款目原则）选取代码"2"（集成款目），表示不延续先前题名的集成性资源和电子连续出版物
006	m^^^^^^^i^^^^
	008 字段根据 LDR/06-07 代码"gi"选择匹配的"可视资料"模式，电子资源作为次要特征补充记录在 006 字段"电子资源"模式。006/00（记录类型）选取代码"m"（电子资源）；006/09（电子资源类型）选取代码"i"（交互式多媒体）

007		**cr^||||||||||**
		电子资源载体形态特征启用 007 字段"电子资源"模式予以说明。007/00(资料类型)选取代码"c"(电子资源);007/01(特定资料标识)选取代码"r"(远程访问)
007		**vz^c||||||**
		启用 007 字段"录像"模式说明视频载体形态特征。007/00(资料类型)选取代码"v"(放映图像);由于是网络视频,007/01(特定资料类型)没有专指代码,选取代码"z"(其他);视频为彩色,007/03(颜色)选取代码"c"(多色)
008		030729**m**20039999oru---^^^^^^s^^vceng^^
		008 字段依据 LDR/06-07 代码"gi"选取"可视资料"模式。由于是不断更新的网站,008/06(日期类型)选取代码"m"(多个日期),不确定结束的日期用"9999"表示;008/18-20(电影或录像的放映时间),由于包含多个视频,放映时间不定,选取代码"---"(不详);008/29(载体形态)选取代码"s"(电子资源)或"o"(远程访问的电子资源);008/33(可视资料类型)选取代码"v"(录像);008/34(技术)选取代码"c"(动画和实景)
043	##	$an-us---
		文献内容涉及美国,043 字段记录其地理区域代码"n-us---",与主题字段的地理区域相呼应
245	00	$aAmerican field guide.
		正题名取自题名屏。无其他题名信息和责任说明
246	3#	$aAFG
		246 字段记录正题名缩写形式,指示符固定搭配为"3#"
260	##	$a[Portland]:$bOregon Public Broadcasting ;$a[Alexandria,Va.]:$bPBS,
336	##	$atwo-dimensional moving image$2rdacontent
		336 字段记录文献的内容类型,根据 LDR/06 代码"g"(放映媒体)和编目文献的情况,内容类型选取术语"two-dimensional moving image"
337	##	$acomputer$2rdamedia
		337 字段记录文献的媒介类型,根据 007/00 代码"c"(电子资源),媒介类型选取术语"computer"
338	##	$aonline resource$2rdacarrier
		338 字段记录文献的载体类型,根据 007/01 代码"r"(远程访问),载体类型选取术语"online resource"
538	##	$aMode of access:World Wide Web;video segments require Real Media Player or Windows media player.
		远程访问的电子资源,必须著录 538 字段,以记录访问方式、访问途径等,通常以"Mode of access"为固定导语。并且记录外围设备需求
500	##	$aTitle from home page(viewed on July 25,2003).

续表

		电子资源的正题名来源必须在附注项说明,远程访问的电子资源还需在来源后注明浏览网页的日期
520	##	$aVideo clips with accompanying text and narrations related to U.S. animals, plants, ecosystems, and other nature and environment topics.
		520 字段记录有关资源的介绍性信息,信息取自任何来源
650	#0	$aEcology$zUnited States.
650	#0	$aAnimals$zUnited States.
650	#0	$aPlants$zUnited States.
650	#0	$aBiotic communities$zUnited States.
650	#0	$aGeology$zUnited States.
650	#0	$aOutdoor recreation$zUnited States.
710	2#	$aOregon Public Broadcasting.
		将本网页的版权拥有者做机构附加款目
856	40	$uhttp://www.pbs.org/americanfieldguide/$zConnect to: American field guide
		856 字段第 1 指示符(访问方法)选取值为"4",表示访问方法为超文本传输协议(http);第 2 指示符(关系)选取值为"0",表示编目文献本身为电子资源,$u 记录该资源的访问地址

例 3:电子书

题名屏

书目记录及解析:

LDR		^^^^**cam**^2200433^a^4500
		编目文献为电子书,主要特征为文字资料。据此:LDR/06(记录类型)选取代码"a"(文字资料);LDR/07(书目级别)选取代码"m"(专著)
006		**m**^^^^^^^**d**^^^^^
		008 字段根据 LDR/06-07 代码"am"选择匹配的"图书"模式,电子资源作为次要特征补充记录在 006 字段"电子资源"模式。006/00(记录类型)选取代码"m"(电子资源);006/09(电子资源类型)选取代码"d"(文本)
007		**cr**^|||||||||||
		电子资源载体形态特征启用 007 字段"电子资源"模式予以说明。007/00(资料类型)选取代码"c"(电子资源);007/01(特定资料标识)选取代码"r"(远程访问)
008		060821s2007^^^^caua^^^^sbe^^^001^0ceng^d
		008 字段依据 LDR/06-07 代码"am"选取"图书"模式。008/23(载体形态)选取代码"s"(电子资源)或"o"(远程访问的电子资源);其他字符位的著录与图书资料类型相同
043	##	$an-us---
		文献内容涉及美国,043 字段记录其地理区域代码"n-us---",与主题字段的地理区域相呼应
082	04	$a330.973/003$222
100	1	$aDobson, John M.
245	10	$aBulls, bears, boom, and bust :$ba historical encyclopedia of American business concepts /$cJohn Dobson.
		正题名取自题名屏
246	30	$aHistorical encyclopedia of American business concepts
		246 字段记录部分题名形式,第 2 指示符选取值"0",为部分题名提供检索点
260	##	$aSanta Barbara, Calif. :$bABC-CLIO,$cc2007.
300	##	$a1 online resource (xvi, 423 p. :$bill.)
		远程访问的电子资源一般不著录载体形态项,但若认为必要,也可著录。如本例的电子书需在"1 online resource"短语之后的圆括号内标明电子书的页数和其他物理细节,因为不是实体文献,不著录尺寸
336	##	$atext$2rdacontent
		336 字段记录文献的内容类型,根据 LDR/06 代码"a"(文字资料)和编目文献的情况,内容类型选取术语"text"
337	##	$acomputer$2rdamedia
		337 字段记录文献的媒介类型,根据 007/00 代码"c"(电子资源),媒介类型选取术语"computer"
338	##	$aonline resource$2rdacarrier
		338 字段记录文献的载体类型,根据 007/01 代码"r"(远程访问),载体类型选取术语"online resource"

续表

500	##	$aTitle from e-book title screen（viewed February 27，2008）.
		电子资源的正题名来源必须在附注项说明,远程访问的电子资源还需在来源后注明浏览网页的日期
504	##	$aIncludes bibliographical references and index.
530	##	$aAlso available in print.
		530 字段记录不同于编目文献载体的其他可获取的载体形态信息,本例中的编目文献还有印刷型版本可获取
538	##	$aMode of access：World Wide Web.
		远程访问的电子资源,必须著录 538 字段,以记录访问方式、访问途径等,通常以"Mode of access"为固定导语
650	#0	$aIndustries$zUnited States$xHistory$vEncyclopedias.
650	#0	$aBusinesspeople$zUnited States$vBiography.
650	#0	$aBusinesspeople$zUnited States$xHistory$vEncyclopedias.
651	#0	$aUnited States$xCommerce$xHistory$vEncyclopedias.
776	0#	$cOriginal$w（DLC）2006027499
		776 字段包含与目标文献相关的其他载体形态信息,目标文献与其他载体形态款目之间是平行关系。该字段连接了该电子资源的印刷型文献版本的相关记录,$c 为限定信息,$w 为记录控制号
856	40	$zConnect to MyiLibrary resource $uhttp：//www. myilibrary. com？ id＝71101
		856 字段第 1 指示符(访问方法)选取值为"4",表示访问方法为超文本传输协议(http);第 2 指示符(关系)选取值为"0",表示编目文献本身为电子资源,$u 记录该资源的访问地址

例 4:电子期刊

题名屏

书目记录及解析：

LDR		ˇˇˇˇcasˇˇ2200469ˇaˇ4500
		编目文献是以文本为主要内容特征的电子期刊。据此：LDR/06（记录类型）选取代码"a"（文字资料）；LDR/07（书目级别）选取代码"s"（连续出版物）
006		mˇˇˇˇˇˇˇdˇˇˇˇˇ
		008 字段根据 LDR/06-07 代码"as"选择匹配的"连续性资源"模式，电子资源作为次要特征补充记录在 006 字段"电子资源"模式。006/00（记录类型）选取代码"m"（电子资源）；006/09（电子资源类型）选取代码"d"（文本）
007		crˇcnuˇˇˇˇˇˇ
		电子资源载体形态特征启用 007 字段"电子资源"模式予以说明。007/00（资料类型）选取代码"c"（电子资源）；007/01（特定资料标识）选取代码"r"（远程访问）
008		981103c19989999xxˇfrˇpsoˇˇˇˇ0ˇˇˇ0engˇc
		008 字段依据 LDR/06-07 代码"as"选取"连续性资源"模式。电子期刊尚在发行中，008/06（日期类型）选取代码"c"（现刊），008/07-10 记录出版的起始年"1998"，终止日期 008/11-14 著录为"9999"；008/18（出版频率）选取代码"f"（半年刊）；008/19（发行规律性）选取代码"r"（定期）；008/21（连续性资源类型）选取代码"p"（期刊）；008/22（原始文献载体形态）选取代码"s"（电子资源）；008/23（载体形态）选取代码"s"（电子资源）或"o"（远程访问的电子资源）
022	##	$a1439-6262
		022 字段记录电子期刊的 ISSN
050	14	$aK9$b.N83595
130	0#	$aInternational journal of communications law and policy（Online）
		130 字段记录连续出版物统一题名，用圆括号内"online"载体形式限定统一题名，使统一题名起到区分的作用
245	10	$aInternational journal of communications law and policy：$bIJCLP.
		题名取自题名屏
246	3#	$aIJCLP
		246 字段记录正题名缩写形式，指示符固定搭配为"3#"
246	30	$aJournal of communications law and policy
		246 字段记录正题名部分题名形式，第 2 指示符选取值"0"，为部分题名提供检索点
260	##	$a[S. l.]：$bKeine Angabe, $c1998-
		对于连续性资源，只有当提供第一次和/或最后一次出版日期时，或不再出版时，使用$c记录出版日期，否则可不记录$c。本期刊的第 1 卷出版日期为"1998"
310	##	$aTwo no. a year
		310 字段记录连续性资源的当前出版频率为一年两次

续表

336	##	$atext$2rdacontent
		336 字段记录文献的内容类型,根据 LDR/06 代码"a"(文字资料)和编目文献的情况,内容类型选取术语"text"
337	##	$acomputer$2rdamedia
		337 字段记录文献的媒介类型,根据 007/00 代码"c"(电子资源),媒介类型选取术语"computer"
338	##	$aonline resource$2rdacarrier
		338 字段记录文献的载体类型,根据 007/01 代码"r"(远程访问),载体类型选取术语"online resource"
362	0#	$aIssue 1(summer 1998)-
		362 字段记录出版日期和/或卷期标识。第 1 指示符选取值"0",表示格式化形式的日期
500	##	$aTitle from title screen(publisher's Web site,viewed Aug. 17, 2004).
		电子资源的正题名来源必须在附注项说明,远程访问的电子资源还需在来源后注明浏览网页的日期
520	##	$aCovers a wide range of topics relating to structural and behavioural regulation and policy in the converging sectors of computing, telecommunications and broadcasting.
		520 字段记录有关资源的介绍性信息,信息取自任何来源
530	##	$aAlso issued in print.
		530 字段记录不同于编目文献载体的其他可获取的载体形态信息,本例中的编目文献还有印刷型版本可获取
538	##	$aMode of access:World Wide Web.
		远程访问的电子资源,必须著录 538 字段,以记录访问方式、访问途径等,通常以"Mode of access"为固定导语
588	##	$aLatest issue consulted:Issue 11(autumn 2006)(IJCLP website, viewed Aug. 7, 2007).
		588 字段为描述来源的附注字段
650	#0	$aCommunication$xMass media$vPeriodicals.
650	#0	$aCommunication, International$vPeriodicals.
776	1#	$tInternational journal of communications law and policy$w(OCoLC)56402117
		776 字段包含与目标文献相关的其他载体形态信息,目标文献与其他载体形态款目之间是平行关系。该字段连接了该电子资源的印刷型文献版本的相关记录,$t 为题名,$w 为记录控制号
859	40	$uhttp://heinonline. org/HOL/Index?index = external-journals/ijclp&collection = journals
		859 字段为 LC 本地的电子资源定位字段,与 856 字段用法一致。美国国会图书馆集成图书馆系统中的 CONSER 连续性资源记录和由美国国会图书馆发起的一些网站资源记录使用 859 字段

例 5：数据库（书目数据库）

题名屏

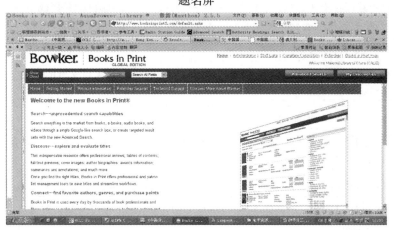

书目记录及解析：

LDR		02063c**ai**^a2200469La^4500
		编目文献为书目数据库,网页的主要内容是文字资料,文献主要特征判定为文字资料,电子资源为次要特征。据此:LDR/06(记录类型)选取代码"a"(文字资料);由于该 A—Z 数据库属于集成性资源,LDR/07(书目级别)选取代码"i"(集成性资源)
006		**m**^^^^^^**e**^^^^
		008 字段根据 LDR/06-07 代码"ai"选择匹配的"连续性资源"模式,电子资源作为次要特征补充记录在 006 字段"电子资源"模式。006/00(记录类型)选取代码"m"(电子资源);006/09(电子资源类型)选取代码"e"(书目数据)
007		**cr**^mnu---uuuuu
		电子资源载体形态特征启用 007 字段"电子资源"模式予以说明。007/00(资料类型)选取代码"c"(电子资源);007/01(特定资料标识)选取代码"r"(远程访问)
008		010827**c**20119999njuu**x**^**d**^**o**^cr^0^^^^**2**eng^d
		008 字段依据 LDR/06-07 代码"ai"选取"连续性资源"模式。008/06(日期类型)选取代码"c"(现刊);008/19(发行规律性)选取代码"x"(不定期);008/21(连续性资源类型)选取代码"d"(更新型数据库);008/23(载体形态)选取代码"s"(电子资源)或"o"(在线);由于是集成性资源,008/34(款目原则)选取代码"2"(集成款目)
245	00	$aBooks in print.
		正题名取自题名屏,无其他题名信息和责任说明
246	13	$aAll new books in print
		246 字段记录其他题名
246	13	$aBowker books in print
		246 字段记录其他题名

续表

260	##	$aNew Providence, N.J. : $bR.R. Bowker,
		对于连续性资源,只有当提供第一次和/或最后一次出版日期时,或不再出版时,使用$c 记录出版日期,否则可不记录$c。本记录的出版日期记录在 362 字段
336	##	$atext$2rdacontent
		336 字段记录文献的内容类型,根据 LDR/06 代码"a"和编目文献的情况,内容类型选取术 语"text"
337	##	$acomputer$2rdamedia
		337 字段记录文献的媒介类型,根据 007/00 代码"c"(电子资源),媒介类型选取术语 "computer"
338	##	$aonline resource$2rdacarrier
		338 字段记录文献的载体类型,根据 007/01 代码"r"(远程访问),载体类型选取术语"on-line resource"
362	1#	$aBegan in 2011?
		362 字段记录出版日期和/或卷期标识。第 1 指示符选取值"1",表示出版日期等信息以 非格式化的附注形式著录
500	##	$aTitle from home page(viewed June 2,2011).
		电子资源的正题名来源必须在附注项说明,远程访问的电子资源还需在来源后注明浏览 网页的日期
506	##	$aSubscription and registration required for access.
		506 字段为获取限定附注,本例 506 字段包含网页的访问权限信息
520	##	$aIndex-Includes access to: Bowker's Complete Books In Print(US and Canadian titles); British Books in Print; Spanish Books in Print; Books Out-of-Print; Children's Books In Print; Forthcoming Books; Bowker's Publisher Authority Database; Bowker's Complete Video Directory; Words on Cassette-Links to reviews included when available.
		520 字段记录有关资源的介绍性信息,信息取自任何来源
538	##	$aMode of access: World Wide Web. Available at: http://www.booksinprint2.com
		远程访问的电子资源,必须著录 538 字段,以记录访问方式、访问途径等,通常以"Mode of access"为固定导语
650	#0	$aChildren's literature$vCatalogs.
650	#0	$aBook industries and trade$vDirectories.
650	#0	$aPublishers and publishing$vDirectories.
650	#0	$aAudiobooks$vCatalogs.
650	#0	$aVideo recordings$vCatalogs.
650	#0	$aBooks$vReviews$vDatabases.
650	#0	$aAudiobooks$vReviews$vDatabases.

续表

650	#0	$aVideo recordings$vReviews$vDatabases.
710	2#	$aR.R. Bowker Company.
		将本网页的版权拥有者作机构附加款目
730	02	$aBooks out-of-print（Online）
730	02	$aBritish books in print（Online）
730	02	$aBowker's publisher authority database.
730	02	$aBowker's complete video directory（Online）
730	02	$aChildren's books in print.
730	02	$aForthcoming books（Online）
730	02	$aWords on cassette（New Providence, N.J.：Online）
730	02	$aSpanish books in print.
		730 字段记录附加款目－－统一题名，第 2 指示符选取值"2"，表示附加款目为分析款目，即编目文献包含提供在附加款目的作品，亦即提供在附加款目的作品被收录在编目文献中
856	40	$uhttp://www.booksinprint2.com
		856 字段第 1 指示符（访问方法）选取值为"4"，表示访问方法为超文本传输协议（http）；第 2 指示符（关系）选取值为"0"，表示编目文献本身为电子资源，$u 记录该资源的访问地址

例 6：数据库（全文数据库）

题名屏

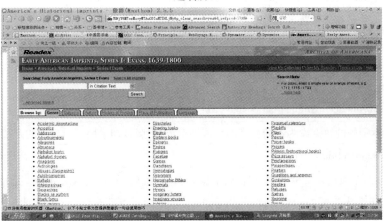

书目记录及解析：

LDR	^^^^cai^^2200529^a^4500
	编目文献为可进行全文检索与浏览的数据库，网页的主要内容是文字资料，文献主要特征判定为文字资料，电子资源为次要特征。据此：LDR/06（记录类型）选取代码"a"（文字资料）；由于该 A—Z 数据库属于集成性资源，LDR/07（书目级别）选取代码"i"（集成性资源）

续表

006		**m^^^^^^d^^^^^**
		008 字段根据 LDR/06-07 代码"ai"选择匹配的"连续性资源"模式,电子资源作为次要特征补充记录在 006 字段"电子资源"模式。006/00(记录类型)选取代码"m"(电子资源);006/09(电子资源类型)选取代码"d"(文本)
007		**cr^ⅠⅠⅠⅠⅠⅠⅠⅠⅠⅠ**
		电子资源载体形态特征启用 007 字段"电子资源"模式予以说明。007/00(资料类型)选取代码"c"(电子资源);007/01(特定资料标识)选取代码"r"(远程访问)
008		030930**c**20029999ctuuu^**d**^**o**^^^^0^^^**2**eng^**c**
		编目文献属于连续性资源的范畴。008 字段依据 LDR/06-07 代码"ai"选取"连续性资源"模式。008/06(日期类型)选取代码"c"(现刊),表示该数据库尚在继续发行中;008/21(连续性资源类型)选取代码"d"(更新型数据库);008/23(载体形态)选取代码"s"(电子资源)或"o"(在线);由于是集成性资源,008/34(款目原则)选取代码"2"(集成款目)
043	##	$an-us---
		文献内容涉及美国,043 字段记录其地理区域代码"n-us---",与主题字段的地理区域相呼应
050	14	$aAC1$b.E27
130	0#	$aEarly American imprints.$nFirst series(Online)
		130 字段记录连续性资源的统一题名
245	10	$aEarly American imprints.$nSeries I,$pEvans(1639-1800).
		正题名和分卷题名信息取自题名屏
246	30	$aEvans(1639-1800)
		246 字段记录分卷题名,第 2 指示符选取值"0",表示变异题名为部分题名
260	##	$a[New Canaan,CT]:$bReadex ;$a[Worcester,Mass.]:$bAmerican Antiquarian Society,$c[2002]-
		本例中的数据库为不断更新的集成性资源,出版日期采用开口日期的著录方式
336	##	$atext$2rdacontent
		336 字段记录文献的内容类型,根据 LDR/06 代码"a"和编目文献的情况,内容类型选取术语"text"
337	##	$acomputer$2rdamedia
		337 字段记录文献的媒介类型,根据 007/00 代码"c"(电子资源),媒介类型选取术语"computer"
338	##	$aonline resource$2rdacarrier
		338 字段记录文献的载体类型,根据 007/01 代码"r"(远程访问),载体类型选取术语"online resource"

500	##	$aTitle from Web page（viewed Apr.29，2004；last updated Apr.28，2004）.
		电子资源的正题名来源必须在附注项说明，远程访问的电子资源还需在来源后注明浏览网页的日期
506	##	$aAccess restricted to subscribing institutions.
		506 字段为获取限定附注，本例 506 字段包含网页的访问权限信息
530	##	$aOnline version of the microfiche series Early American imprints, 1639-1800.
		530 字段包含不同于编目文献载体的其他可获取的载体形态信息。当其他载体形式的特定题名及数据源控制号信息可获取时，特定题名和控制号信息可记录在 776 字段
538	##	$aMode of access：World Wide Web.
		远程访问的电子资源，必须著录 538 字段，以记录访问方式、访问途径等，通常以"Mode of access"为固定导语
651	#0	$aUnited States$xHistory$yColonial period, ca. 1600-1775 $vSources.
651	#0	$aUnited States$xCivilization$y18th century$vSources.
650	#0	$aAmerican literature$yColonial period, ca. 1600-1775.
651	#0	$aUnited States$vImprints.
700	1#	$aEvans, Charles, $d1850-1935.$tAmerican bibliography.
700	1#	$aBristol, Roger P.$q(Roger Pattrell), $d1903-1974. $tSupplement to Charles Evans' American bibliography.
710	2#	$aAmerican Antiquarian Society.
		将项目责任者作机构附加款目
710	2#	$aReadex Microprint Corporation.
		将本网页的版权拥有者作机构附加款目
776	08	$iAlso issued in microfiche format$tEarly American imprints, 1639-1800.$d[New York, N.Y. : Readex Microprint Corp., 1984?]-$w(OCoLC)15935820
		776 字段包含与编目文献相关的其他载体形态文献信息，目标文献与其他载体形态款目之间是平行关系。该字段连接了电子资源的缩微型文献版本的相关记录，$i 记录有关说明，$t 为题名，$d 为出版地、出版者、出版日期信息，$w 为记录控制号
859	40	$uhttp://infoweb. newsbank. com/? db = EVAN $zFor subscribers only; follow link to resource
		859 字段为 LC 本地的电子资源定位字段，与 856 字段用法一致。美国国会图书馆集成图书馆系统中的 CONSER 连续性资源记录和由国会图书馆发起的一些网站资源记录使用 859 字段

例 7：数据库（图像数据库）

题名屏

书目记录及解析：

LDR	^^^^cki^^2200325^a^4500
	编目文献为植物图像数据库，主要内容特征是图像资料。据此：LDR/06（记录类型）选取代码"k"（二维非放映图像）；由于数据库属于集成性资源，因此 LDR/07（书目级别）选取代码"i"
006	m^|||||||c|||||||
	008 字段根据 LDR/06-07 代码"ki"选择匹配的"可视资料"模式，电子资源作为次要特征补充记录在 006 字段"电子资源"模式。006/00（记录类型）选取代码"m"（电子资源）；006/09（电子资源类型）选取代码"c"（图形显示）
006	s^||d|s||||||^^^|2
	集成性资源作为次要特征补充记录在 006 字段"连续性资源"模式。006/00（记录类型）选取代码"s"（连续性资源/集成性资源）；006/04（连续性资源类型）选取代码"d"（更新型数据库）；006/06（载体形态）选取代码"s"（电子文献）或"o"（在线）；006/17（款目原则）选取代码"2"（集成款目）
007	cr^|||||||||||
	电子资源载体形态特征启用 007 字段"电子资源"模式予以说明。007/00（资料类型）选取代码"c"（电子资源）；007/01（特定资料标识）选取代码"r"（远程访问）
007	ki^c||
	非放映图像载体形态特征启用 007 字段"非放映图像"模式予以说明。007/00（资料类型）选取代码"k"（非放映图像）；007/01（特定资料标识）选取代码"i"（图片）；007/03（颜色）选取代码"c"（多色）
008	031107m20009999txunnn^^^^^^s^^^zneng^^
	008 字段依据 LDR/06-07 代码"ki"选取"可视资料"模式。008/06（日期类型）选取代码"m"（多个日期）；008/29（载体形态）选取代码"s"（电子资源）或"o"（远程访问的电子资源）

043	##	$an-us-tx
		文献内容涉及美国德克萨斯州,043 字段记录该州的地理区域代码"n-us-tx",与主题字段里的地理区域相呼应
245	00	$aVascular plant image library /$cDigital Flora of Texas.
		正题名取自题名屏,并附有责任说明
246	1#	$iAlso known as:$aTexas vascular plant image library
		$i 记录有关$a 变异题名的说明,当启用$i 时,246 指示符的值固定为"1#"
260	##	$a[College Station, Tex.] :$bDigital Flora of Texas,
		对于连续性资源,只有当提供第一次和/或最后一次出版日期时,或不再出版时,使用$c 记录出版日期,否则可不记录$c
336	##	$astill image$2rdacontent
		336 字段记录文献的内容类型,根据 LDR/06 代码"k"(二维非放映图像)和编目文献的情况,内容类型选取术语"still image"
337	##	$acomputer$2rdamedia
		337 字段记录文献的媒介类型,根据 007/00 代码"c"(电子资源),媒介类型选取术语"computer"
338	##	$aonline resource$2rdacarrier
		338 字段记录文献的载体类型,根据 007/01 代码"r"(远程访问),载体类型选取术语"online resource"
362	1#	$aBegan in 2000?
		362 字段记录连续性资源的出版日期和/或卷期标识,本例中记录的是猜测的起始出版日期
538	##	$aMode of access:World Wide Web.
		远程访问的电子资源,必须著录 538 字段,以记录访问方式、访问途径等,通常以"Mode of access"为固定导语
500	##	$aTitle from home page(viewed on Nov.18, 2003;last updated Nov.17, 2003).
		电子资源的正题名来源必须在附注项说明,远程访问的电子资源还需在来源后注明浏览网页的日期
550	##	$aSystem under development by members of the Flora of Texas Consortium as part of the Digital Flora of Texas Project.
		550 字段为发行机构附注。本例中的 550 字段用于说明 710 机构附加款目字段信息及与出版物之间的关系
520	##	$aDigitized botanical illustrations and photographs of Texas vascular plants.
		520 字段记录有关资源的介绍性信息,信息取自任何来源

续表

650	#0	$aPlants$zTexas$vDatabases.
650	#0	$aPlants$zTexas$vPictorial works.
710	2#	$aDigital Flora of Texas Project.
		将发行机构作机构附加款目
710	2#	$aFlora of Texas Consortium.
		将项目开发机构作机构附加款目
856	40	$uhttp://www.csdl.tamu.edu/FLORA/gallery.htm
		856 字段第 1 指示符(访问方法)选取值为"4",表示访问方法为超文本传输协议(http); 第 2 指示符(关系)选取值为"0",表示编目文献本身为电子资源,$u 记录该资源的访问地址

例 8:软件工具

题名屏

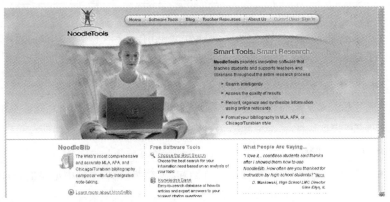

书目记录及解析:

LDR		^^^^cmm^^22003734a^4500
		编目文献为网站,网页的主要内容是软件工具。据此:LDR/06(记录类型)选取代码"m"(电子资源);LDR/07(书目级别)选取代码"m"(专著)
007		cr^|||||||||||
		电子资源载体形态特征启用 007 字段"电子资源"模式予以说明。007/00(资料类型)选取代码"c"(电子资源);007/01(特定资料标识)选取代码"r"(远程访问)
008		021223m19999999cau^^^^^b^^^^^eng^^
		008 字段依据 LDR/06-07 代码"mm"选取"电子资源"模式。008/06(日期类型)选取代码"m"(多个日期);008/26(电子资源类型)选取代码"b"(计算机程序)
245	00	$aNoodleTools :$bsmart tools, smart research.
		正题名取自题名屏

246	3#	$aNoodle Tools
		246 字段记录正题名的其他形式,第 2 指示符选值"#",表示变异题名不属于其他"值"所表示的类型
260	##	$aPalo Alto, CA :$bNoodleTools, Inc.
		对于连续性资源,只有当提供第一次和/或最后一次出版日期时,或不再出版时,使用$c 记录出版日期,否则可不记录$c
362	1#	$aBegan in 1999?
336	##	$acomputer program$2rdacontent
		336 字段记录文献的内容类型,根据 LDR/06 代码"m"(电子资源)和编目文献的情况,内容类型选取术语"computer program"
337	##	$acomputer$2rdamedia
		337 字段记录文献的媒介类型,根据 007/00 代码"c"(电子资源),媒介类型选取术语"computer"
338	##	$aonline resource$2rdacarrier
		338 字段记录文献的载体类型,根据 007/01 代码"r"(远程访问),载体类型选取术语"on-line resource"
538	##	$aMode of access:World Wide Web.
		远程访问的电子资源,必须著录 538 字段,以记录访问方式、访问途径等,通常以"Mode of access"为固定导语
506	##	$aNoodleBib and NoodleBoard available to subscribing members only.
		506 字段为获取限定附注,记录获取编目文献的限定信息。本例 506 字段包含网页的访问权限信息
500	##	$aTitle from home page (viewed on Dec. 13, 2002).
		电子资源的正题名来源必须在附注项说明,远程访问的电子资源还需在来源后注明浏览网页的日期
500	##	$aCo-founded by Damon Abilock and Debbie Abilock.
520	1#	$aNoodleTools combines NoodleBib, an interactive MLA-style bibliography composer, and NoodleQuest, a multiple-choice template of questions to develop appropriate search strategies for a research project. Another section, called NoodleLinks …
		520 字段记录有关资源的介绍性信息,信息取自任何来源
650	#0	$aReport writing$vHandbooks, manuals, etc.
650	#0	$aResearch$vHandbooks, manuals, etc.
650	#0	$aBibliographical citations$vHandbooks, manuals, etc.
650	#0	$aElectronic information resource searching.
700	1#	$aAbilock, Damon.

续表

700	1#	$aAbilock, Debbie.
710	2#	$aNoodleTools, Inc.
		将本网页的版权拥有者作机构附加款目
856	40	$uhttp://www.noodletools.com
		856 字段第 1 指示符(访问方法)选取值为"4",表示访问方法为超文本传输协议(http);第 2 指示符(关系)选取值为"0",表示编目文献本身为电子资源,$u 记录该资源的访问地址

例 9:PDF

题名屏

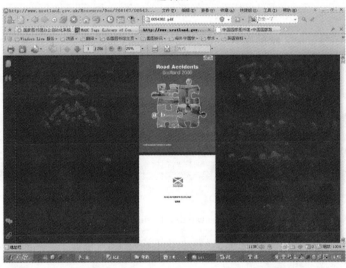

书目记录及解析:

LDR	^^^^cam^^22003374a^4500
	编目文献为 PDF 文件,网页的主要内容是文字资料。据此:LDR/06(记录类型)选取代码"a"(文字资料);文献不具有连续性,LDR/07(书目级别)选取代码"m"(专著)
006	m^^^^^^d^^^^^
	008 字段根据头标 LDR/06-07 代码"am"选择匹配的"图书"模式,电子资源作为次要特征补充记录在 006 字段"电子资源"模式。006/00(记录类型)选取代码"m"(电子资源);006/09(电子资源类型)选取代码"d"(文本)
007	cr^|||||||||||
	电子资源载体形态特征启用 007 字段"电子资源"模式予以说明。007/00(资料类型)选取代码"c"(电子资源);007/01(特定资料标识)选取代码"r"(远程访问)
008	080919s2007^^^^stk^^^^^ss^^^f000^0^eng^^

		008 字段依据 LDR/06-07 代码"am"选取"图书"模式。008/06(日期类型)选取代码"s"(单个已知日期);008/23(载体形态)选取代码"s"(电子文献)或"o"(远程访问的电子资源);从主题字段获知编目文献为统计资料,008/24-27(内容特征)选取代码"s"(统计资料);从245/$c和260/$b获知编目文献为政府出版物,008/28(政府出版物)选取代码"f"(联邦/国家政府机构)
043	##	$ae-uk-st
		文献内容涉及英国苏格兰,043 字段记录苏格兰的地理区域代码"e-uk-st",与主题字段里的地理区域相呼应
050	00	$aHE5614.5. G7
245	00	$aRoad accidents Scotland 2006 /$cThe Scottish Government.
		正题名取自题名屏,并附有责任机构
260	##	$a[Edinburgh :$bScottish Government,$cc2007]
336	##	$atext$2rdacontent
		336 字段记录文献的内容类型,根据 LDR/06 代码"a"(文字资料)和编目文献的情况,内容类型选取术语"text"
337	##	$acomputer$2rdamedia
		337 字段记录文献的媒介类型,根据 007/00 代码"c"(电子资源),媒介类型选取术语"computer"
338	##	$aonline resource$2rdacarrier
		338 字段记录文献的载体类型,根据 007/01 代码"r"(远程访问),载体类型选取术语"online resource"
538	##	$aMode of access:World Wide Web.
		远程访问的电子资源,必须著录 538 字段,以记录访问方式、访问途径等,通常以"Mode of access"为固定导语
538	##	$aSystem requirements:Adobe Acrobat Reader.
		记录外围设备需求
500	##	$aTitle from PDF file (viewed on Oct. 17, 2008).
		电子资源的正题名来源必须在附注项说明,远程访问的电子资源还需在来源后注明浏览网页的日期
500	##	$a" A National Statistics Publication for Scotland. "
504	##	$aIncludes bibliographical references.
520	##	$aProvides detailed statistics about road accidents, accident costs, vehicles involved, drivers and riders, drink-drive accidents, drivers breath tested, and casualties.
		520 字段记录有关资源的介绍性信息,信息取自任何来源
530	##	$aAlso available in print version.

续表

		530 字段记录不同于编目文献载体的其他可获取的载体形态信息,本例中的编目文献还有印刷型版本可获取
650	#0	$aTraffic accidents$zScotland$vStatistics.
650	#0	$aDrinking and traffic accidents$zScotland$vStatistics.
650	#0	$aTraffic accident victims$zScotland$vStatistics.
710	1#	$aScotland.$bScottish Government.
		将责任机构作机构附加款目
856	40	$uhttp://www.scotland.gov.uk/Resource/Doc/204167/0054362.pdf
		856 字段第 1 指示符(访问方法)选取值为"4",表示访问方法为超文本传输协议(http);第 2 指示符(关系)选取值为"0",表示编目文献本身为电子资源,$u 记录该资源的访问地址

例 10:照片

题名屏

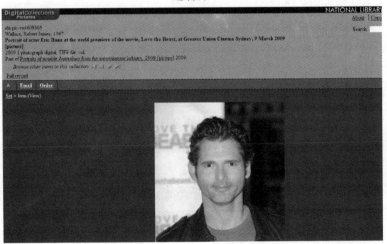

书目记录及解析:

LDR		^^^^ckd^^2200313a^4500
		编目文献为数字馆藏图集中的单张照片,文献的主要特征判定为二维非放映图像,电子资源为次要特征。据此:LDR/06(记录类型)选取代码"k"(二维非放映图像);LDR /07(书目级别)选取代码"d"(子集),表示编目文献是某个文献合集的一部分,该级别的书目记录包含与编目文献(子集)有关的记录主文献信息的 773 字段
006		m^^^^^^c^^^^^^^
		008 字段根据 LDR/06-07 代码"kd"选择匹配的"可视资料"模式,电子资源作为次要特征补充记录在 006 字段"电子资源"模式。006/00(记录类型)选取代码"m"(电子资源);006/09(电子资源类型)选取代码"c"(图形显示)

007		**cr^cn^‖‖‖n‖**
		电子资源载体形态特征启用 007 字段"电子资源"模式予以说明。007/00（资料类型）选取代码"c"（电子资源）;007/01（特定资料标识）选取代码"r"（远程访问）;007/03（颜色）选取代码"c"（多色）;007/04（尺寸）选取代码"n"（不适用）;007/11（先前/来源）选取代码"n"（不适用）
008		090603**s2009~~~xx^nnn~~~~~~s^^in**z**xx^^**
		008 字段依据 LDR/06-07 代码"kd"选取"可视资料"模式。008/06（日期类型）选取代码"s"（单个日期）;008/18-20（电影或录像的放映时间）选取代码"nnn"（不适用）;008/29（载体形态）选取代码"s"（电子文献）或"o"（远程访问的电子资源）;008/33（可视资料类型）选取代码"i"（图片）;008/34（技术）选取代码"n"（不适用）
043	##	$au-at-ne
		文献内容涉及澳大利亚新南威尔士,043 字段记录其地理区域代码"u-at-ne",与主题字段里的地理区域相呼应
100	1#	$aWallace, Robert James, $d1967-
245	10	$aPortrait of actor Eric Bana at the world premiere of the movie, Love the Beast, at Greater Union Cinema Sydney, 9 March 2009 /$cRobert James Wallace.
		正题名取自题名屏,并附有责任者
260	##	$c2009.
		无可著录的出版发行机构,只著录日期
300	##	$a1 photograph：$bdigital, TIFF file, col.
336	##	$astill image$2rdacontent
		336 字段记录文献的内容类型,根据 LDR/06 代码"k"（二维非放映图像）和编目文献的情况,内容类型选取术语"still image"
337	##	$acomputer$2rdamedia
		337 字段记录文献的媒介类型,根据 007/00 代码"c"（电子资源）,媒介类型选取术语"computer"
338	##	$aonline resource$2rdacarrier
		338 字段记录文献的载体类型,根据 007/01 代码"r"（远程访问）,载体类型选取术语"online resource"
500	##	$aAcquired in digital format; access copies available online.
500	##	$aTitle devised by cataloguer based on information from acquisitions documentation.
500	##	$aPart of the collection：Portraits of notable Australians from the entertainment industry, 2009.
538	##	$aMode of access：Internet via World Wide Web.
		电子资源只能通过远程方式访问时,必须著录 538 字段,以记录访问方式、访问途径等,通常以"Mode of access"为固定导语

续表

540	##	$aCopyright restrictions may apply.
		本字段包含文献获取后在使用条件方面的限定信息
541	##	$aPurchased from the photographer, 2009.
		本字段包含编目文献直接采访来源的信息
600	10	$aBana, Eric, $d1968-$vPortraits.
650	#0	$aMotion picture actors and actresses$zAustralia$vPortraits.
773	08	$iIn collection: $tPortraits of notable Australians from the entertainment industry, 2009 $w(AuCNL)4664702
		当目标文献是某个文献总集的子集时,本字段记录与其有关的主文献信息。主文献与目标文献之间是层次关系。$t 为主文献题名,$w 为记录控制号
800	1#	$aWallace, Robert James, $d1967-$tPortraits of notable Australians from the entertainment industry, 2009
		500 字段记录了有关丛编的信息,本字段记录由个人名称与题名构成的丛编附加款目,其形式为规范的检索点
856	40	$uhttp://nla.gov.au/nla.pic-vn4609365
		856 字段第 1 指示符(访问方法)选取值为"4",表示访问方法为超文本传输协议(http);第 2 指示符(关系)选取值为"0",表示编目文献本身为电子资源,$u 记录该资源的访问地址

§4.3 音像资料编目实践分析

随着微电子、信号处理、高密度记录与重放等现代技术的发展,音像技术领域也经历了根本性变革,由此推动了音像制品的多元化发展。音像制品大致经历了开盘式——盒式——数字式三个发展过程。从内容上看,音像资料包括录音资料和录像资料。音像资料最初多采用传统模拟技术,包括磁带、卷带、录像带等,而随着科学技术的不断发展,磁带、录像带等不再是主流的音像录制媒介,逐渐被采用数字技术的新型音像资料所取代,包括唱片、光盘、视盘等。

音像资料是图书馆馆藏的重要组成部分,有很大的读者利用需求,因此,科学有效地组织和管理好这部分馆藏是图书馆信息资源建设工作的重要任务。传统音像资料不属于电子资源的范畴,因此不在本书研究范围内。现代音像资料多采用数字化技术录制,其成果符合电子资源"数字化"的本质特征,数字化音像资料从广义上讲属于电子资源。许多图书馆都将这部分文献划归到电子资源馆藏的管理范畴。但是,从编目学角度,数字化音像资料的编目与电子资源编目存在本质上的差异。本节以数字化音像资料为主介绍音像资料的编目方法。

4.3.1 数字化音像资料

数字化音像资料是内容经过"数字化"的音视频资料,即将声音、图像等通过计算机转换成机器识别的二进制编码所形成的作品,包括将已有的传统音像资料转成数字化或直接以数字化形式创作的作品。

与传统音像资料相比,数字化使信号高度密集,音像资料的容量更大。例如,一张 MP3 光盘可以压缩 12 盒(每盒 60 分钟)录音磁带的内容,一张 RAEL 光盘可以浓缩 120 集(每集 45 分钟)的电视剧[①]。数字化和高容量的特征,使数字音像资料与电子资源的界限越来越小。但需要注意的是,数字化音像资料虽然在信息的记录方式和制作方式等方面与电子资源相似或相同,但与电子资源还是存在区别的:一是使用的设备不同,电子资源必须通过计算机设备或网络进行再现和存取,而数字化音像资料除可借助计算机设备进行读取外,还可以通过其他专用设备进行播放,如 CD 播放器、DVD 播放器等;二是信息内容不同,数字化音像资料仅以声音、图像的方式传递信息,而电子资源则可以数字、文本、图形、移动图像、声音或它们的组合形式传递信息。

4.3.2 音像资料编目要点

MARC21 书目数据格式按照文献类型定义了 7 种记录模式,即图书、电子资源、地图、音乐、连续性资源、可视资料、混合型资料,不同的文献类型在编目时采用相应所属的记录类型。传统音像资料按音频和视频的不同分别采用音乐和可视资料两种记录类型。但是,数字化音像资料由于介乎于电子资源和音像资料之间,其记录类型的选择存在着模糊性。为此,MARC21 书目数据格式对每种文献类型所辖的范围进行了严格的定义,其中电子资源必须是那些通过计算机设备或网络进行再现和存取的资源,而数字化音像资料由于可以不依赖计算机进行播放,因此从编目学意义上讲不属于电子资源的范畴,在记录结构的设计上(如 LDR/06 - 07 记录类型的确定、008 模式的选择等)应按照传统音像资料的编目方法处理。但是,由于数字化音像资料具有电子资源的某些特征,因此以 CD、VCD、DVD 等为载体的音像资料的著录可以参见电子资源著录的某些规则,在编目步骤上也可参照电子资源的编目方法。

4.3.2.1 信息源

与印刷型文献的信息源相比,音像资料的信息源更为广泛和复杂。根据 AACR2 的规定,录音资料的主要信息源依次为:文献本身(如唱片、磁带盘等)和标签。录像资料的主要信息源依次为:文献本身(如题名帧)、不可分割的容器及容器标签。如果录音资料和录像资料的信息不能从主要信息源取得或取得的信息不全面,则可依次取自文字附件、非文献组成部分的容器以及其他来源。录音资料的文字信息源一般优先于声音信息源。在实际操作中,通常会发现音像资料并没有著录书目信息所需的单一信息源,信息的显示也没有标准格式,这就需要编目员辨别信息的主次,甚至判定真伪,提取所需正确信息。

---

① 论数字化音像制品的版权保护和行使[OL].[2012 - 07 - 16]. http://www.lawlunwen.com/bqflunwen/3388.html.

4.3.2.2　LDR 和控制字段

与电子资源相同,音像资料的编目重点也在于记录结构的设计,即 LDR、006、007 和 008 字段的综合运用,具体思路与操作步骤与电子资源相同,但在上述字段的模式及代码选取上有其特殊性。

(1)根据编目文献在内容上的显著特征,确定 LDR/06(记录类型)和 LDR/07(书目级别)的代码。音像资料在内容上可分为录音资料和录像资料,其中录音资料又分为音乐录音资料和非音乐录音资料。LDR/06 字符位定义的代码分别为:"i"表示非音乐录音资料、"j"表示音乐录音资料、"g"表示放映媒体。按照文献是否为连续性资源,LDR/07(书目级别)可取值为"m"(专著)、"i"(集成性资源)、"s"(连续出版物)。

(2)根据 LDR/06 – 07 选取的代码确定 008 字段的模式。录音资料选取"音乐"模式,录像资料选取"可视资料"模式。008/18 – 34 字符位根据不同的资料类型分别定义:

音乐模式 008/18 – 34 字符位定义

字符位	定义	字符位	定义
18 – 19	乐曲形式	24 – 29	附件
20	乐谱格式	30 – 31	录音资料文本类别
21	分谱	32	未定义
22	读者对象	33	变调和改编
23	载体形态	34	未定义

可视资料模式 008/18 – 34 字符位定义

字符位	定义	字符位	定义
18 – 20	电影或录像的放映时间	29	载体形态
21	未定义	30 – 32	未定义
22	读者对象	33	可视资料类型
23 – 27	未定义	34	技术
28	政府出版物		

(3)当音像资料同时具有多种资料类型特征时,启用 006 字段作为对 008 字段的补充,记录次要特征。如连续出版的音乐制品,音乐资料为主要特征,LDR/06 选择代码"j",008 相应选择"音乐"模式,连续性特征补充记录在 006 字段。音像资料常常带有附件,如附件信息重要,也可将附件特征记录在 006 字段,根据附件资料类型选取相应代码。

(4)音像资料需著录 007 字段对载体形态进行描述。007/00 字符位(资料类型)选取"s"表示录音资料,选取"v"表示录像资料,进而确定 007 字段的位数和取值。录音资料和录像资料 007 字符位的位数和定义分别如下表所示:

录音资料 007 字符位定义

字符位	定义	字符位	定义
00	资料类型(s)	07	录音带宽度
01	特定资料标识	08	录音带结构
02	未定义	09	录音制品类型
03	播放速度	10	载体材料类型
04	放音声道配置	11	刻纹类型
05	唱片纹宽/录音筒纹高	12	特殊播放特征
06	尺寸	13	录音与存储技术

007/01 定义的录音资料类型共有 8 种：

- d　唱片
- e　录音筒
- g　循环式录音带
- i　声道胶片
- q　录音卷
- s　卡式录音带
- t　开盘录音带
- w　钢丝录音

录像资料 007 字符位定义

字符位	定义	字符位	定义
00	资料类型(v)	05	声音记录方式
01	特定资料标识	06	声音媒体
02	未定义	07	尺寸
03	颜色	08	放音声道配置
04	录像规格		

007/01 定义的录像资料类型共有 4 种：

- c　循环式录像带
- d　视盘
- f　卡式录像带
- r　开盘录像带

4.3.2.3　内容形式和媒介类型

音像资料第 0 项(内容形式和媒介类型项)，即 336、337、338 字段的著录有其相应的术语(例如取自 RDA 术语表)。根据 LDR/06(记录类型)的代码选择内容类型的术语。录音资料 LDR/06 取值"i"(非音乐录音资料)，对应的内容类型术语为"spoken word"或"sounds"，或取值"j"(音乐录音资料)，对应的内容类型术语为"performed music"。录像资料 LDR/06 取值"g"(放映媒体)，对应的内容类型术语为"three-dimensional moving image"或"two-dimensional moving image"。

根据 007/00(资料类型)的代码选择媒体类型的术语。录音资料 007/00 取值"s"，对应的媒体类型术语为"audio"，录像资料 007/00 取值"v"，对应的媒体类型术语为"video"。

根据 007/01(特定资料标识)的代码选择载体类型的术语。录音资料 007/01 代码取值与对应的载体类型术语分别为：

- d　audio disc
- e　audio cylinder
- q　audio roll
- s　audiocassette

g   audio cartridge   t   audiotape reel

i   sound track reel   z   other audio carrier

录像资料 007/01 代码取值与对应的载体类型术语分别为：

c   video cartridge   r   videotape reel

d   videodisc   z   other video carrier

f   videocassette

例 1：

LDR/06 – 07   jm

007/00 – 01   sd

008   音乐模式

336 ##$aperformed music$2rdacontent

337 ##$aaudio$2rdamedia

338 ##$aaudio disc$2rdacarrier

说明：编目文献为音乐唱片，LDR/06 选取代码"j"，336 字段内容类型术语相应选取"performed music"；由于不具有连续性特征，LDR/07 选取代码"m"（专著）；008 字段依据 LDR/06 – 07"jm"，选择"音乐"模式。007 字段采用"录音资料"模式，007/00 选取代码"s"，337 字段媒介类型术语相应选取"audio"；007/01 选取代码"d"表示特定资料类型为"唱片"，338 字段载体类型术语相应选取"audio disc"。

例 2：

LDR/06 – 07   im

007/00 – 01   sg

008   音乐模式

336 ##$aspoken word$2rdacontent

337 ##$aaudio$2rdamedia

338 ##$aaudio cartridge$2rdacarrier

说明：编目文献为非音乐循环式录音带，LDR/06 选取代码"i"，336 字段内容类型术语相应选取"spoken word"；由于不具有连续性特征，LDR/07 选取代码"m"（专著）；008 字段依据 LDR/06 – 07"im"，选择"音乐"模式。007 字段采用"录音资料"模式，007/00 选取代码"s"，337 字段媒介类型术语相应选取"audio"；007/01 选取代码"g"表示特定资料类型为"循环式录音带"，338 字段载体类型术语相应选取"audio cartridge"。

例 3：

LDR/06 – 07   gm

007/00 – 01   vd

008   可视资料

336 ##$atwo-dimensional moving image$2rdacontent

337 ##$avideo$2rdamedia

338 ##$avideodisc$2rdacarrier

说明：编目文献为视盘，LDR/06 选取代码"g"，336 字段内容类型术语相应选取"two-dimensional moving image";由于不具有连续性特征,LDR/07 选取代码"m"(专著);008 字段依据 LDR/06 - 07 代码"gm",选择"可视资料"模式。007 字段采用"录像资料"模式,007/00 选取代码"v",337 字段媒介类型术语相应选取"video";007/01 代码"d"表示特定资料类型为"视盘",338 字段载体类型术语相应选取"videodisc"。

4.3.2.4 重点数据字段

除 LDR 和控制字段之外,MARC21 还根据音像资料的特点设置了一些常用数据字段,主要包括:

(1)028(音乐资料出版编号):对于音乐资料的音像制品常需著录音乐资料出版编号,028 字段记录格式化的出版编号。

例:

028 01 $a4-92$bMusic Station

说明:第 1 指示符"0"表示 $a 记录的是录音资料的发行号,第 2 指示符"1"表示需要系统生成附注和附加款目。$b 记录录音资料标签名称。

028 42 $a11356$bArtisan Home Entertainment

说明:第 1 指示符"4"表示 $a 记录的是录像编号,第 2 指示符"2"表示需要生成附注但不需要生成附加款目。$b 记录录像带标签名称。

(2)047(乐曲形式代码):本字段适用于音乐录音资料,当 008/18 - 19(乐曲形式)代码为"mu",表示音乐资料的乐曲形式包含多种时,可启用 047 字段将每一种乐曲形式以代码的形式记录在 $a 中。

例:

008/18 - 19 mu

047 ##ajzamp

说明:编目文献为音乐录音资料,且包含多种乐曲形式。008(音乐模式)/18 - 19 字符位选取代码"mu",将多种乐曲形式分别记录子在 047 字段各个 $a 中,"jz"表示爵士乐,"mp"表示电影音乐。

(3)257(资料片生产国):本字段适用于录像资料,包含资料片生产实体总部所在国的名称或名称缩写。生产实体是记录在 245$c 责任说明中的生产公司或个人。

例:

245 10 $aHarry Potter and the Half-Blood Prince /$cWarner Bros. Pictures presentation ; a Heyday Films production ; directed by David Yates ; screenplay by Steve Kloves ; produced by David Heyman, David Barron.

257 ##$aGreat Britain ; $aUnited States$2naf

说明:编目文献为电影,245$c 记录了对影片负有主要责任的两个生产实体"Warner Bros. Pictures"和"Heyday Films",257 字段两个 $a 分别记录两个生产实体总部所在国,$2 说明 $a 中代码来源。

(4)306(播放持续时间):本字段是以格式化的形式"hhmmss"表示录音资料或录像资料的播放时间。播放时间还可以同时用自然语言记录在附注项(500 或 505 字段)或 300 字段。如果完整的播放时间记录在载体形态项(300 $a),各部分的播放时间记录在内容附注(505 字段),则 306 字段可视重要性包含完整播放时间,或包含各部分播放时间。

例:

300 ##$a1 videodisc (138 min.) :$bsd., b&w ;$c4 3/4 in. +1 pamphlet(80 p.)
306 ##$a021800

说明:编目文献为录像资料,306 字段记录格式化的播放时间,"021800"表示播放时间为 2 小时 18 分,与 300$a 用自然语言描述的时间一致。

(4)508 字段(制作与生产责任附注)和 511 字段(参加者或表演者附注):未在题名与责任说明项中著录的个人或团体,如果对音像资料的产生起到重要作用,应做附注。例如,影视资料可著录演员、演奏者、讲解员或主持人等;未在责任说明项中著录的技术制作人员等亦可做附注说明。508 字段包含除表演者以外的参与作品创作或制作的个人或机构,如影片剪辑、画外音解说员、作曲和摄影、动画片摄影导演等。511 字段包含主要的参加者或表演者信息,如乐器演奏者、显示在屏幕上的解说员、节目主持人、影片主要演员等。

例:

508 ##$aDirector of photography, Jim Tynes; editor, Jim Bogardt; music, George S. Clinton.
511 1#$aAnjelica Huston (Miss Emily Grierson), John Carradine (Colonel Sartoris).

说明:编目文献为录像资料,508 字段记录的是导演、编辑等制作者或生产者,511 字段记录的是演员等参加表演者。

(5)518/033 字段(事件发生的日期/时间和地点):518 字段常用于音像资料,包含与事件的创建、获取、记录或播放等相关的日期、时间和地点信息,如音乐资料的录音时间、地点等;电视节目或影片播放时间、拍摄时间、地点等。其相应的格式化信息则记录在 033 字段。

例:

518   ##$aRecorded at Clinton Recording Studio, New York City, Feb. 2, 1997 (track 1);
        remainder recorded at Sorcerer Sound, New York City, Mar. 13 – 14, 1996.

说明:编目文献为录音资料,518 字段记录录音的地点和时间。

(6)538(系统细节附注):与电子资源一样,播放设备对音像资料的使用也十分重要,有些音像资料需要一定的配置才能播放,因此需要著录与播放设备相关的信息。对于声像设备,538 字段可以著录商标名称或记录系统(如 VHS)、制式、调制频率和分辨率线数。

例:

538 ##$aDVD, region 1, full screen (1. 33∶1) presentation; Dolby Digital.

说明:编目文献为录像资料,538 字段记录录像系统、DVD 地区代码等。

4.3.3　样例分析

例 1:录音资料(卡式音乐录音带)

容器

书目记录及解析:

LDR		^^^^cjm^^22^^^^^a^4500
		编目文献为传统音乐录音资料,据此:LDR/06(记录类型)选取代码"j"(音乐录音资料);LDR/07(书目级别)选取代码"m"(专著)
007		ss^lsnjlcmnnue
		录音资料的载体形态特征启用 007 字段"录音资料"模式予以说明。007/00(资料类型)选取代码"s"(录音资料);007/01(特定资料标识)选取代码"s"(卡式录音带)
008		940218s1997^^^caumpn^^^^^^^^^^eng^^
		008 字段依据 LDR/06 – 07 代码"jm"选取"音乐"模式。008/18 – 19(乐曲形式)选择代码"mp",表示编目文献为电影音乐
024	1#	$a050086095001
		024 字段记录 020、022 等字段定义的标准号之外的其他标准号或代码,第 1 指示符表示标准号或代码类型,取值"1"表示通用商品代码,信息取自磁带和容器
028	02	$a60950 – 0$bWalt Disney Records
		028 字段记录录音资料的出版编号及其来源
245	00	$aWalt Disney's The jungle book /$c[Songs by Richard M. Sherman and Robert B. Sherman, and Terry Gilkyson ; instrumental score composed (and conducted) by George Bruns].
		责任说明取自主要信息源之外的随盘附文字材料,因此记录在方括号内
246	30	$aJungle book
		246 字段记录更为人所知的变异题名,该变异题名为部分题名,指示符固定搭配为"30"
260	##	$aBurbank, CA :$bWalt Disney Records,$cp1997.

续表

		录音资料的录音版权（phonogram）日期转录为"p"
300	##	$a1 sound cassette（ca. 63 min.）:$banalog, Dolby processed.
		录音资料的播放时间未在文献上说明，可记录一个大概时间，以"ca."记录；录音种类和录音特点等信息显示在容器上，按先后顺序著录在$b；由于磁带是标准尺寸，因此不著录
306	##	$a010300
		306 字段记录播放时间格式化的数字形式
336	##	$aperformed music$2rdacontent
		336 字段记录文献的内容类型，根据 LDR/06 代码"j"（音乐录音资料）和编目文献的情况，内容类型选取术语"performed music"
337	##	$aaudio$2rdamedia
		337 字段记录文献的媒介类型，根据 007/00 代码"s"（录音资料），媒介类型选取术语"audio"
338	##	$aaudiocassette$2rdacarrier
		338 字段记录文献的载体类型，根据 007/01 代码"s"（卡式录音带），载体类型选取术语"audiocassette"
490	1#	$aClassic soundtrack series
500	##	$aLyrics in container.
505	0#	$aOverture -- Baby -- Colonel Hathi's march（the elephant song）-- The bare necessities -- I wan'na be like you（the monkey song）-- Monkey chase -- Tell him -- Colonel Hathi's march（reprise）-- Jungle beat -- Trust in me（the python's song）-- What'cha wanna do -- That's what friends are for（the vulture song）-- Tiger fight -- Poor bear -- My own home（the jungle book theme）-- The bare necessities（reprise）-- Interview with the Sherman brothers -- Baloo's blues -- It's a kick -- Brothers all（demo recording）-- The song of the seeonee（demo recording）.
		将此音乐专辑的单曲信息记录在格式化内容附注项 505 字段，信息取自容器。由于信息源中没有提供单曲播放时长，所以只著录单曲名称即可
511	0#	$aVoices by Phil Harris as Baloo, Sebastian Cabot as Bagheera, Louis Prima as King Louie, George Sanders as Shere Khan, Sterling Holloway as Kaa.
		511 字段记录主要表演者，如从信息源中可知每个表演者所扮演或配音的角色，则应将其记录于该字段
650	#0	$aMotion picture music.
700	1#	$aSherman, Richard M., $d1928 –
700	1#	$aSherman, Robert B.
700	1#	$aGilkyson, Terry.
700	1#	$aBruns, George.
		所有被提到姓名的表演者需做个人名称附加款目

续表

710	2#	$aWalt Disney Company.
		为相关团体做团体附加款目
730	0#	$aJungle book（Motion picture：1967）
		电影的统一题名，用于将关联作品集中
830	#0	$aClassic soundtrack series.

例2：录音资料(音乐CD)

封面

书目记录及解析：

LDR		^^^^cjm^^2200385^a^4500
		编目文献为数字化音乐录音资料，据此：LDR/06（记录类型）选取代码"j"（音乐录音资料）；LDR/07（书目级别）选取代码"m"（专著）
007		**sd**^zunznnmlned
		录音资料的载体形态特征启用007字段"录音资料"模式予以说明。007/00（资料类型）选取代码"s"（录音资料）；007/01（特定资料标识）选取代码"d"（唱片）
008		920123r19901960dcu**cy**nn^^^^^^^^^^n^eng^d
		008字段依据LDR/06-07代码"jm"选取"音乐"模式。008/18-19（乐曲形式）选择代码"cy"，表示编目文献为乡村音乐
028	02	$aCD SF 40004$bSmithsonian Folkways
028	00	$aSF 40004$bSmithsonian Folkways
		028字段记录录音资料的出版编号及其来源。028字段可重复

续表

110	2#	$aCountry Gentlemen（Musical group）
		本专辑所包含的所有单曲均由该团体演奏并改编,因此以该团体名称做主要款目标目
245	10	$aCountry songs, old and new /$cthe Country Gentlemen.
260	##	$aWashington, D.C. :$bSmithsonian Folkways, $cp1990.
		录音资料的录音版权(phonogram)日期转录为"p"
300	##	$a1 sound disc（ca. 45 min., 5 sec. ）:$bdigital;$c4 3/4 in.
		录音资料的播放时间未在文献上说明,可记录一个大概时间,以"ca."记录
306	##	$a004505
		306 字段记录播放时间格式化的数字形式
336	##	$aperformed music$2rdacontent
		336 字段记录文献的内容类型,根据 LDR/06 代码"j"（音乐录音资料)和编目文献的情况,内容类型选取术语"performed music"
337	##	$aaudio$2rdamedia
		337 字段记录文献的媒介类型,根据 007/00 代码"s"（录音资料),媒介类型选取术语"audio"
338	##	$aaudio disc$2rdacarrier
		338 字段记录文献的载体类型,根据 007/01 代码"d"（唱片),载体类型选取术语为"audio disc"
511	0#	$aCharley Waller, John Duffey, Eddie Adcock & the Country Gentlemen.
		在 511 字段记录三个表演者的名称
500	##	$aSmithsonian Folkways：CD SF 40004; additional no. on container：SF 40004.
500	##	$aOriginally released in 1960 as Folkways FA 2409.
		此类附注用于描述所著录的录音资料的版本或历史沿革,即最初发行信息
500	##	$aCompact disc.
		编目音乐资料的载体性质记录在附注项
500	##	$aProgram notes（［2］folded sheets）inserted in container.
505	0#	$aRoving gambler（3:07）-- The little sparrow（3:31）-- Drifting too far（3:27）-- Weeping willow（2:01）-- Tomorrow's my wedding day（2:09）-- The story of Charlie Lawson（3:03）-- Turkey knob（2:18）-- Paul and Silas（2:26）-- Ellen Smith（2:13）-- The long black veil（3:35）-- Honky tonk rag（2:26）-- Jesse James（2:35）-- Have thine own way（2:51）-- A good woman's love（3:25）-- The double eagle（2:54）-- Darling Alalee（2:04）.
		将此音乐专辑的单曲信息记录在 505 字段,包括单曲名称、单曲播放时间等,信息取自盘面
650	#0	$aCountry music$y1951–1960.

例3:录音资料(非音乐 CD)

封面

书目记录及解析:

LDR		^^^^c**im**^^2200421^a^4500
		编目文献为非音乐录音资料,据此:LDR/06(记录类型)选取代码"i"(非音乐录音资料);LDR/07(书目级别)选取代码"m"(专著)
007		**sd**^f**s**ngnnmmued
		录音资料的载体形态特征启用 007 字段"录音资料"模式予以说明。007/00(资料类型)选取代码"s"(录音资料);007/01(特定资料标识)选取代码"d"(唱片);007/04(放音声道配置)选取代码"s"(立体声),与 300/$b"stereo."对应
008		950615**p**19951946dcunnnn^^abei^^**p**^n^eng^^
		008 字段依据 LDR/06 - 07 代码"im"选取"音乐"模式。008/06(日期类型)选取代码"p"(版权和生产日期不同),分别记录录音资料的版权日期"1995"和录音日期"1946";008/30 - 31(录音资料的文体类别)选取代码"p"(诗歌)
028	02	$aSF 47002$bSmithsonian Folkways
028	02	$aCD SF 47002$bSmithsonian Folkways
		028 字段记录录音资料的出版编号及其来源。028 字段可重复
100	1#	$aBrown, Sterling Allen, $d1901–1989.
		以诗歌作者做主要款目标目
240	10	$aPoems.$kSelections
		统一题名表示作品为诗歌选集

续表

245	14	$aThe poetry of Sterling A. Brown.
260	##	$aWashington, D.C. : $bSmithsonian Folkways, $cp1995.
300	##	$a1 sound disc (ca. 51 min., 50 sec.) : $bdigital, stereo. ; $c4 3/4 in.
		录音资料的总播放时间应予以记录,本例资料显示的是每一部分的播放时长,将各部分播放时间相加并算出最接近的分钟数;其他物理细节记录在$b,信息取自容器
306	##	$a005150
336	##	$aspoken word$2rdacontent
		336 字段记录文献的内容类型,根据 LDR/06 代码"i"(非音乐录音资料)和编目文献的情况,内容类型选取术语"spoken word"
337	##	$aaudio$2rdamedia
		337 字段记录文献的媒介类型,根据 007/00 代码"s"(录音资料),媒介类型选取术语"audio"
338	##	$aaudio disc$2rdacarrier
		338 字段记录文献的载体类型,根据 007/01 代码"d"(唱片),载体类型选取术语"audio disc"
500	##	$aCompiled by Yusef Jones ; annotated by Dr. Joanne V. Gabbin.
500	##	$aProgram notes, bibliography and discography in booklet ([26] p. : ill.) inserted in container.
511	0#	$aRead by the author.
		该文献作者也是朗读者,100 字段主要款目表示的诗歌的作者,仍需启用 511 字段记录朗读者。由于已将作者作为主要款目标目,因此不必再为是同一人的朗读者作附加款目
518	##	$aThe complete Folkways readings 1946 – 1973.
		本例中录音日期与出版日期不同,将版权日期记录在 260 字段,录音日期则著录在 518 字段
505	0#	$aLong gone (1:15) -- Ma Rainey (2:08) -- Sharecroppers (1:48) -- Slim in hell (2:58) -- Old king cotton (1:16) -- Old Lem (2:10) -- Break of day (1:51) -- Long track blues (3:42) -- Transfer (2:33) -- Sporting Beasley (1:58) -- Sam Smiley (2:18) -- After winter (1:32) -- Conjured (0:41) -- Children's children (1:42) -- Cloteel (3:00) -- Uncle Joe (3:36) -- Parish doctor (2:49) -- Puttin' on dog (2:14) -- Ballad of Joe Meek (5:15) -- Remembering Nat Turner (4:00) -- Strong men (3:04).
650	#0	$aAmerican poetry$xAfrican American authors.
700	1#	$aJones, Yusef.
700	1#	$aGabbin, Joanne V.
		为编辑者和注释者做附件款目

例4：录像资料（卡式录像带）

容器

书目记录及解析：

LDR		^^^^cgm^^2200301^a^4500
		编目文献为传统录像资料，LDR/06（记录类型）选取代码"g"（放映媒体）；LDR/07（书目级别）选取代码"m"（专著）
007		vf ^cbahou
		录像资料的载体形态特征启用007字段"录像资料"模式予以说明。007/00（资料类型）选取代码"v"（录像资料）；007/01（特定资料标识）选取代码"f"（卡式录像带）
008		030818s2003^^^dcu011^^^^^f^^^vleng^^
		008字段依据LDR/06－07代码"gm"选取"可视资料"模式。008/18－20（电影及视频资料的播放时长）记录编目文献的播放时间为11分钟；008/33（可视资料类型）选取代码"v"（录像）
043	##	$an-us---
		文献内容涉及美国，043字段记录其地理区域代码"n-us---"，与主题字段里的地理区域相呼应
245	00	$aSunWise :$ba sun safety program for grades K-8.
		正题名取自题名屏
246	1#	$iTitle on container：$aSunWise :$bK-8 sun safety program

续表

		246 字段记录来源于录像带容器的变异题名。$i 记录说明文字,指示符与 $i 匹配固定搭配"1#"
260	##	$a[Washington, D.C.]:$bU.S. Environmental Protection Agency,$c[2003]
300		$a1 videocassette(11 min.):$bsd., col.;$c1/2 in.
		本例录像资料的播放时长在文献上没有说明,但通过播放资料容易获得时长信息
306		$a001100
		306 字段记录播放时间格式化的数字形式
336	##	$atwo-dimensional moving image$2rdacontent
		336 字段记录文献的内容类型,根据 LDR/06 代码"g"(放映媒体)和编目文献的情况,内容类型选取术语"two-dimensional moving image"
337	##	$avideo$2rdamedia
		337 字段记录文献的媒介类型,根据 007/00 代码"v"(录像资料),媒介类型选取术语"video"
338	##	$avideocassette$2rdacarrier
		338 字段记录文献的载体类型,根据 007/01 代码"f"(卡式录像带),载体类型选取术语"videocassette"
521	##	For grades K-8.
		521 记录文献适用对象的信息
520	##	Explains the danger of ultraviolet radiation exposure and the use of SunWise to raise sun safety awareness of children in grades K-8.
538	##	$aVHS format.
		538 记录录像带的规格
650	#0	$aUltraviolet radiation$xSafety measures$xStudy and teaching(Elementary)
650	#0	$aSkin$xCancer$xPrevention$xStudy and teaching(Elementary)
710	1#	$aUnited States.$bEnvironmental Protection Agency.
		由于本例录像资料的出版机构比较重要,可做附加款目

例5：录像资料（DVD）

盘面

书目记录及解析：

LDR		^^^^cgm^2200313^a^4500
		编目文献为数字化录像资料，据此：LDR/06（记录类型）选取代码"g"（放映媒体）；LDR/07（书目级别）选取代码"m"（专著）
007		**vd**^cvaizu
		录像资料的载体形态特征启用007字段"录像资料"模式予以说明。007/00（资料类型）选取代码"v"（录像资料）；007/01（特定资料标识）选取代码"d"（录像带、影碟）
008		060519s2006^^^^dcu032^^^^^^f^^^^vleng^^
		008字段依据LDR/06－07代码"gm"选取"可视资料"模式。008/18－20（电影及视频资料的播放时长）记录编目文献的播放时间为32分钟；008/33（可视资料类型）选取代码"v"（录像）
043	##	$an-us---
		文献内容涉及美国，043字段记录其地理区域代码"n-us---"，与主题字段里的地理区域相呼应
245	00	$aLifelines ：$byour national forest roads /$cproduced by the USDA Forest Service in partnership with the USDOT FHWA Federal Lands Highway Program.
		录像资料无题名屏，正题名取自盘面
246	30	$aYour national forest roads
		246字段记录的变异题名为245/$b的其他题名信息

续表

260	##	$a［Washington，D.C. :$bU.S. Dept. of Agriculture，Forest Service，San Dimas Technology and Development Center :$bDistributed to LTAP Centers by the LTAP Clearinghouse，$c2006］
		出版地、出版者、出版年等信息从规定信息源无法获取，从其他信息源查找的出版信息用正题名的语种著录，并置于方括号内
300		$a1 videodisc (32 min.)：$bsd.，col. ；$c4 3/4 in.
		录像资料的精确播放时长取自盘面
306		$a003200
		306 字段记录播放时间格式化的数字形式
336	##	$atwo-dimensional moving image$2rdacontent
		336 字段记录文献的内容类型，根据 LDR/06 代码"g"（放映媒体）和编目文献的情况，内容类型选取术语"two-dimensional moving image"
337	##	$avideo$2rdamedia
		337 字段记录文献的媒介类型，根据 007/00 代码"v"（录像资料），媒介类型选取术语"video"
338	##	$avideodisc$2rdacarrier
		338 字段记录文献的载体类型，根据 007/01 代码"d"（视盘），载体类型选取术语"videodisc"
538	##	$aDVD.
500	##	$aTitle from disc surface.
		正题名由于没有取自题名屏，因此来源需做附注说明
500	##	$aShipping list no. ：2006 – 0020 – E.
520	##	$aExplores the relationship between people and the land past，present and future. It also celebrates the partnership between the USDA Forest Service，Federal Lands Highway Administration，and state and local communities in providing continued stewardship and access to national forests.
		为文献内容做简短而客观的提要，可取自任何信息源
650	#0	$aForest roads$zUnited States.
710	1#	$aUnited States. $bForest Service.
710	2#	$aTechnology & Development Center（San Dimas，Calif. ）
710	1#	$aUnited States.$bFederal Lands Highway Program.

第五章　虚拟电子资源与实体资源整合编目研究

随着出版事业的蓬勃发展,相同作品以不同载体形式出版的现象日益增多,使得同一作品同时拥有印刷型、缩微型、电子型等多种资料类型。从书目角度来看,相同作品不同载体之间存在着一种平行的关系,这种关系的揭示对于满足读者对文献多载体的需求具有重要的现实意义。在编目规则、理论与实践研究高速发展的今天,对各个单独文献的揭示已经十分充分,然而对文献内容与文献间相互关系的揭示却显得十分不足。进一步揭示文献的内容以帮助 OPAC 实现从文献检索到信息检索的转变,以及进一步揭示文献之间存在的外在与内在关系以帮助目录实现导航功能将成为编目工作需要研究的两大问题。

根据 2009 年 IFLA 推出的国际编目纲领性文件《国际编目原则声明》(Statement of International Cataloguing Principles,简称 ICP)的规定,目录应具备查找、识别、选择、获取和导航五大功能,即用户需要了解馆藏中目标文献的所有版本以及版本间的相互关系,并能使之相互区别,进而选择所需要的版本,最后获取并使用。就电子资源而言,若馆藏中同时拥有电子型和其他载体类型,则用户既希望了解相关的全部馆藏,也希望通过书目记录直接定位到电子资源的获取地址。

目前国际编目界对于同一作品不同载体文献的编目,主要采用两种方法,即嵌入法和分离法。由于书目机构编目政策的变化以及编目界未形成统一的认识和政策,这两种编目方法在很多书目机构长期并存,多数机构倾向采用分离法。

需要说明的是,电子资源包括直接访问的电子资源和远程访问的电子资源,即实体电子资源和虚拟电子资源,其中实体电子资源属于实体馆藏的范畴,因此本章所述实体资源包含实体电子资源,而本章中的电子资源仅指与实体馆藏相对的虚拟馆藏,即虚拟电子资源。

§5.1　嵌入法

嵌入法是指当书目机构同时拥有同一作品的实体资源和电子资源时,用一条书目记录予以描述。编目时遵循以一种资源类型为主、其他资源类型为辅的原则,即当实体资源与电子资源并存时,以实体资源作为编制书目记录的基础,将电子资源的信息嵌入到该书目记录中,并在书目记录中指明电子资源的获取地址。嵌入法的编目要点包括:

(1)LDR/06 字符位的记录类型按照实体资源选择相应代码;

(2)不必为电子资源补充著录 006 字段,可为电子资源选择著录 007 字段;

(3)530 字段记录电子资源可用性的附注信息,如"Available also on the Internet";

(4)若电子资源的题名与实体资源不同时,使用 740 附加款目字段记录电子资源的题名;

(5)在 856 字段提供远程访问的定位地址信息。第 2 指示符若取值"1",表明编目文献本身不是电子资源,856 所定位的是编目文献的电子版;第 2 指示符若取值"2",表明编目文献本身不是电子资源,856 所定位的是与编目文献相关的电子资源。

例:

    LDR   ^^^^cam^^22003137a^4500

    008   040602s2004^^^^mnua^^^^^^^^s000^0^eng^d

    043    $an-us-mn

    245 00$a10 – year plan to upgrade and maintain Minnesota's on – site(ISTS)treatment systems:
           $breport to the Legislature.

    260 ##$a[St. Paul, Minn.]:$bMinnesota Pollution Control Agency,$c[2004]

    300 ##$a28,10,10 p.:$bill.(chiefly col.);$c28 cm.

    530 ##$aAlso available via the Internet.

    710 2#$aMinnesota Pollution Control Agency.

    856 41$uhttp://www.pca.state.mn.us/publications/reports/lrwq-wwists-1sy04.pdf

说明:本例为一图书书目记录。该书有远程访问的电子版,采用嵌入式记录电子资源信息。856 字段提供访问电子资源的地址。

需要说明的是,如果馆藏中仅拥有实体资源,但是电子资源信息可获取,也可采用嵌入法反映电子资源的信息。

§5.2 分离法

分离法是指书目机构同时拥有同一作品的实体资源和电子资源,编目时采取为实体资源和电子资源分别单建记录的方法,通过连接字段在两者之间建立连接。分离法的编目要点包括:

实体资源:

(1)LDR/06 字符位(记录类型)按照主文献进行选择;

(2)按实体资源的需要著录 006、007 字段;

(3)530 字段记录电子资源的可用性附注信息,如"Available also on the Internet";

(4)当电子资源的主要款目不同于实体资源时,为电子版本资源添加一个 700—730 的附加款目;

(5)可选用 776 字段连接到电子资源的记录;

(6)可选用 856 字段提供能够远程访问的定位地址信息。第 2 指示符取 1,表明编目文献本身不是电子资源,856 所定位的是编目文献的电子版;第 2 指示符取 2,表明编目文献本身不是电子资源,856 所定位的是与编目文献相关的电子资源。

电子资源:

(1)LDR/06 字符位(记录类型)按照主文献进行选择;

(2)若头标区记录类型不选择"m"(电子资源),则为电子资源著录 006 字段;

(3)选用 007 字段;

(4)在 336、337、338 字段表示电子资源的内容类型、媒介类型和载体类型;

(5)530 字段记录实体资源可用性附注信息,如"Also available in printed form";

（6）538 字段记录系统细节附注；

（7）当实体资源与电子资源的主要款目不同时，为实体资源添加一个 700—730 的附加款目；

（8）可选择使用 776 字段连接到实体资源；

（9）856 字段提供能够远程访问的定位地址信息。第 2 指示符取 0，表明编目文献本身为电子资源。

特别注意的是，由于分离法是为实体资源和电子资源分别建立记录，因此，编目时除需要遵循各种资料类型的编目规则外，还要着重反映两条记录之间的关联，如在实体资源记录中可以添加 530 字段说明该实体资源同时存在可供远程访问的电子资源，在电子资源记录中添加 530 字段记录实体资源可用性附注信息，并在实体资源和电子资源的记录中分别添加 776 字段（其他载体形态款目），作为连接到另外一种资源类型书目记录的指引。

例 1：

缩微版书目记录：

LDR　03544cam^^2200349^a^4500

001　　**002024645**

007　　he^am｜｜｜｜b｜｜｜

008　　050421r2007uuuumiu^^^^bm^^^000^0^eng^d

100 1#$aWatson, Jini Kim, $d1973–

245 14$aThe New Asian City：$bliterature and urban form in postcolonial Asia-Pacific /$c Jini Kim Watson.

260 ##$aAnn Arbor, Mich. ：$bUMI, $c2007.

300 ##$a4 microfiches.

336 ##$atext$2rdacontent

337 ##$amicroform$2rdamedia

338 ##$amicrofiche$2rdacarrier

530 ##$aAvailable also on the Internet.

700 1#$aKhanna, Ranjana, $d1966–

776 0#$tThe New Asian City$w（CcBjTSG）**5000001**

856 41$uhttp：//pqdt. bjzhongke. com. cn/SearchResults. aspx？pm =0&q =Watson,％20Jini％20Kim

电子版书目记录：

LDR　^^^^nam^^22^^^^^a^4500

001　　**005000001**

006　　m^^^^^^d^^^^^^

007　　cr^cnu｜｜｜｜｜｜｜｜｜

008　　110704s2007^^^miu^^^^s^^^000^^eng^^

100 1#$aWatson, Jini Kim, $d1973–

245 14$aThe New Asian City :$bliterature and urban form in postcolonial Asia – Pacific /$c Jini Kim Watson.

260 ##$aAnn Arbor, Mich. :$bUMI,$c2007.

336 ##$atext$2rdacontent

337 ##$acomputer$2rdamedia

338 ##$aonline resource$2rdacarrier

530 ##$aAlso available in microform form.

538 ##$aMode of access：World Wide Web.

776 0#$tThe New Asian City : literature and urban form in postcolonial Asia-Pacific$w(CcBj TSG)**2024645**

856 40$uhttp：//pqdt. bjzhongke. com. cn/SearchResults. aspx? pm =0&q = Watson,%20 Jini %20 Kim

说明：本例为国家图书馆海外博士论文缩微版和电子版的处理方法，采用了分离法，分别为缩微版和电子版建立单独的书目记录，通过776字段$w记录相关记录的系统号，以实现在系统内的连接。在缩微版和电子版书目记录中同时使用856字段记录电子版的获取地址，只是第2指示符的值不同，缩微版书目记录856字段第2指示符取值"1"，表明编目文献不是电子资源，856字段的地址为其电子版的地址；电子版书目记录856字段第2指示符取值"0"，表明编目文献就是电子资源。

例2：

印刷版书目记录：

LDR   ^^^^cas^2200805^^^4500

008   750806c19609999nyuqr^p^^^^^^0^^^a0eng^c

010 ##$a**45050467**

022 0#$a0004–3249$l0004–3249$21

050 00$aN81$b.A887

210 0#$aArt j. $b(New York, 1960)

222 #0$aArt journal$b(New York, 1960)

245 00$aArt journal.

260 ##$a［New York］:$bCollege Art Association of America.

300 ##$av. ; $c24–28 cm.

310 ##$aQuarterly

362 0#$av. 20– fall 1960–

515 ##$aVolume numbering skipped a year. Vol. 45, 1985 is followed by v. 46, 1987.

530 ##$aAlso issued online.

710 2#$aCollege Art Association of America.

776 1#$tArt journal (New York : 1960 : Online) $w(DLC) **2004235618**$w(OCoLC)38436076

856 41$uhttp：//www. jstor. org/journals/00043249. html

电子版书目记录：

LDR　　^^^^cas^^2200589^a^4500

006　　m^^^^^^^d^^^^^^^

007　　cr^mnu｜｜｜｜｜｜｜｜｜

008　　980213c19609999nyuqr^pso^^^^0^^^0eng^d

010　　$a**2004235618**

022　　$a0004-3249

130 0#$aArt journal（New York, N.Y. : 1960 : Online）

245 10 $aArt journal.

260 ##$aNew York :$bCollege Art Association of America,$c1960 -

310 ##$aQuarterly

336 ##$atext$2rdacontent

337 ##$acomputer$2rdamedia

338 ##$aonline resource$2rdacarrier

362 0#$aVol. 20, no. 1（fall 1960）-

500 ##$aTitle from title screen（JSTOR, viewed Nov. 12, 2003）.

500 ##$aLatest issue consulted：Vol. 61, no. 4（winter 2002）（JSTOR, viewed Nov. 12, 2003）.

515 ##$aNone published 1986.

530 ##$aAlso issued in print.

538 ##$aMode of access：World Wide Web.

710 2#$aCollege Art Association of America.

710 2#$aCollege Art Association（U.S.）

776 0#$tArt journal$x0004-3249$w（DLC）**45050467**$w（OCoLC）1514294

856 40$uhttp://www. jstor. org/journals/00043249. html

　　说明：本例为美国国会图书馆连续性资源印刷版与电子版的处理方法，采用了分离法，分别为印刷版和电子版建立单独的书目记录，通过776字段$w记录相关记录的系统号，以实现在系统内的连接。在印刷版和电子版书目记录中同时使用856字段记录电子版的获取地址。电子版书目记录中包含统一题名130字段，并用括号内的"online"与印刷版加以区分。530字段在各自记录中分别指明有另一版本存在。

§5.3　嵌入法与分离法的比较研究

5.3.1　两种方法的优势分析

　　嵌入法与分离法的产生既有历史原因，也有伴随认识上的改变而产生的编目政策的变化。两种方法各有利弊，不同书目机构需要根据馆藏数量、人力资源、编目自动化程度等馆情因素进行选择。

　　嵌入法的优点在于：书目记录增加的数量比较少，操作上比较简单易行，人力投入较少，不管是否拥有虚拟馆藏都可在实体馆藏记录中反映电子资源的相关信息。其缺点在于：首先,嵌入法依然会存在必须为电子资源单建书目记录的情况。例如,如果先有电子馆藏,后有实体馆藏,就会出现两条书目记录。因此采用嵌入法难以保证数据体系的一致性和延续性,难以贯彻始终;其次,嵌入法需要在一条书目记录中承载多种资料类型信息,会导致单条书目记录字段数增多、记录规模增大;第三,由于电子资源作为次要文献,因此对电子版本信息揭示力度不够。

分离法的优点在于:首先,为每种资源单独建立书目记录,能详细地揭示各个资料类型的特征,有利于全面揭示馆藏,提高查全率和查准率;其次,相关资源通过书目记录相互连接,能更好地发挥书目数据导航的作用;第三,实现电子资源编目,有利于提高电子资源的利用率,更好地发挥电子资源跨越时空限制的资源优势;最后,编目员无论先碰到哪种类型的馆藏,都不必考虑另一馆藏的存在,直接进行编目即可,减少了主观判断的压力,提高了做法的统一性。其缺点在于:采用分离法会使书目数据数量较嵌入法有所增加,编目成本高,工作量大,而且采用分离法在 OPAC 显示上可能还需要朝着 FRBR 化的方向改进。

5.3.2　两种方法的取舍

从上述优势分析中不难看出,分离法的优势更为明显。各馆对电子资源与传统资源整合编目实践究竟采用何种方法还可从以下角度进行考虑:

(1)编目规则的角度。ICP 第 5 条款明确规定:"应为每一载体表现创建一条独立的书目著录"①,可见书目著录的基础仍是载体表现层。同一作品不同载体的文献从编目角度被视为两种不同的文献,即两个载体表现。因此为每个载体表现建立单独的书目记录更符合国际编目原则。

(2)实体资源与电子资源馆藏重复情况。若两种载体馆藏重复率并不高,嵌入法只能揭示与实体资源重复的那部分电子资源,其他不重复的部分不能揭示。而且,嵌入法是以实体资源作为著录基础,因此电子资源作为次要文献在记录中的揭示极为不足。分离法则可在全面揭示实体资源与电子型资源的基础上,进一步揭示相关文献的关系,使编目更加全面而深入。若两种载体馆藏重复率极高,也不妨考虑采用嵌入法。

(3)检索效果角度。若书目机构同时拥有实体资源和电子资源两种载体的馆藏,嵌入法只能使用户从检索结果中确定书目机构拥有实体资源,但不能明确拥有电子资源。而分离法则可以在检索结果中明确提供书目机构所藏文献的所有资料类型,在 OPAC 显示上更为直观清晰。若书目机构仅拥有实体资源,不存在电子资源,但可从其他地方获取电子资源,用嵌入法揭示比较适合。

§5.4　电子复制品的编目方法

在馆藏中,往往还存在一种特殊的电子馆藏,即实体资源的电子复制品。对于这类文献采用的编目方法类似于缩微文献,其重点是以复制的内容作为主文献特征,并在书目记录中用特定字段反映与复制相关的信息。编目要求具体如下:

---

① 国际编目原则声明[OL].[2012－08－20]. http://www.ifla.org/files/cataloguing/icp/icp_2009-zh.pdf.

（1）LDR/06 - 07 字符位按照被复制文献的情况选取代码，例如，被复制文献为图书，LDR/06 - 07 选取代码为"am"；若为期刊，则选取代码为"as"；

（2）008 字段与 LDR/06 - 07 代码选取保持一致，例如，LDR/06 - 07 选取代码为"am"，008 字段选取"图书"模式，LDR/06 - 07 选取代码为"as"，008 字段选取"连续性资源"模式；

（3）电子资源特征启用 006 字段补充描述；

（4）可启用 007 字段，描述电子复制品的载体形态特征；

（5）300 字段著录被复制文献的载体形态，例如，被复制文献为图书，300 字段著录页码、插图、尺寸等信息；

（6）启用 533 字段（复制品附注）记录电子复制品的相关信息，主要包括复制品类型（$a）、复制地（$b）、复制责任者（$c）、复制日期（$d）、复制附注（$n）等；

（7）856 字段记录获取该电子复制品的地址。

例：

LDR ^^^^cam^^22004094a^4500

006 m^^^^^^^d^^^^^^^

007 cr^unu｜｜｜｜｜｜｜｜

008 080909s2008^^^^xxua^^^^sb^^^001^0^eng^d

020 ##$a0738485977

245 00$aBest Practices for SAP BI using DB2 9 for z/OS /$cGeorg Mayer … [et al.].

260 ##$a[United States?] :$bIBM, International Technical Support Organization,$cc2008.

300 ##$axvi,360 p. :$bill. ;$c23 cm.

336 ##$atext$2rdacontent

337 ##$acomputer$2rdamedia

338 ##$aonline resource$2rdacarrier

533 ##$aElectronic reproduction.$bBoston, Mass. :$cSafari Books Online,$d2008$nMode of access：World Wide Web.$nAvailable to subscribing institutions.

630 00$aSAP Business information warehouse.

650 #0$aBusiness intelligence$xComputer programs.

630 00$aIBM Database 2.

650 #0$aRelational databases.

700 1#$aMayer, Georg.

710 2#$aInternational Business Machines Corporation.$bInternational Technical Support Organization.

830 #0$aSafari Books Online.

856 40$zConnect to this resource online$uhttp://proquest. safaribooksonline. com/? fpi =0738485977

说明：本例为一种图书的电子复制品，记录结构采用了图书的编目方法，补充 006、007、533、336、337、338、856 等字段记录电子复制品信息。

第六章　电子资源多文种文献编目

电子资源不仅载体形式多样,其内容的语言文字也十分丰富。面对不同语言文字的电子资源,MARC21 同样能够对其进行有效的信息组织。MARC21 起源于上世纪 60 年代的美国国会图书馆,起初只是为英语等拉丁文字的图书编制机读目录。由于馆藏资料类型的不断扩展,多语种文献的编目需求也日益增长,MARC 不断改进,先后经历了 LCMARC、US-MARC 的发展历程,并成功实现了一体化,直至今日已发展成为能够包容各种载体类型、各种语言文字的机读目录格式。

随着国际间书目交换的日益频繁,为降低格式转换成本,提高书目交换的便利性,越来越多的国家放弃了本国原有的 MARC 格式而统一使用 MARC21 格式。但是,由于计算机编目起源于西方国家,而这些国家文字均以拉丁文字为主,随着编目文献语种范围的不断扩大,以及采用 MARC21 格式规则的国家不断增多,非拉丁文字文献采用 MARC21 的编目方法日益普及。利用 MARC21 对非拉丁文字文献进行编目形成的书目记录称为多文种记录。本章重点探讨电子资源多文种记录的编制方法。

§6.1　多文种记录模式

多文种记录(Multiscript Records)是指一条经过计算机的自动处理,能显示和提供两种文字的书目记录,以便使用不同文种的用户浏览和检索机读目录①。此定义可理解为,多文种并非指文献包含多个语种,而是指在书目记录中,数据内容同时包含拉丁化和非拉丁化字符集的文字,例如文献语种与编目语种分属两个字符集,文献语种是非拉丁文字,编目语种为拉丁文字,反之亦然。再如,非拉丁文字被音译为拉丁化文字,两种文字同时包含在一条书目记录中。多文种记录按处理方法可分为原始多文种记录和音译多文种记录两种模式②。

6.1.1　原始多文种记录

原始多文种记录又称为简单多文种记录(Simple Multiscript Records)。若编目文献语种与编目语种分属不同的字符集(拉丁字符集和非拉丁字符集),编目时在 040/$b 著录编目语种,在转录字段直接以编目文献所使用的文字予以客观著录,如题名(245)、出版信息(260)、丛编(490)等,在需使用编目语种的字段用编目语种描述,如附注(5XX)、载体形态(300)、主题(6XX)。原始多文种记录无需启用连接字段(880)和连接子字段($6)。

---

① 王松林. MARC21 中的多文种记录[J]. 大学图书馆学报,2002(6):73-76.

② MARC 21 Bibliographic:Appendix D-Multiscript Records[OL].[2012-04-15]. http://www.loc.gov/marc/bibliographic/ecbdmulti.html.

例1:

008/35 – 37　rus

040 ##$a***$beng$c***

041 0#$arus$aara

066 ##$a(N$c(B$c(3

100 1#$aRuzhkov, V. I.$q(Viktor Ivanovich)

245 00$a[基里尔文字] = $b[阿拉伯文字]:[基里尔文字]/$c[基里尔文字]

246 31$a[阿拉伯文字]

260 ##$a[基里尔文字]:$b[基里尔文字],$c1988.

300 ##$a536 p. ;$c21 cm.

650 #0$aTechnology$vDictionaries$xRussian.

650 #0$aRussian language$vDictionaries$xArabic.

700 1#$aTkhorzhevskii, L. L.$q(Lev L'vovich)

700 1#$aShagal', V. E.$q(Vladimir Eduardovich)

700 1#$aMunir, Dawud Sulayman.

说明:编目文献包含俄语(基里尔文)和阿拉伯语(阿拉伯文),俄语为主要语种,两个语种都是非拉丁文字(041),编目语种为英语(040$beng),是拉丁文字。066 ##$a(N$c(B$c(3 表示该记录的基本字符集为基里尔文($a(N),交替字符集为拉丁文字($c(B)和阿拉伯文($c(3)。300$a 中的"p."、$c 中的"cm."、6XX 主题字段、X00 个人名称标目字段为非转录字段,使用编目语种(英语)著录。

例2:

008/35 – 37　rus

040 ##$a***$brus$c***

041 0#$arus$aeng

066 ##$a(N$c(B

245 00$a[基里尔文字] = $b 英文/$c[基里尔文字]

246 31$a 英文

260 ##$a[基里尔文字]:$b[基里尔文字],$c1992.

300 ##$a357[基里尔文字]. ;$c28[基里尔文字]

546 ##$a[基里尔文字]

650 #0$a[基里尔文字]$z[基里尔文字]$v[基里尔文字]

700 1#$a[基里尔文字]$q([基里尔文字])

说明:本例较为特殊,编目文献包含俄语(基里尔文)和英语(拉丁文字),而编目语种是非拉丁文字的俄语(040$brus),因此采用多文种记录的做法。066 ##$a(N$c(B 表示该记录的基本字符集为基里尔文($a(N),由于题名还包含拉丁文字英语,因此交替字符集为拉丁文字($c(B)。300$a 中的"页码"、$c 中的"厘米"等标识、6XX 主题字段、X00 个人名称标目字段等非转录字段使用编目语种(俄语)著录。

6.1.2　音译多文种记录

音译多文种记录(Vernacular and Transliteration)又称为本国语言和音译模式。在该模式下,书目记录由两部分组成,一部分是按原文语种(非拉丁文字)转录的形式,另一部分是与之对应的拉丁化后文字表示的形式,即音译形式。两部分通过连接字段(880)和连接子字段($6)相互连接,确保对应关系。在需使用编目语种的字段用编目语种描述,如附注(5XX)、载体形态(300)、主题(6XX)。

例1:

    008/35 - 37　rus
    040 ##$a***$beng$c***
    066 ##$c(N
    100 1#$6880-01$aZhavoronkov, N. M. $q(NikolaĭMikhaĭlovich)
    245 10$6880-02$aOkhrana okhotnich'ikh zhivotnykh v SSSR /$cN.M. Zhavoronkov.
    250 ##$6880-03$aIzd. 2-e, perer.
    260 ##$6880-04$aMoskva :$bLesnaia promyshlennost', $c1982.
    300 ##$a167, [1] p., [16] leaves of plates :$bcol. ill.; $c19 cm.
    500 ##$aBibliography: p. 167-[168].
    650 #0$aAnimals$zSoviet Union.
    880 1#$6100-01/(N$a[基里尔文字]$q[基里尔文字]
    880 10$6245-02/(N$a[基里尔文字] /$c[基里尔文字]
    880 ##$6250-03/(N$a[基里尔文字]
    880 ##$6260-04/(N$a[基里尔文字]$c1982.

说明:编目文献的语种为俄语(基里尔文),编目语种为英语(040$beng),是拉丁文字,记录分为上下两部分,上半部分为拉丁化形式的数据内容(音译形式),下半部分为非拉丁化的数据内容(原文语种),因此采用多文种记录的做法。066 ##$c(N 表示该记录的交替字符集为基里尔文,由于基本字符集为"MARC Latin"缺省的字符集,因此无需标识,只标识交替字符集。启用 880 字段和 $6 子字段连接拉丁化和非拉丁化的两部分。300、5XX、6XX 等字段采用编目语种著录。

例2:

    008/35 - 37　heb
    040 ##$a***$beng$c***
    066 ##$c(2
    100 1#$6880-01$aZilbershtain, Yitshak ben David Yosef.
    245 10$6880-02$aTorat ha-yoledet /$cne'erakh 'a. y. Yitshak ben David Yosef Zilvershtain,
        Mosheh ben Yosef Rotshild.
    246 14$6880-03$aSefer Torat ha-yoledet
    250 ##$6880-04$aMahad. 2. 'im hosafot.
    260 ##$6880-05$aBene-Berak :$bMekhon "Halakhah u-refu'ah", $c747[1986 or 1987]
    300 ##$a469 p. ;$c23 cm.
    504 ##$aIncludes bibliographical references and index.
    650 #0$aChildbirth$xReligious aspects$xJudaism.

650 #0$aSabbath（Jewish law）

650 #0$aFasts and feast$xJudaism.

700 1#$6880-06$aRotshild，Mosheh ben Yosef.

880 1#$6100-01/(2/r$a［希伯来文字］.

880 10$6245-02/(2/r$a［希伯来文字］/$c［希伯来文字］.

880 14$6246-03/(2/r$a［希伯来文字］

880 ##$6250-04/(2/r$a［希伯来文字］.2［希伯来文字］.

880 ##$6260-05/(2/r$a［希伯来文字］:$b［希伯来文字］,$c747［1986 or 1987］

880 1#$6700-06/(2/r$a［希伯来文字］.

说明：编目文献的语种为希伯来语（希伯来文），编目语种为英语(040$beng)，是拉丁文字，记录分为上下两部分，上半部分为拉丁化形式的数据内容（音译形式），下半部分为非拉丁化的数据内容（原文语种），因此采用多文种记录的做法。066 ##$c(2 表示该记录的交替字符集为希伯来文，由于基本字符集为"MARC Latin"缺省的字符集，因此无需标识，只标识交替字符集。启用 880 字段和 $6 子字段连接拉丁化和非拉丁化的两部分。因为是希伯来文，其行文方式为从右至左，因此 880 中第 2 个斜线（/）后添加"r"予以表示。300、5XX、6XX 等字段采用编目语种著录。

6.1.3　两种模式的比较分析

原始多文种记录和音译多文种记录具有如下一些共通性：首先，两种模式都是 MARC21 环境下解决非拉丁文字文献编目的方法，这就决定了两种模式下，书目记录的数据内容必须同时包含拉丁文字和非拉丁文字；其次，编目语种与文献语种不同，040/$b 编目语种是必备元素，即应在这两种模式下指明书目记录的编目语种；再次，需启用 066 字段指明文献的语种识别代码，066/$c（交替 G0 或 G1 字符集）为必备子字段，即应在 $c 著录书目记录中与基本字符集交替的字符集的语种识别代码。

从两种模式的编目方法不难看出，在具有共性的同时，两种模式也具有明显的差异性：首先，原始多文种记录与普通的 MARC21 书目记录更为相似，记录为一个整体，无需启用连接字段和连接子字段；而音译多文种记录由上下两部分组成，两部分之间相互对应，并通过连接字段 880 和连接子字段 $6 连接；其次，原始多文种记录的基本字符集通常为非拉丁文字，因此在启用 066 字段时往往需要在 $a 或 $b 著录非拉丁文字的语种识别代码，然后再著录 $c 交替字符集的识别代码；而音译多文种记录由于已经将非拉丁文字通过罗马化的规则音译为拉丁文字（属于 MARC21 缺省字符集），因此其基本字符集无需在 066 字段表示，066 字段一般只包含 $c；再次，原始多文种记录更适用于非拉丁文字国家（如中国、日本、俄罗斯、韩国）的编目实践，因为该方法比较简单易行，无需将文字进行拉丁化，更符合这些国家的语言习惯，也基本能满足 OPAC 的检索需要；而采用拉丁文字的国家（如美国、英国、加拿大、澳大利亚）则更倾向于采用音译多文种记录，因为该方法能同时满足拉丁和非拉丁文字用户检索的需要，便于显示和理解。

但是，随着国际编目一体化的发展，数据交换日益频繁，相同的数据格式更便于数据交换。因此，越来越多采用非拉丁文字的国家在编目实践中使用音译多文种记录的方法来处理本国文字的文献，以便更好地融入国际化编目的大潮。因此，音译多文种记录是目前各个国家在处理非拉丁文字文献时更为常用的方法。本书将重点对音译多文种记录的编制方法进行介绍。

§6.2 音译多文种记录的编制方法

6.2.1 罗马化规则

对于编制音译多文种记录首要的难题是如何将非拉丁文字罗马化,从而将其转变为拉丁文字。罗马化的过程并非随意的,必须遵循一定的文字转换规则。包含非拉丁文字的书目记录和规范记录最早是由美国国会图书馆在上世纪 80 年代初发布的,开始只是中文、日文和朝文,目前已经发展到包含基里尔文、希腊文、希伯来文、波斯—阿拉伯文等更多的非拉丁文字,但仍未将 Unicode 字符编码系统包括的所有字符集涵盖在内。

目前美国国会图书馆已经实现了对以下语言文字的自动音译转换:基里尔文,包括保加利亚语、白俄罗斯语、俄语、塞尔维亚和马其顿语、乌克兰语;阿拉伯文,包括阿拉伯语、库尔德语(无记录)、波斯语、普什图语、乌尔都语;希伯来文,包括希伯来语、依地语;CJK 文字,包括中文、日文(尚不能自动转换,生成空的 880 字段)、朝文(在建设中);其他文字,包括古希腊文、中文韦氏拼音向拼音的转换。OCLC Connexion 客户端软件包含了对阿拉伯语和波斯语的自动音译转换,OCLC 成员已经贡献了基里尔文、希腊文和希伯来文的宏命令①。

MARC21 多文种记录在进行非拉丁文字转换时遵循由美国国会图书馆和美国图书馆联合会共同维护的《ALA-LC 罗马化表格:非罗马字符音译计划》(ALA-LC Romanization Tables: Transliteration Schemes for Non-Roman Scripts)。该计划包含 61 种语言文字的转换规则②。以中文的罗马化转换为例,1998 年,美国国会图书馆推出了《美国国会图书馆拼音转换计划:新汉语罗马化准则》(Library of Congress Pinyin Conversion Project:New Chinese Romanization Guidelines),成为中文文献罗马化所采用的拼音准则。新罗马化拼音也是 IFLA 规定的在中文文献著录时所采用的字符。更多详细规则可参阅《ALA-LC Romanization Tables-Chinese Rules of Application》③。

6.2.2 编目要点

编制 MARC21 音译多文种记录的编目要点涉及 066 字段字符集的标识、连接字段和连接子字段的配合使用以及数据字段中编目语种和文献语种的正确选用。LDR、控制字段以及数据字段的通用方法不在此赘述,详见《MARC21 书目数据格式使用手册》的相关内容。

6.2.2.1 066 字段的设置

066 字段是"字符集表示"字段,包含记录中出现的非 ISO 10646(或 Unicode)字符集的信息,其表示方法是用特殊的标识符号来表示相应的字符集。我们可以理解为,当采用多文种记录方法编目时,用 066 字段指明书目记录所包含的拉丁及非拉丁文字的文种识别代码。

---

① Romanization Landscape[OL].[2012 – 04 – 22]. http://www.loc.gov/catdir/cpso/romlandscape_ Oct2011.html.

② ALA-LC Romanization Tables[OL].[2012 – 04 – 22]. http://www.loc.gov/catdir/cpso/roman.html.

③ Chinese Rules Of Application[OL].[2012 – 04 – 22]. http://www.loc.gov/catdir/cpso/romanization/ chinese.pdf.

066 字段与 LDR/09 字符位(字符编码系统)相关,该字符位有两个可选值"#"和"a","#"表示记录采用的字符集是 8 位编码字符集,在多文种记录中,通常不是 MARC 缺省的标准字符集,需启用 066 字段记录采用的字符集,若代码选择"a",表示记录采用的字符集为 Unicode 字符集,此时记录中无 066 字段。

MARC21 定义了两个基本字符集 G0 和 G1(基本扩展字符集),分别用子字段 \$a 和 \$b 予以记录。"ASCII"、"MARC Greek"、"MARC subscript"或"MARC superscript"为 G0 缺省字符集,即当书目记录以这些字符集作为基本字符集时,无需著录 \$a 子字段。"ANSEL"是 G1 缺省字符集,即当书目记录以这个字符集为基本扩展字符集时,无需著录 \$b 子字段。关于字符集的详细信息可参见《MARC21 记录结构、字符集和交换媒介规则》(MARC21 Specifications for Record Structure, Character Sets, and Exchange Media)①。\$a 和 \$b 为可选用子字段,\$c 为 066 字段的必备子字段,表示交替 G0 或 G1 字符集,即与书目记录中基本字符集(\$a 或 \$b)交替使用的字符集代码。

字符集代码即语言文字的识别代码,是由转义序列的中间和最后的字符组成。转义序列中间和最后字符及其所表示含义见下表②:

中间字符	所表示字符集	每个字符的字节构成
(	G0 字符集	单字节
,	G0 字符集	单字节
\$	G0 字符集	多字节
\$,	G0 字符集	多字节
)	G1 字符集	单字节
−	G1 字符集	单字节
\$)	G1 字符集	多字节
\$ −	G1 字符集	多字节
最后字符	所表示图形字符集	
3	基本阿拉伯文	
4	扩充阿拉伯文	
B	基本拉丁文	
!E	扩充拉丁文	
1	中文、日文、朝文	
N	基本基里尔文	
Q	扩充基里尔文	
S	基本希腊文	
2	基本希伯来文	

---

① MARC21 Specifications for Record Structure, Character Sets, and Exchange Media[OL]. [2012 – 04 – 22]. http://www.loc.gov/marc/specifications/.

② MARC21 Specifications for Record Structure, Character Sets, and Exchange Media. Character sets and encoding options. Part 2, MARC – 8 Encoding Environment[OL]. [2012 – 04 – 22]. http://www.loc.gov/marc/specifications/speccharmarc8.html#directionality.

例1：

　　066 ##$a(N$c(3

　　说明：书目记录中的基本字符集为基本基里尔文,不属于 MARC 缺省的字符集,因此需在 $a 著录该字符集,“(N”表示 G0 字符集中单字节的基本基里尔文。$c 著录与基本字符集交替使用的字符集的代码,“(3”表示 G0 字符集中单字节的基本阿拉伯文。

例2：

　　066 ##b)1$c(B

　　说明：书目记录中的基本扩展字符集为 MARC CJK(中文、日文和朝文),不属于 MARC 缺省的字符集,因此需在 $b 著录该字符集,“ $)1”表示 G1 字符集中多字节的中文、日文、朝文。$c 著录与基本字符集交替使用的字符集的代码,“(B”表示 G0 字符集中单字节的基本拉丁文。

例3：

　　066 ##c1

　　说明：书目记录中的基本字符集为 MARC 缺省的字符集,无需著录 $a 或 $b。$c 著录与基本字符集交替使用的字符集的代码,“ $1”表示 G0 字符集中多字节的中文、日文、朝文。

6.2.2.2　连接字段和连接子字段的配合使用

　　音译多文种记录需要使用 880 字段(交替图形文字表示法)和控制子字段 $6 来连接原始非拉丁文字和音译后拉丁文字构成的书目记录的两部分,音译部分称为一般字段部分,原始文字部分称为 880 字段部分。

　　在音译多文种记录中,880 字段一般需要成对出现,并与 $6 配合使用。在 880 字段部分,$6 包括连接字段的字段号、随机分配的序号、文种识别代码和字段数据显示为从右至左的标识,其结构为：$6[连接字段的字段号]-[序号]/[文种识别代码]/[字段方向从右至左标识]。$6 子字段总是字段的第 1 个子字段。一个一般字段可与一个或多个包含相同数据不同文字的 880 字段相连接。880 字段指示符与子字段的定义和值与其对应连接字段的定义和值相同。

　　连接字段后的序号由编目员任意分配,由两位数字组成,不足两位的左边用“0”补足。每一记录中每对字段的序号相同,但每对不同字段的序号不能重复。序号仅表示每对字段的匹配关系,不代表在记录中的顺序。如果 880 字段部分没有一般字段与之对应,序号用“00”表示。

　　文种识别代码是标识字段中按从左至右顺序遇到的第一个文字的代码,其前均冠以斜线(/),常用的代码有以下 6 种：

　　　　(3　阿拉伯文
　　　　(B　拉丁文
　　　　$1　中文、日文、朝文
　　　　(N　基里尔文
　　　　(S　希腊文
　　　　(2　希伯来文

　　字段方向代码仅当字段数据是从右至左顺序录入时才需标记,代码取“r”,如阿拉伯文。

例1：

　066 ##$c(N

　100 1#$6880-01$a[拉丁文字标目].

　880 1#$6100-01/(N$a[基里尔文字标目].

　说明："(N"表示交替图形文字为基里尔文,由于数据录入顺序为从左至右,因此无需标识代码"r"。"01"为随机分配给这对连接字段的序号。仅在880字段部分著录文种识别代码,在一般字段部分无需著录。

例2：

　066 ##c1

　245 10$6880-03$aSosei to kako ;$bNihon Sosei Kako Gakkai shi.

　880 10$6245-03/$1$a[日文题名]:$b[日文副题名].

　说明:编目文献为日文文献,一般字段为日文罗马化后的拉丁形式,880字段为原文形式。" $1"表示交替图形文字为中文、日文和朝文。

例3：

　880 ##$6530-00/(2/r$a[用希伯来文字表述的其他物理载体可获取的信息]

　说明:880字段部分没有相对应的一般字段,序号用"00"。当编目员希望用原文语种进行附注说明时,可采用此方法。文种识别代码之后的"r"表示字段数据的录入顺序是从右至左的,其前冠以斜线(/)。

6.2.2.3　编目语种和文献语种的正确选用

在音译多文种记录中,如果编目语种与文献语种不同,再加上音译后的文字,涉及的语言文字至少是三种,如何在各个字段正确选用适合的文字至关重要。通常,在一般字段部分包含编目语种和音译文字,需要使用编目语种的字段有3XX、5XX和6XX字段块,其他字段均需要著录音译形式。在880字段部分包含原始文献的语种,与相对应的一般字段的音译形式相互连接。此外,需在040/$b著录编目语种的代码。其结构如下:

　040 ##$a***$b编目语种$c***

　066 ##$c交替图形字符集代码

　100 1#$6880-01$a音译个人名称主要款目标目.

　245 10$6880-02$a音译题名 /$c音译责任说明.

　250 ##$6880-04$a音译版本说明.

　260 ##$6880-05$a音译出版地 :$b音译出版者,$c出版年.

　300 ##$axx p.;$cxx cm.(编目语种)

　504 ##$aIncludes bibliographical references and index.(编目语种)

　650 #0$a主题.(编目语种)

　700 1#$6880-06$a音译个人名称附加款目标目.

　880 1#$6100-01/交替图形字符集代码 $a文献语种个人名称主要款目标目.

　880 10$6245-02/交替图形字符集代码 $a文献语种题名 /$c文献语种责任说明.

　880 ##$6250-04/交替图形字符集代码 $a文献语种版本说明.

880 ##$6260-05/交替图形字符集代码 $a 文献语种出版地 :$b 文献语种出版者,$c 出
    版年.

880 ##$6500-00/交替图形字符集代码 $a 文献语种附注.

880 1#$6700-06/交替图形字符集代码 $a 文献语种个人名称附加款目标目.

6.2.3 电子资源音译多文种记录样例分析

非拉丁文字的电子资源可采用音译多文种记录的编制方法。电子资源记录结构和数据
字段的使用参见本书第二章和第三章。

例1:

LDR   ^^^^cem^^22003374a^4500

006   m^^^^^^^c^^^^^^^

007   co^|||||||||||

008   100308s2003^^^^cc^^^^^^a^^s^0^^^chi^^

020 ##$a9787900048400

041 0#$achi$aeng

043 ##$aa-cc-pe

050 00$aG7824. B4 2003$b. Z55

066 ##c1.

110 2#$6880-01$aZhongguo di tu chu ban she.$bDian zi xin xi zhong xin.

**245 10$6880-02$aBeijing dian zi di tu 2003 /$cZhongguo di tu chu ban she dian zi xin
    xi zhong xin bian zhi.**

255 ##$aScale not given.

260 ##$6880-04$aBeijing :$bBeijing di tu chu ban she,$c2003.

300 ##$a1 CD-ROM :$bcol. ;$c4 3/4 in.

336 ##$acartographic image$2rdacontent

337 ##$acomputer$2rdamedia

338 ##$acomputer disc$2rdacarrier

538 ##$aSystem requirements: Windows ME,Windows 98,Windows NT,Windows 2000,
    Windows XP;PC CD-ROM.

651 0#$aBeijing (China)$vMaps.

650 0#$aCentral business districts$zChina$zBeijing$vMaps.

880 2#$6110-01/$1a中国地图出版社电子信息中心.

880 10$6245-02/$1a北京电子地图 2003 /$c 中国地图出版社电子信息中心编制.

880 ##$6260-04/$1a北京 :$b 中国地图出版社,$c2003.

说明:编目文献是电子地图光盘,内容以中、英两种语言文字出现。066/$c 的代码" $1"表示书目记录
采用的交替图形字符集为中文。记录中对 3 个字段进行了连接,各字段分配的序号为 01、02、04,序号只表
示匹配关系,不表示顺序。255、300、336、337、338、538、650、651 字段用编目语种著录。

例2：

LDR　　^^^^cas^^2200541^a^4500

006　　m^^^^^^^d^^^^^^

007　　cr^|||||||||||

008　　080404c20049999ru^||^pss^^^^|^^^0rus^^

043 ##$ae-ru---$aa-gs---$ae------

050 00$aKJC5132

066 ##$c（N

245 00$6880-01$aB iūlleten EHRAC.

246 13$6880-02$aB iūlleten European Human Rights Advocacy Centre

246 13$6880-03$aInforma tsionnyĭ b iūlleten EHRAC

260 ##$6880-04$aMoskva ：$bEHRAC,

310 ##$aSemiannual

336 ##$atext$2rdacontent

337 ##$acomputer$2rdamedia

338 ##$aonline resource$2rdacarrier

362 1#$aBegn with Vyp. 1（leto 2004）.

500 ##$aDescription based on first issue；title from bulletin homepage（viewed Apr. 4, 2008）.

500 ##$aLatest issue consulted：Vyp. 8（zima 2007）.

530 ##$aAlso issued in print as：ERHAC b iūlleten.

538 ##$aMode of access：Internet.

550 ##$aIssued by：EHRAC and " Memorial. "

650 #0$aHuman rights$zEurope$vPeriodicals.

710 2#$aEuropean Human Rights Advocacy Centre.

710 2#$6880 -05$aMemorial（Society）

775 08$iIssued also in English：$aEHRAC bulletin.

776 08$iPrint version：$tERHAC b iūlleten $w（DLC）2009214671$w（OCoLC）257641398

856 40$uhttp：//ehracmos. memo. ru/index. php？ section = bulletin

856 40$uhttp：//www. londonmet. ac. uk/research-units/hrsj/affiliated-centres/ehrac/ehrac
　　　　bulletin/home. cfm

880 00$6245-01/（N$a）яБюллетень EHRAC.

880 13$6246-02/（N$a）яБюллетень European Human Rights Advocacy Centre

880 13$6246-03/（N$a）яИнформационный бюллетень EHRAC

880 ##$6260-04/（N$a）яМосква ：$bEHRAC,

880 2#$6710-05/（N$a）яМемориал（Society）

说明：编目文献是俄文在线期刊。066/$c 的代码"（N"表示书目记录采用的交替图形字符集为基里尔文（俄语）。记录中对 5 个字段进行了连接，分别是 245 字段、2 个 246 字段、260 字段和第 2 个 710 字段。3XX、5XX、6XX 和连接款目字段（77X）均使用编目语种（英语）著录，无需建立连接。

第七章　书与盘组合文献的编目

随着计算机技术的发展,文献类型日趋多样化。在图书馆馆藏中书附盘、盘附书的情况屡见不鲜。这种书与盘组合文献很好地使传统资源与电子资源优势互补,近年来已成为一种广受读者喜爱的文献类型。但是书与盘组合文献的情况十分复杂多样。在地位上,书与盘之间既可有主次之分,也可无主次之分;在内容上,书与盘既可内容重合,也可互为补充;在管理上,既可分开存放分别利用,也可统一排架整体使用。这种复杂性给该类文献的信息组织工作带来了挑战。业界对此类文献的关注度较高,相关研究和论述颇多,但是没有统一的编目组织和管理标准,各馆本地化处理突出。由于书与盘组合文献中的光盘很多都是实体电子资源,因此本书将书与盘组合文献的编目方法列入本书专题研究的范围。本书将参照国内外相关的编目标准和规定,结合工作实践,从文献主次关系的角度说明此类文献的编目方法。

§7.1　书与盘组合文献的类型

书与盘组合文献的情况虽然复杂,但是从文献地位的角度去划分还是比较容易认识和理解的。在书与盘组合文献中,书与盘之间有的存在主次关系,有的主次关系不明显,基本上可视为等同地位。有主次关系的书与盘组合文献,按照书与盘的地位不同又可分为书附盘(书为主、盘为辅)和盘附书(盘为主、书为辅)两种情况。无主次关系的书与盘组合文献,最常见的是书同盘和多载体配套资料两种情况。

7.1.1　书与盘之间有主次关系

书附盘是图书馆馆藏中最常见的一种情况。图书是主文献,光盘作为图书的附件,附件起到补充或辅助主文献的作用,反映的是图书难以展示的效果、声音、图像及相关软件等。图书离开了附件光盘的补充和辅助则会使文献的阅读价值或利用效果受到一定的影响,因此,必须将二者结合起来,才能增强读者的阅读兴趣,提高阅读效果,达到阅读目的。计算机应用、医学、生物学等学科常常通过附盘提供实验样例、操作方法等音视频资料,它对图书内容的理解起到了不可替代的作用。

盘附书是指光盘是信息储存和使用的主要载体,图书则是光盘的辅助、补充部分或文字对照、说明材料等。图书作为光盘内容的补充,也必须与光盘一起阅览才会达到阅读目的。在艺术类的文献中,常常会为光盘附带一些小手册,其内容多为节目单、节目介绍、说明性文字等。一些计算机应用软件的光盘,有时也会附一些手册,包含说明程序、安装方法等指南性的内容。

识别书与盘的主次地位直接关系到书目记录结构的确立,对于合理开展编目工作至关重要。识别两者的主次关系,首先是直接通过图书的版权页、书名页、封面和盘盒上的有关文字信息来识别。一般情况下,书附盘时,在书的版权页、书名页或封面等处都有明显的诸如"CD included"、"Includes DVD-ROM"等文字标识。盘附书时,在光盘的版权信息、封面或盘盒上有类似"含配套书"等文字标识,或书上有"guidebook"、"pamphlet"等字样。另外,对于书和盘上都没有明显文字标识的文献,可通过阅读书或盘上的"前言"、"序言"和"内容简介"等来判断,也可将书和盘的内容,包括信息承载量、信息重要性等进行比较来识别。

7.1.2　书与盘之间无主次关系

书同盘是指图书与所附光盘之间为等同关系,光盘存储的是图书的电子版。两者在内容甚至在排版格式上完全相同,只是载体形式不同,因此图书和光盘分开存放、分别利用也不会影响阅读效果。

多载体配套资料是书与盘之间无主次关系的另一种情况。依据 ISBD(统一版),多载体配套资料(kit)被称为"多媒体资源"(multimedia resource),其定义为"由两种或更多不同的媒介组成或者由同一种媒介的不同形式组成的资源,这些不同的媒介或形式都不能被确定为主要的媒介或形式。通常作为一个单元使用"①。该定义我们可以理解为,多载体配套资料主要包括两类文献,一是文献的各个组成部分为同一种载体的不同形式,但各部分之间没有主次之分;二是文献由不同载体的多个部分组成,各部分之间没有主次之分,无法确定以哪一种资料类型为主。多载体配套资料主要用于教学目的,如一套教学资料包括考试指南、学习辅导光盘、模拟题等。

§7.2　书与盘组合文献的编目方法

既然书与盘在组合文献中的地位是划分该类文献的依据,那么该类文献的编目策略的确定也是以主次关系的确定为前提的。

7.2.1　书与盘之间有主次关系的编目方法

在正式开始编目之前,通过对文献信息源的解读,编目员已经判断出,在书与盘之间存在主次关系。在确立了此前提之后,编目工作将围绕主文献和附件两部分分别展开。

主文献编目依据其所属资料类型,按照通常方法编目即可。但是附件的处理可有多种方法供选择。依据 ISBD(统一版),附件的著录方式整体上包括两种②:第一种,独立著录,即将附件视为独立文献单独建立书目记录;第二种,整体著录,即与主文献一起作为一个整体进行著录。当进行整体著录时,附件信息可在附注中说明,即在书目记录的 500 字段说明附件情况;或按多层次著录方法著录,即采用分析著录的方法;或在载体形态项著录附件信息,即在书目记录的 300/$e 记录附件。

对于附件的处理,编目机构大都首选整体著录的方法,其原因可归结为:第一,由于附件是对主文献的解释、补充或延伸,两者之间在内容上密不可分,因此著录时将附件与主文献作为一个整体来处理,既客观反映文献本身的内容,又能方便用户的使用;第二,MARC21 书

---

① 顾犇.国际标准书目著录(2011 年统一版)[M].北京:国家图书馆出版社,2012:223.

② 顾犇.国际标准书目著录(2011 年统一版)[M].北京:国家图书馆出版社,2012:157 – 158.

目数据格式中的 006、007、246、5XX、7XX 等字段能够较客观、完整地反映附件的内容特征和载体特征,并能方便地提供检索点,起到揭示附件的作用;第三,整体著录能节省编目的人力、物力资源,同时也减少数据库的冗余信息。独立著录需要为主文献和附件分别建立书目记录,势必会增大编目员的工作量,而且主文献与附件在信息上交叉重叠,使书目信息重复冗赘,从而占用更多的数据库空间。

对于主次关系明确的书与盘组合文献,主文献按其所属资料类型建立书目记录,其具体方法与通用编目方法相同,不在此赘述。对于附件信息的揭示是此类文献编目特别需要注意的地方,具体要点如下:

(1)在书附盘的文献中,如果附件是实体电子资源,建议启用 006 字段反映其资料类型特征,启用 007 字段记录其载体形态特征,代码选择参见本书第三章;在盘附书的文献中,由于附件是印刷型资料,虽也可启用 006 字段反映图书的资料类型特征(006/00 选取代码"a"),但在一般情况下,不必对印刷型附件的资料类型特征予以反映。附件虽为印刷型,但是主文献是实体电子资源,因此可启用 007 字段描述主文献的载体形态特征。需要强调的是,006 和 007 字段本身为可选用字段,各编目机构可根据人力资源情况进行本地化的规定。

(2)书附盘或盘附书的文献,其附件都可著录在载体形态项中的附件子元素(300/$e),该元素还可包含置于圆括号内的与附件相关的载体形态说明信息。

(3)附件的内容类型、媒介类型和载体类型可记录在 336、337、338 字段,著录方法为重复相应的子字段($a 或 $b)记录主文献和附件的内容类型、媒介类型和载体类型。

(4)在载体形态项未提及的附件信息,如附件细节,可著录于附注项。对于书附盘的文献,如果根据书的前言、附录、封面或盘面及容器,可确定光盘的系统要求,则启用 538 字段著录附件光盘的系统需求细节。

例1:

```
LDR    ^^^^cam^^2200481^a^4500
006    m^^^^^^d^^^^^^
007    co^ugu|||||||||
100 1#$aDunphy, Cherie H.
245 10$aIntegrated hematopathology : $bmorphology and FCI with IHC / $cCherie H. Dunphy.
300 ##$axi, 323 p. : $bill. ( chiefly col. ) ; $c26 cm. + $e1 CD-ROM ( 4 3/4 in. )
336 ##$atext$2rdacontent
337 ##$aunmediated$acomputer$2rdamedia
338 ##$avolume$acomputer disc$2rdacarrier
500 ##$aAccompanying CD-ROM has listmode data of selected cases.
```

说明:本例为书附盘文献,图书为主文献,附件是一个只读光盘。LDR/06 的记录类型代码依据主文献选取"a"(文字资料),附件光盘的资料类型特征在 006 字段补充记录。006/00(记录类型)选取"m"(电子资源),006/09(电子资源类型)选取"**d**"(文本)。007/00(资料类型)选取"c"(电子资源),007/01(特定资料标识)选取"o"(光盘)。300/$e 著录附盘的载体形态细节。336 字段主文献和附件的内容类型均为文本型"text";337 字段重复 $a 记录主文献和附件的媒介类型"unmediated"(主文献)和"computer"(附件);338

字段重复 $a 记录主文献和附件的载体类型"volume"（主文献）和"computer disc"（附件）。500 字段一般性附注对载体形态项未能著录的附件细节进行说明。

例 2：

LDR　　^^^^cgm^^2200505^a^4500

006　　a^^^^^b^^^000^0^

007　　vd^cvaizu

008　　090528s2009^^^^vau720^g^^^^^^^^^vleng^^

245 00$aMathematics from the visual world /$cTeaching Company.

300 ##$a4 videodiscs（ca. 720 min.）：$bsd. , col. ；$c4 3/4 in. + $e1 course guidebook（vi, 108 p. ；19 cm.）

336 ##$atwo-dimensional moving image$atext$2rdacontent

337 ##$avideo$aunmediated$2rdamedia

338 ##$avideodisc$avolume$2rdacarrier

538 ##$aDVD.

511 0#$aLectures by Michael Starbird.

504 ##$aBibliographical references included in course guidebook.

700 1#$aStarbird, Michael P.

说明：本例为盘附书文献，DVD 光盘为主文献，附件是印刷型的学习指南。书目记录的结构依据主文献确定，DVD 光盘的内容为教学视频，LDR/06（记录类型）选取代码"g"（放映媒体），008 字段相应选择"可视资料"模式。附件学习指南的资料类型特征在 006 字段进行描述，006/00（记录类型）选取"a"（文字资料）。007 字段对 DVD 光盘的物理形态特征进行描述，007/00（资料类型）选取代码"v"（录像资料），007/01（特定资料标识）选取代码"d"（视盘）。336 字段重复 $a 记录主文献和附件的内容类型"two-dimensional moving image"（主文献）和"text"（附件）。337 字段重复 $a 记录主文献和附件的媒介类型"video"（主文献）和"unmediated"（附件）。338 字段重复 $a 记录主文献和附件的载体类型"videodisc"（主文献）和"volume"（附件）。538 字段记录光盘的格式，511 字段著录了视频的表演者，并在 700 字段为其做附加款目。

7.2.2　书与盘之间无主次关系的编目方法

7.2.2.1　书同盘的编目方法

2009 年，国际图联推出了编目界纲领性文件《国际编目原则声明》（Statement of International Cataloguing Principles，简称 ICP），其中第 5 条款明确规定："应为每一载体表现创建一条独立的书目著录"[①]，由此规定了书目著录的基础是载体表现层。书与盘组合文献中的书同盘现象属于同一文献存在不同载体，从编目角度来说，不同载体的文献视为两种不同的文献，即两个载体表现。按照 ICP 的规定，应为每个载体表现分别建立书目记录。

据此，书同盘编目的策略就是将书与盘分为两种独立的文献，分别著录，但同时在各自的书目记录中指明存在其他版本的信息，包括附注项字段（5XX）、连接款目字段（776），具体

---

① 国际编目原则声明［OL］.［2012 - 11 - 20］. http://www. ifla. org/files/cataloguing/icp/icp_2009-zh. pdf.

操作方法详见第五章。

例：

书同盘文献中图书的书目记录

LDR　　‸‸‸‸cam‸‸22004575a‸4500

001　　00**198546**

111 2#$aInternational Conference "Ritual Dynamics and the Science of Ritual" $d(2008:$c Heidelberg, Germany)

245 10$aState, power, and violence.

300 ##$aix, 831 p. : $bill., plan; $c25 cm.

336 ##$atext$2rdacontent

337 ##$aunmediated$2rdamedia

338 ##$avolume$2rdacarrier

500 ##$aProceedings of the conference "Ritual dynamics and the science of ritual" held from Sept. 29 to Oct. 2, 2008 in Heidelberg.

500 ##$a" Including an E-book version in PDF-format on CD-ROM. "

776 0#$tState, power, and violence$w(CcBjTSG)**285673**

书同盘文献中光盘的书目记录

LDR　　‸‸‸‸cam‸‸2200457‸a‸4500

001　　00**285673**

007　　co‸bg|||||||||

111 2#$aInternational Conference "Ritual Dynamics and the Science of Ritual" $d(2008:$c Heidelberg, Germany)

245 10$aState, power, and violence.

300 ##$a1 CD-ROM ; $c4 3/4 in.

336 ##$atext$2rdacontent

337 ##$acomputer$2rdamedia

338 ##$acomputer disc$2rdacarrier

500 ##$aProceedings of the conference "Ritual dynamics and the science of ritual" held from Sept. 29 to Oct. 2, 2008 in Heidelberg.

530 ##$aAlso issued in print.

776 0#$tState, power, and violence$w(CcBjTSG)**198546**

说明：本例为书同盘文献，分别为图书和承载图书内容 PDF 版的光盘建立书目记录。图书和光盘分别遵照各自资料类型进行编目。在图书的书目记录中，通过 500 字段中的描述指明存在 PDF 版本，在光盘的书目记录中通过 530 字段中的描述指明存在印刷版。776 字段连接两条相关记录在馆藏数据库中的系统号。

7.2.2.2　多载体配套资料的编目方法

对于多载体配套资料，由于包含多种载体，但又不能确定主要的媒介或形式，因此在编

目上是比较复杂的,编目的要点主要包括①:

(1)多载体配套资料的主要信息源为整体文献,信息可取自每个单件或容器。多载体配套资料的容器经常会含有非常重要和有用的信息。

(2)在记录结构上,MARC21 书目数据格式专门为多载体配套资料设置了记录类型,即LDR/06 选取代码"o"。在控制字段上,不必启用 006 字段,可添加 007 字段,007/00(资料类型)选取代码"o"。在 008 字段模式的选择上,多载体配套资料属于可视资料的范畴,选择"可视资料"模式,008/33(可视资料类型)选取代码"b"。

(3)在内容形式和媒介类型项,336 字段的内容类型选取术语"other",337 字段的媒介类型选取术语"other",338 字段的载体类型选取术语"unspecified"。

(4)在题名和责任说明项,如果文献的信息源既载有总题名,又载有个别部分的题名,则将总题名作为正题名,个别题名著录于附注项。多载体配套资料的总题名经常出现在容器上。如果文献没有总题名,可由编目员自拟一个概况性题名置于方括号内,并在附注中说明其出处。如果某个组成部分的题名与总题名有较大差异,应著录 246 字段。

(5)出版发行项的信息一般取自容器,如果容器上没有,则从文献的各组成部分转录,各部分的出版发行信息如果不同,则编目员可选择其中一种进行著录,并在附注中说明其出处。

(6)在载体形态项上,通常的做法有两种:一是为多载体配套资料当中的每个组成部分著录数量、其他形态细节和尺寸信息,这些内容仅著录于 300 字段的同一 $a,无需重复 $a,一般不启用 $b。如果这些部分在同一容器中,也可仅著录容器的载体形态。容器的尺寸著录为:高度×宽度×长度;二是不著录各部分的具体情况,编目员提供一个一般性术语描述多载体配套资料的载体形态,例如"300 ##$a28 various pieces ; $cin box 30 × 30 × 32 cm."或"300 ##$a1 kit ; $cin box 36 × 30 × 32 cm."。如果认为信息重要,还可在附注项进一步详细说明各部分的载体形态。

(7)多载体配套资料由于情况复杂,一般会使用比较多的附注,附注的内容包括:某一组成部分的类型、范围或艺术形式(500);各组成部分的语种和/或文献翻译前后的语种(546);正题名来源(500);变异题名、并列题名等其他题名信息(500);未包括在载体形态项中的重要物理细节,需做附注说明;重要的目次信息(505)等。

例:

```
LDR    ~~~~com~2200493^a^4500
007    ou
008    120201s2011~~~~caunnn~~~~~~~~~~bneng^d
245 00 $aAll4you！: $bpreventing HIV, other STD and pregnancy among young people in
       alternative educational settings /$cKarin Coyle with Jeffery Douglas, Jr. … [et al.].
300 ##$a1 guide ( various pagings ; 31 cm.), 1 CD-ROM ( 4 3/4 in.), 1 HIV & STD
       prevention booklet, 4th ed. ( vi,177 p. ; 26 cm.), 1 reproductive health booklet, 4th
       ed. ( vi, 189 p. ; 26 cm.), 1 abstinence booklet, 4th ed. ( vi, 154 p. ; 26 cm.), 3
```

① Olson, Nancy B. Cataloging of audiovisual materials and other special materials: a manual based on AACR2 and MARC 21[M]. Westport:Libraries Unlimited,2008:293 – 300.

videodiscs（sd.，col.；4 3/4 in.），1 Blood lines discussion guide，1 STD facts pamphlet（23 cm.），1 birth control choices pamphlet（23 cm.），1 HIV facts pamphlet（23 cm.），1 sexually transmitted disease leader's guide（57 p.：ill.；28 cm.），1 flip chart（[10] leaves：col. ill.；60×45 cm.）

336 ##$aother$2rdacontent

337 ##$aother$2rdamedia

338 ##$aunspecified$2rdacarrier

500 ##$aTitle from guide.

508 ##$aAuthors, Karin Coyle, Jeffery Douglas Jr.，Cherri Gardner, Lisa Sterner, James Walker, Vicki Williams.

500 ##$aTitle on flip chart：A picture of health flip chart：sexually transmitted disease.

520 ##$aThe primary goal of the All4You！program is to…

505 00$gDVDs.$tBlood lines：……

700 1#$aCoyle, Karin K.$4aut

700 1#$aDouglas, Jeffery，$cJr.$4aut

710 2#$aETR Associates.

740 02$aPicture of health flip chart.

740 02$aSexually transmitted disease.

说明：本例是含有指南、海报、小册子、光盘的多载体配套资料，LDR/06（记录类型）选取代码"o"，008字段选取"可视资料"模式，008/33（可视资料类型）选取代码"b"。007字段选用多载体配套资料模式，007/00选取代码"o"。300字段载体形态采用了为每部分著录的方法，各部分的细节置于圆括号内。第1个500字段"Title from guide"指明了正题名的来源，第2个500字段"Title on flip chart："著录了文献组成部分的题名，并启用740字段做分析题名。在多载体配套资料中一般没有主要责任者，即没有100字段。

§7.3　书与盘组合文献的管理和利用

在书附盘和盘附书文献的索取号分配上，采用一体化的原则，即索取号的主体保持一致，但书与盘的索取号需添加区分信息，如添加"CD"、"DVD"、"booklet"、"pamphlet"等标识加以区分。在馆藏管理方面，书附盘或盘附书文献应进入同一阅览室或库房，但是阅览流通部门也应为光盘配备专门的保管硬件和软件设施。以国家图书馆为例，外文书附盘文献同时送入新书阅览室，图书按正常架位排列，实行开架管理。光盘保存在光盘柜中，实行闭架管理。阅览室同时配备了阅读光盘的相应设备。外文盘附书文献送入电子资源阅览区或库房，作为附件的图书是否需要单独保存视情况而定，因为在盘附书中，图书往往与光盘共用一个容器，没有必要单独搁置。对于书同盘文献，由于编目时已为它们分别建立了书目记录，因此完全可视为独立文献操作，书和盘按规定流向进入到相应的阅览室或库房。多载体配套资料是一套密不可分的完整的文献，因此各组成部分的分类、加工和典藏必须保持一致，由于多载体配套资料组成部分的复杂性，索取号建议采用专门的流水号，在典藏部门使用固定排架的办法，进行专门的典藏。

书与盘组合文献情况多样，其编目方法和入藏管理的要求经常需要根据实际情况而定，但是制定一个基本的工作规范还是有利于该部分文献的揭示和利用。

第八章　电子资源编目中 856 字段的使用

电子资源是计算机技术应用的产物。随着电子资源的涌入,图书馆馆藏结构发生了巨大变化,越来越多的实体和虚拟电子资源成为馆藏的重要组成部分。如何组织新兴资源,使之与图书馆传统馆藏相融合,如何使读者在海纳百川的目录体系中方便快捷地查询所需,成为图书馆新的发展方向和目标。为更好地揭示馆藏电子资源,856 字段应运而生。856 字段的使用,提供了一条简单、便捷、经济的图书馆传统资源与电子资源相关联的途径,在图书馆资源整合中起到了至关重要的作用。此外,在 MARC 中增加 856 字段揭示电子资源的访问地址信息,也为用户直接链接电子资源进而便捷地加以利用提供了便利。

本章中电子资源仅指与实体资源相对应的虚拟电子资源。

§8.1　856 字段概览

1992 年,美国国会图书馆(Library of Congress,简称 LC)、美国"书目信息机读格式委员会"、美国图书馆协会(American Library Association,简称 ALA)和联机计算机图书馆中心(Online Computer Library Center,简称 OCLC)的专家们提出在原有 MARC21 中增设 856 字段,此项决议于 1993 年 1 月通过,之后又经过多次修改和完善,成为记录电子信息资源的重要手段。[①] 856 字段包含定位与访问电子资源所需的信息,在 MARC21 书目、馆藏、规范、分类和社区信息五种执行格式中均包含 856 字段。

8.1.1　856 字段的功能

856 字段的设立,使 MARC21 成功适用于电子资源的编目,具备了对电子资源组织与管理的功能,具体表现在以下几个方面:

(1)提高书目记录的揭示能力。对于传统实体资源,856 字段的启用可极大地丰富书目记录信息,例如,通过 856 字段提供图书在互联网上的目次信息或出版社的介绍信息。这样就把传统资源的信息从狭窄的、平面的、有限的空间放大到了宽阔的、立体的、无限的网络世界。对于现代虚拟资源,其获取方式的特殊性是与传统实体资源最大的区别。856 字段不仅可以提供访问虚拟资源的地址,从而提供虚拟资源揭示中最重要的信息,还可以用该地址取代实体资源的馆藏地,解决虚拟资源无馆藏地的困惑。

(2)完善图书馆目录的"导航"功能。随着图书馆资源建设的不断发展,各种载体形态的馆藏资源日益增加,馆藏结构向传统资源与电子资源并存的形态转变。在馆藏中,实体资源与虚拟资源之间常常存在着千丝万缕的联系,在编目传统文献时,可通过 856 字段揭示其

---

① 刘红泉.856 字段著录电子信息文献研究[J].图书馆学刊,2007(6):121.

电子版的存在,甚至可直接链接到电子版,从而使读者在实体资源与虚拟资源之间方便地由此及彼,由彼及此,相互交融。856 字段通过这个桥梁和纽带作用使图书馆目录更好地实现了"导航"功能。

(3)促进"一站式"检索平台的构建。近年来,各图书馆逐年加大数据库资源的购置比例。由于数据库商分别开发数据库系统,使得不同的数据库有着不同的检索界面,这就出现了馆藏目录检索系统与电子资源检索系统分立的局面,读者无法通过统一的检索平台实现对所有馆藏资源的检索。856 字段的启用使网络电子资源的编目纳入了与传统资源相同的体系,也为建设统一的 OPAC、实现一站式检索提供了可能。

8.1.2 856 字段存在的问题

在 856 字段的作用被越来越多地认知的同时,也逐渐暴露出其存在的问题:

(1)链接失效的问题。通过 856 字段对电子资源进行编目,存在的最主要问题是,一旦电子资源的物理存储位置发生变化、域名服务器出现故障或地址发生变更、网络数据库停订等类似的情况发生,就会使 856 字段的链接失效,这将严重影响电子资源相关信息的准确性和有效性。同时失效链接的存在,也会造成馆藏书目数据库中无效 856 字段的积累。然而为确保其定位的准确性,经常对嵌入的 856 字段进行维护和更新必然会占用比较大的人力资源①。

(2)网络资源的版权问题。网络信息资源中的相当一部分都是存在版权问题的。网络供应商为了维护自身的利益,不可能允许图书馆无限度地公开文献内容,他们会对部分访问加以限制。由于目前版权法和图书馆法并没有赋予图书馆保存网络信息资源的权利,因此,对于图书馆是否有权利采集网络信息资源并加以保存,目前还没有明确说法,更谈不上对其进行必要的技术操作的许可权。图书馆通过付费方式购买到的数字信息资源只有使用权,并无长期拥有权,致使图书馆无法对其进行长久保存②。这些问题都将影响到文献的获取,进而影响 856 字段的使用。

8.1.3 与 856 字段相关的若干概念

在使用 856 字段的过程中,常常会遇到 URI、URL、URN、PURL 等专业术语。这些术语对于正确理解和运用 856 字段十分重要。

8.1.3.1 URI(统一资源标识符)

URI(Uniform Resource Identifier)定义为统一资源标识符,是以某种统一的、标准化的方式标识资源的简单字符串,是所有标识互联网资源的地址和名称的通用集合。URI 一般由三部分组成:访问资源的命名机制、存放资源的主机名和资源自身的名称(由路径表示)。例如,http://www.webmonkey.com.cn/html/html40/,这个 URI 可以理解为是一个可通过 HTTP 协议访问的资源,位于主机 www.webmonkey.com.cn 上,通过路径"/html/html40"访问。在 HTML 文档中,其他资源还包括"mailto"(收发 email)和"ftp"(FTP 访问)。

---

① 杨小云.856 字段的应用与维护[J].渭南师范学院学报,2005(5):95 – 96.
② 吴月新.网络信息资源保存与版权问题探讨[J].齐齐哈尔医学院学报,2008(8):979 – 980.

8.1.3.2　URL(统一资源定位符)

URL(Uniform Resource Locator)定义为统一资源定位符,它用一种统一的格式来描述各种信息资源,包括文件、服务器的地址和目录等,一般由三部分组成:协议(或称为服务方式)、存有该资源的主机 IP 地址(有时也包括端口号)、主机资源的具体地址(目录和文件名等)。例如,file://ftp. yoyodyne. com/pub/files/foobar. txt,这个 URL 可以理解为存放在主机 ftp. yoyodyne. com 上的 pub/files/目录下的一个文件,文件名是"foobar. txt"。

8.1.3.3　URN(统一资源名称)

URN(Uniform Resource Name)定义为统一资源名称,是与位置无关的网络对象和服务标识,由出版商或授权的机构来分配,ISBN 系统就是一个典型的 URN 范例。URN 有可能减少失效连接的个数。例如,URN:ISBN:0 – 486 – 27557 – 4,这个 URN 标识莎士比亚的戏剧《罗密欧与朱丽叶》的某一特定版本。为了获取它,我们还需要它的位置,也就是一个 URL 地址。

8.1.3.4　URI、URL 和 URN 之间的关系

URL 和 URN 是 URI 的子集,URI 可以视为定位符(URL)、名称(URN)或是两者兼备。我们可以这样理解:URI 标识一个事物,URL 定位一个事物。但是,位置同样可以标识一个事物,所以,每个 URL 都是一个 URI,但一个 URI 并不一定是一个 URL[1]。URN 如同一个人的名称,而 URL 代表一个人的住址。换言之,URN 定义某事物的身份,而 URL 提供查找该事物的方法。例如,"王艳",这个人名是一个标识,它就像一个 URI,但它不是一个 URL,因为它不能告诉你任何关于其位置或如何找到她的信息,这个名字在一个城市中可能有许多个。"北京市海淀区中关村 102 号",这是一个位置,它也是一个物理位置的标识,它既像一个 URL,也像一个 URI(因为所有的 URL 都是 URI),它能间接地标识"王艳"是"北京市海淀区中关村 102 号"的居民,这种情况下,它可以唯一地标识"王艳",但如果该地址内有另一个室友,则情况就会发生变化,这个地址的标识度就没有了唯一性。但是 URN 就像是身份证号具有唯一标识性。

8.1.3.5　PURL(永久统一资源定位符)

PURL(Persistent Uniform Resource Locators)定义为永久统一资源定位符,用于处理 URL 不稳定的问题。一个 PURL 就是一个 URL,它用来解决地址变更的问题。然而,PURL 不是指向一个互联网资源,而是指向一个中间服务解析器。中间服务解析器的主要职责是将用户提交的 PURL 转换为一个实际的 URL,并将其返回给用户,经 HTTP 重定向,用户就可以正确访问到所需资源。PURL 一般由三部分组成:协议类型、解析器地址和资源名称。例如,http://purl. oclc. org/OCLC/OLUC/32127398/1,这个 PURL 可以理解为协议是"HTTP",解析器地址是"/purl. oclc. org",资源名称是"/OCLC/OLUC/32127398/1"。PURL 分配的资源名称是永久不变的,当网络资源的实际地址发生改变时,只需修改存储于 PURL 解析器中的资源名称与 URL 链接映射表,PURL 就永远有效[2]。

---

①　URL、URI 和 URN 之间的区别[OL]. [2012 – 08 – 01]. http://www. aqee. net/whats-the-difference-between-a-uri-and-a-url

②　朱俊红. 长期保存数字资源唯一标识研究[J]. 情报科学,2007(10):1547 – 1551.

§8.2　856 字段的编目要点

856 字段可以用于电子资源或其子集的书目记录或馆藏记录,也可以用于定位和访问实体资源的电子版。856 字段既可以描述整条书目记录,也可以描述资源的一部分,或是与之相关的电子资源。856 字段在规范、分类和社区信息格式中也有相关的使用规则。

8.2.1　常用数据元素

8.2.1.1　第 1 指示符

第 1 指示符用于说明电子资源的访问方法。定义的值包括:

\#　无信息提供(即未提供访问方法)

0　电子邮件

1　文件传输协议(File Transfer Protocol,简称 FTP)

2　远程登录(Telnet)

3　拨号上网

4　超文本传输协议(Hypertext Transfer Protocal,简称 HTTP)

7　访问方法在 $2 说明(不属于上述值定义的访问方法)

以上已经定义的值分别代表 Email、FTP、Remote login(Telnet)、Dial-up 和 HTTP 的访问方式,其他没有定义值的访问方式可以由第 1 指示符值"7"表示,具体方式在子字段 $2 中说明。指示符值"7"和子字段 $2 可用于特定主机文件名,即文件本地存储的电子访问,例如"file"。

在实际应用中,第 1 指示符最常选取的值是"4",代表 HTTP(超文件传输协议)。指示符的值"4"在被定义前,曾使用空格"#",或指示符值"7"和子字段 $2(包含 HTTP 的内容)来说明这种访问方式,因此在早期创建的旧记录中会出现这两种情况,现在已经不再使用。

其他已经定义了指示符值的访问方式(如 FTP、Telnet、Email 等),也和指示符值"4"(HTTP)的处理方式相同,其 URI 随相应的指示符值一起记录在子字段 $u 中,除特别需要外,不必在子字段 $2 中重复记录访问方式。指示符的值"#"(空格)虽然没有提供访问方式的信息,但是可以用于子字段 $u 只记录了一个 URN 的情况。

如果在子字段 $u 记录了一个 URI 和一种已定义第 1 指示符值的访问方式,若需要,访问方式也可以在子字段 $2 中重复记录。例如:

856 0#$umailto:listserv@ rfmh. org$2mailto

8.2.1.2　第 2 指示符

第 2 指示符用于揭示 856 字段所描述的电子资源与书目记录所描述的资源之间的关系,如果两者不是一一对应的关系,则由 $3 子字段说明。第 2 指示符的值还可以用于生成附注导语,并按值的大小为多个 856 字段排序,定义的值包括:

\#　无信息提供

0　资源

1 资源版本

2 相关资源

8 不生成附注导语

值"#"用于表示记录所描述的书目文献与电子资源之间的关系没有信息提供,附注导语显示为"None"。如果当前书目记录中 856 字段 $u 包含的 URI 由于链接失效等原因不能再访问,但是可从其他信息源获得链接有效的 URI,则将这个有效的 URI 引入当前记录中,用另一 856 字段描述,两个 856 字段的第 2 指示符的值均为"#"。

值"0"用于表示编目文献本身是电子资源,即 856 作为一个整体的电子资源定位,附注导语显示为"Electronic resource"。

值"1"用于表示编目文献本身并非电子资源,856 记录的是该编目文献电子版的定位信息,附注导语显示为"Electronic version"。如果 856 所给出的定位信息并非适用于整个电子资源,而只是电子资源其中一部分的定位信息,则启用 $3 说明该部分。例如,美国国会图书馆将值"1"与子字段 $3 连用,以表示电子资源目次信息的定位。

值"2"用于表示与编目文献相关的电子资源定位。这种情况下,书目记录所描述的文献本身并不是电子资源,856 字段所定位的电子文献与书目记录描述的文献之间存在特定的关系,使用子字段 $3 进一步说明,附注导语显示为"Related electronic resource"。该用法仅限于那些与记录描述的资源有着特定书目关系的电子资源,例如,出版社在互联网上提供的对编目文献的介绍性信息。

8.2.1.3 常用子字段

856 字段定义的子字段很多,包括 $a(主机名称)、$b(访问号码)、$c(文件压缩信息)、$d(路径)、$f(电子名称)、$h(请求处理者)、$i(指令)、$j(每秒比特数)、$k(口令)、$l(登录)、$m(协助访问的联系信息)、$n(主机地址)、$o(操作系统)、$p(端口)、$q(电子格式类型)、$r(设置)、$s(文件大小)、$t(终端仿真)、$u(统一资源标识符)、$v(可访问时间)、$w(记录控制号)、$x(非公共附注)、$y(连接说明)、$z(公共附注)、$2(访问方法)、$3(专指资料)。但常用的子字段为 $u、$z、$3 等,其使用要点包括:

(1)子字段 $u,用于记录统一资源标识符 URI,这是 856 字段最主要的数据元素。URI 可以直接记录于 $u,如果需要用更详细的方式显示定位信息,可启用其他更具专指性的单独的子字段分别描述。子字段 $u 具有可重复性。当 URN 和 URL 同时存在,或者有一个以上的 URN 时,$u 可以重复;当记录一个以上的 URL 且 URL 都有效时,可以在同一个 856 字段的不同 $u 子字段记录一个 PURL 以及它相应的原始 URL。

(2)子字段 $3,用于记录 URI 所涉及的专指资料,它指明了电子地址与访问信息应用于当前编目文献的哪一部分或方面,常见的情况包括:编目文献的一部分或其分集是电子版;一个相关的电子资源链接到该编目文献的书目记录。

(3)子字段 $z,用于公共显示的关于电子资源地址的附注,包括订购信息或访问限制等。$z 具有很强的灵活性,编目机构可充分利用 $z 来描述 $u 的各种特殊情况。例如,URI 已经失效,或重新连接到一个新的 URI,两种情况分别表示为:

856 4#$u[Dead URI]$zThis electronic address not available when searched on [Date]

856 4#$u[Redirected URI]$zThis former electronic address redirects to current address when searched on [Date]

上述两种情况都需要将 856 第 2 指示符更改为"#"。

8.2.2　856 字段的重复性

856 字段本身可重复,在涉及电子资源编目时,重复使用 856 字段最普遍的情况如下:

(1)地址数据元素不同。856 字段包含多种地址数据元素,如主机名称、访问号码、路径等,每种数据元素可单独著录,分别记录在各自 856 字段的子字段 $u 或 $a、$b、$d 中。

(2)不同的访问方式。一个文件可以同时通过 HTTP、FTP 服务器等多种方式获取,这就需要多个 856 字段记录。

(3)文献的不同部分是电子版,使用子字段 $3 说明这个部分。例如,文献的目录在一个地址访问,而摘要在另一个地址访问,这就需要两个 856 字段记录。

(4)镜像网站。同一电子资源可以在多个不同的地址获取,这种情况通常存在于国际间的网站。使用多个 856 字段分别记录不同的访问地址,有利于文献的检索。

(5)不同格式/分辨率。电子文献在制作过程中存在多种格式或分辨率,例如一张档案可以制作成一张缩略图或是一张数字化照片,这就需要多个 856 字段分别记录。

(6)记录一个以上的 URL 时,856 字段可以重复。多个 URL 都有效时,可以在同一个 856 字段的不同 $u 子字段记录一个 PURL 以及它相应的原始 URL,而其他多个 URL 的情况,则可以记录在多个 856 字段中。

8.2.3　856 字段的样例分析

例 1:

245 00$aGlobal plan for insecticide resistance management in malaria vectors.

856 41$uhttp://whqlibdoc. who. int/publications/2012/9789241564472_eng. pdf

856 41$3Executive Summary$uhttp://www. who. int/malaria/vector_control/gpirm_executive_
　　　　summary_en. pdf

说明:本例编目文献本身并非电子资源,856 字段反映的是该文献电子版的定位信息,因此 856 字段第 2 指示符选取值"1"。其访问方式是超文本传输协议,因此第 1 指示符选取值"4"(HTTP)。本记录中使用了两个 856 字段,分别定位文献本身的电子版及文献摘要的电子版。第 2 个 856 字段启用子字段 $3,以说明定位的专指资料是文摘。

例 2:

245 00$aLove and war /$cThomas A. Edison, Inc. ; producer, James H. White.

856 7 # $dsawmp $f1694 $uhttp://hdl. loc. gov/loc. mbrsmi/swamp. 1694 $uurn: hdl: loc.
　　　　mbrsmi/sawmp. 1694$2http

说明:本例编目文献是一部电影,可以在线或下载观看,属于电子资源。856 字段中 URN 和 URL 同时存在,因此重复使用了子字段 $u,其中路径和电子名称分别记录在专指性子字段 $d 和 $f 中。第 1 指示符的值选取"7",因此访问方式在 $2 说明为"http"。这是早期记录的表达方式,现在可以直接用第 1 指示符的值"4"表示 http 的访问方式。

例 3：

　　245 10$aAbuseof older women ：$breport of the Standing Committee on the Status of Women /
　　　　$cMarie-Claude Morin, chair.

　　856 40 $uhttp：//publications. gc. ca/collections/collection_2012/parl/XC71 － 1 － 411 －
　　　　02 － eng. pdf

　　856 40$zFor holdings see LAC's Electronic Collection.$uhttp：//epe. lac － bac. gc. ca/100/
　　　　201/301/weekly_checklist/2012/internet/w12 －
　　　　21 － U － E. html/collections/collection_2012/parl/XC71 －1 －411 －02 － eng. pdf

　　856 40$uhttp：//site. ebrary. com/lib/celtitles/docDetail. action？ docID = 10562770

　　856 48$3Thumbnail cover image：$uhttp：//celarc. ca/covers/232/232739. jpg

　　说明：本例编目文献是电子资源，记录中四次重复使用 856 字段，分别记录了通过不同网站地址获取该文献资源，以及不同格式、不同部分的定位信息。其中，第 2 个 856 字段启用了子字段 $z，用于显示关于馆藏地址的附注；第 4 个 856 字段启用了子字段 $3，用于说明 $u 的地址定位到编目文献的封面图片缩略图，第 2 指示符选取值"8"，不生成附注导语。856 字段第 2 指示符的值决定了多个 856 字段的排列顺序。

例 4：

　　245 00$aAnalyzing qualitative data /$cedited by Alan Bryman and Robert G. Burgess.

　　856 4#$3Table of contents$uhttp：//www. loc. gov/catdir/toc/93 － 3471. html

　　说明：本例编目文献并非电子资源，856 字段 $u 的地址定位的是编目文献的目次信息，因此启用子字段 $3 说明地址适用的专指资料。

例 5：

　　245 00$kPapers，$f1932–1970$g(bulk 1932–1965)

　　856 42$3Finding aid$uhttp：//lcweb2. loc. gov/ammem/ead/jackson. sgm

　　说明：本例编目文献为手稿，并非电子资源。856 字段记录了该文献的检索工具地址，启用子字段 $3 加以说明，由于该地址定位的电子资源与编目文献之间的关系是相关关系，因此 856 字段第 2 指示符的值选取为"2"（相关资源）。

§8.3　馆藏记录中的 856 字段

　　MARC21 书目记录和馆藏记录都可以使用 856 字段，原则上，编目机构应优先将 856 字段记录于馆藏记录，因为 856 字段所记录的是获取文献的地址，从本质上应该属于馆藏管理信息，与一般书目信息存在差别。

　　1999 年初，网络发展和 MARC 标准办公室（ Network Development and MARC Standards Office）就是否有必要在书目或馆藏记录中使用 856 字段征询各方意见。收到的反馈意见一般都倾向于将 856 字段记录在有实用性的馆藏记录中。然而，基于种种原因，如书目记录的广泛交换等，许多编目机构尽管知道馆藏记录的益处，但还是选择将 856 字段用于书目记录。无论将 856 字段用于书目记录还是馆藏记录，都更适宜按照本馆情况进行本地化的规定。

附录 1　电子资源编目常用工具表

表 1　LDR/06(记录类型)代码及适用范围

代码	记录类型	适用范围
a	文字资料	包括印刷型文字资料,还包括文献主体是文本的缩微资料和电子资源
c	乐谱	包括印刷型、缩微型和数字化乐谱
d	手稿型乐谱	包括手稿型乐谱或其缩微制品
e	测绘制图资料	包括非手稿测绘制图资料或其缩微制品
f	手稿型测绘制图资料	包括手稿测绘制图资料及其缩微制品
g	放映媒体	包括需要借助放映或投影仪器观看的资料,如电影片、录像资料、幻灯卷片、幻灯片和透明正片等
i	非音乐录音资料	包括非音乐录音资料,如演讲、讲话等
j	音乐录音资料	包括音乐录音资料,如唱片、光盘等
k	二维非放映图像	包括非放映平面图及其复制品,如游戏卡、图表、拼贴画、计算机图画、素描等
m	电子资源	包括计算机软件(包括程序、游戏、字体)、数值型数据(由数字、字母、图形、图像、移动图像、音乐、声音等构成的信息)、多媒体文献及联机系统或服务等
o	多载体配套资料	包括由不同的出版物(两种或两种以上载体形式的子文献)组成的一套文献
p	混合型资料	包括由两种或两种以上形式、具有实际意义且彼此相互关联的资料组成
r	三维制品或天然物体	包括三维人工制品、三维艺术制品及三维自然生成物
t	手稿型文字资料	包括手稿文字资料及其缩微制品

表 2　LDR/07(书目级别)代码及含义

代码	含义
a	专著部分级,是指编目实体是某专著的析出部分,如专著中的一篇文章或一个章节
b	连续出版物部分级,是指编目实体是连续出版物的析出部分,如期刊中的一篇文章、一个栏目或专辑

代码	含义
c	合集,是指由多部分组成的资料汇集而成的书目实体,这些资料最初并未一起出版、发行或生产,只是为了管理之便把这些资料汇集在一起
d	子集,是指编目实体是某个文献合集的一部分
i	集成性资源,是指出版物通过发行补充资料来增加或更新内容,但补充资料的内容通常被并入原版内而无法区分独立的刊期部分
m	专著,是指以单部分出版,或按计划以有限数量出版的多部分资料
s	连续出版物,是指载有卷期年月编号并计划无限期出版的资料

表 3 006/00(记录类型)代码及与 008 模式的对应

代码	记录类型	008 模式
a	印刷型文字资料	图书
t	手稿型文字资料	
m	电子资源	电子资源
e	印刷型测绘制图资料	地图
f	手稿型测绘制图资料	
c	印刷型乐谱	音乐
d	手稿型乐谱	
i	非音乐录音资料	
j	音乐录音资料	
s	非印刷型连续出版物和集成性资源(印刷型连续出版物的资料特征记录在 008 字段)	连续性资源
g	放映媒体	可视资料
k	二维非放映图像	
o	多载体配套资料	
r	三维制品或天然物体	
p	混合型资料	混合型资料

表 4 006/01 – 17 与 008/18 – 34 的对应

006 模式	字符位置	含义	008/18 – 34 字符位
图书	00	记录类型(a,t)	
	01 – 04	图表	BK 008/18 – 21
	05	读者对象	BK 008/22
	06	载体形态	BK 008/23
	07 – 10	内容特征	BK 008/24 – 27

续表

006 模式	字符位置	含义	008/18－34 字符位
	11	政府出版物	BK 008/28
	12	会议出版物	BK 008/29
	13	纪念文集	BK 008/30
	14	索引	BK 008/31
	15	未定义	BK 008/32
	16	文学体裁	BK 008/33
	17	传记	BK 008/34
电子资源	00	记录类型(m)	
	01－04	未定义	ER 008/18－21
	05	读者对象	ER 008/22
	06－08	未定义	ER 008/23－25
	09	电子资源类型	ER 008/26
	10	未定义	ER 008/27
	11	政府出版物	ER 008/28
	12－17	未定义	ER 008/29－34
地图	00	记录类型(e,f)	
	01－04	地形	MP 008/18－21
	05－06	投影	MP 008/22－23
	07	未定义	MP 008/24
	08	测绘制图资料出版形式	MP 008/25
	09－10	未定义	MP 008/26－27
	11	政府出版物	MP 008/28
	12	载体形态	MP 008/29
	13	未定义	MP 008/30
	14	索引	MP 008/31
	15	未定义	MP 008/32
	16－17	特殊形式特征	MP 008/33－34
音乐	00	记录类型(c,d,i,j)	
	01－02	乐曲形式	MU 008/18－19
	03	乐谱类型	MU 008/20
	04	分谱	MU 008/21
	05	读者对象	MU 008/22
	06	载体形态	MU 008/23

006 模式	字符位置	含义	008/18－34 字符位	
	07－12	附件	MU	008/24－29
	13－14	非音乐型录音资料的文体类别	MU	008/30－31
	15	未定义	MU	008/32
	16	变调和改编	MU	008/33
	17	未定义	MU	008/34
连续性资源	00	记录类型（s）		
	01	出版频率	CR	008/18
	02	发行规律	CR	008/19
	03	未定义	CR	008/20
	04	连续性资源类型	CR	008/21
	05	原版文献形式	CR	008/22
	06	载体形态	CR	008/23
	07	整体特征	CR	008/24
	08－10	内容特征	CR	008/25－27
	11	政府出版物	CR	008/28
	12	会议出版物	CR	008/29
	13－15	未定义	CR	008/30－32
	16	题名原文字母或文字	CR	008/33
	17	款目原则	CR	008/34
可视资料	00	记录类型（g,k,o,r）		
	01－03	放映时间	VM	008/18－20
	04	未定义	VM	008/21
	05	读者对象	VM	008/22
	06－10	未定义	VM	008/23－27
	11	政府出版物	VM	008/28
	12	载体形态	VM	008/29
	13－15	未定义	VM	008/30－32
	16	可视资料类型	VM	008/33
	17	技术	VM	008/34
混合型资料	00	记录类型（p）		
	01－05	未定义	MX	008/18－22
	06	载体形态	MX	008/23
	07－17	未定义	MX	008/24－34

表5 007/00 字符位代码及各模式字符位数

007/00 代码	模式	字符位数
a	地图	8（00 – 07）
c	电子资源	14（00 – 13）
d	球仪	6（00 – 05）
f	触摸资料	10（00 – 09）
g	放映图像	9（00 – 08）
h	缩微资料	13（00 – 12）
k	非放映图像	6（00 – 05）
m	电影	23（00 – 22）
o	多载体配套资料	2（00 – 01）
q	乐谱	2（00 – 01）
r	遥感影像	11（00 – 10）
s	录音资料	14（00 – 13）
t	文本	2（00 – 01）
v	录像资料	9（00 – 08）
z	未详细说明资料类型	2（00 – 01）

表6 电子资源007 字符位定义及代码

字符位	数据元素	代码	代码含义
00	资料类型	c	电子资源
01	特定资料标识	a	盒式磁带
		b	盒式计算机芯片
		c	计算机盒式光盘
		f	计算机盒式磁带
		h	盘式磁带
		j	磁盘
		m	磁光盘
		o	光盘
		r	远程访问
		u	未详细说明
		z	其他
02	未定义	无	用"#"表示
03	颜色	a	单色
		b	黑白
		c	多色

续表

字符位	数据元素	代码	代码含义
		g	灰度
		m	混合
		n	不适用
		u	不详
		z	其他
04	尺寸	a	3 1/2 英寸
		e	12 英寸
		g	4 3/4 英寸或 12 厘米
		i	1 1/8 x 2 3/8 英寸
		j	3 7/8 x 2 1/2 英寸
		n	不适用
		o	5 1/4 英寸
		u	不详
		v	8 英寸
		z	其他
05	声音	#	无声
		a	有声
		u	不详
06 – 08	图像比特深度	001 – 999	精确比特深度
		mmm	多种比特深度
		nnn	不适用（Not applicable）计算机文件中无图像
		---	不详（Unknown）
09	文件格式数量	a	一种文件格式
		m	多种文件格式
		u	不详
10	质量保证指标	a	缺
		n	不适用
		p	呈现
		u	不详
11	先前/来源	a	从原始文献复制的文件
		b	从缩微制品复制的文件
		c	从电子资源复制的文件

续表

字符位	数据元素	代码	代码含义
		d	从非缩微制品以外的其他中介产品复制的文件
		m	混合型
		n	不适用
		u	不详
12	压缩级别	a	未压缩
		b	无损压缩
		d	有损压缩
		m	混合型
		u	不详
13	重定格式质量	a	检索
		n	不适用
		p	保护
		r	替代
		u	不详

表 7   电子资源 008 字符位定义及代码

字符位置	数据元素	代码	代码含义
00－05	记录入档日期		计算机自动生成
06	日期类型/出版状态	b	没有日期或包含公元前日期
		e	详细日期
		s	单个已知日期或可能日期
		i	资料集的首末日期
		k	资料集的集中日期
		m	多个日期
		p	发行和生产日期不同
		r	重印/再发行日期与原版日期
		t	出版日期和版权日期
		n	日期不详
		q	有疑问的日期
		c	现刊
		d	绝刊
		u	状态不明
07－10	日期 1		
11－14	日期 2		

字符位置	数据元素	代码	代码含义
15－17	出版地		取自 LC 维护的《国家代码表》
18－21	未定义	#	未定义
22	读者对象	#	不详或未说明
		a	学龄前儿童
		b	小学生
		c	青春前期的少年
		d	青少年
		e	成人
		f	专业人员
		g	普通读者
		j	少年
23－25	未定义	#	未定义
26	电子资源类型	a	数值型数据
		b	计算机程序
		c	图形显示
		d	文本
		e	书目数据
		f	字体
		g	游戏
		h	声音
		i	交互式多媒体
		j	联机系统或服务
		m	组合型
		u	不详
		z	其他
27	未定义	#	未定义
28	政府出版物	#	非政府出版物
		a	自治区或半自治区
		c	多地方管辖区
		f	联邦/国家政府机构
		i	国际政府间机构
		l	地方行政机构
		m	州、省、区的联合管辖机构

续表

字符位置	数据元素	代码	代码含义
		o	政府出版物,级别不确定
		s	州、省、区等独立管辖机构
		u	是否为政府出版物不详
		z	其他
29－34	未定义	#	未定义
35－37	语种		取自 LC 维护的《语种代码表》
38	修改记录	#	未修改
		s	截短记录
		d	省略破折号款目
		x	字符缺漏
		r	完全罗马化/卡片打印用原文
		o	数据与卡片均完全罗马化
39	编目来源	#	国家级编目机构
		c	合作编目机构
		d	其他

表 8　336 内容类型术语与 LDR/06 对应表

RDA 内容术语（336/$a）	术语代码(336/$b)	LDR/06 字符位代码
cartographic dataset	crd	e or f
cartographic image	cri	e or f
cartographic moving image	crm	e or f
cartographic tactile image	crt	e or f
cartographic tactile three-dimensional form	crn	e or f
cartographic three-dimensional form	crf	e or f
computer dataset	cod	m
computer program	cop	m
notated movement	ntv	a or t
notated music	ntm	c or d
performed music	prm	j
sounds	snd	i
spoken word	spw	i
still image	sti	k
tactile image	tci	k
tactile music	tcm	c or d

续表

RDA 内容术语（336/$a）	术语代码(336/$b)	LDR/06 字符位代码
tactile notated movement	tcn	a or t
tactile text	tct	a or t
tactile three-dimensional form	tcf	r
text	txt	a or t
three-dimensional form	tdf	r
three-dimensional moving image	tdm	g
two-dimensional moving image	tdi	g
other	xxx	o or p
unspecified	zzz	

表 9　337 媒体类型术语与 007/00 对应表

RDA 媒体术语（337/$a）	MARC 代码(337/$b)	007/00 字符位代码
audio	s	s-sound recording
computer	c	c-electronic resource
microform	h	h-microform
microscopic	p	
projected	g	g-projected graphic m-motion picture
stereographic	e	
unmediated	n	t-text non-projected
video	v	v-videorecording
other	x	z-unspecified
unspecified	z	z-unspecified

表 10　338 载体类型术语与 007/01 对应表

RDA 载体术语（338/$a）	MARC 代码(338/$b)	007/01 字符位代码
Audio carriers		
audio cartridge	sg	g-007/01（Sound recording）
audio cylinder	se	e-007/01（Sound recording）
audio disc	sd	d-007/01（Sound recording）
sound track reel	si	i-007/01（Sound recording）
audio roll	sq	q-007/01（Sound recording）
audiocassette	ss	s-007/01（Sound recording）

续表

RDA 载体术语（338/$a）	MARC 代码(338/$b)	007/01 字符位代码
audiotape reel	st	t-007/01（Sound recording）
other audio carrier	sz	z-007/01（Sound recording）
Computer carriers		
computer card	ck	k-007/01（Electronic resource）
computer chip cartridge	cb	b-007/01（Electronic resource）
computer disc	cd	d-007/01（Electronic resource）
computer disc cartridge	ce	e-007/01（Electronic resource）
computer tape cartridge	ca	a-007/01（Electronic resource）
computer tape cassette	cf	f-007/01（Electronic resource）
computer tape reel	ch	h-007/01（Electronic resource）
online resource	cr	r-007/01（Electronic resource）
other computer carrier	cz	z-007/01（Electronic resource）
Microform carriers		
aperture card	ha	a-007/01（Microform）
microfiche	he	e-007/01（Microform）
microfiche cassette	hf	f-007/01（Microform）
microfilm cartridge	hb	b-007/01（Microform）
microfilm cassette	hc	c-007/01（Microform）
microfilm reel	hd	d-007/01（Microform）
microfilm roll	hj	j-007/01（Microform）
microfilm slip	hh	h-007/01（Microform）
microopaque	hg	g-007/01（Microform）
other microform carrier	hz	z-007/01（Microform）
Microscopic carriers		
microscope slide	pp	p-008/33（Visual Materials）
other microscopic carrier	pz	no code
Projected image carriers		
film cartridge	mc	c-007/01（Motion picture）
film cassette	mf	f-007/01（Motion picture）
film reel	mr	r-007/01（Motion picture）
film roll	mo	o-007/01（Motion picture）
filmslip	gd	d-007/01（Projected graphic）
filmstrip	gf	f-007/01（Projected graphic）

RDA 载体术语（338/$a）	MARC 代码(338/$b)	007/01 字符位代码
filmstrip cartridge	gc	c-007/01（Projected graphic）
overhead transparency	gt	t-007/01（Projected graphic）
slide	gs	s-007/01（Projected graphic）
other projected carrier	mz	z-007/01（Motion picture） z-007/01（Projected graphic）
Stereographic carriers		
stereograph card	eh	h-007/01（Non-projected graphic）
stereograph disc	es	s-007/01（Projected graphic）
other stereographic carrier	ez	no code
Unmediated carriers		
card	no	no code
flipchart	nn	no code
roll	na	no code
sheet	nb	no code
volume	nc	no code
object	nr	r-Bibliographic Leader/06
other unmediated carrier	nz	no code
Video carriers		
video cartridge	vc	c-007/01（Videorecording）
videocassette	vf	f-007/01（Videorecording）
videodisc	vd	d-007/01（Videorecording）
videotape reel	vr	r-007/01（Videorecording）
other video carrier	vz	z-007/01（Videorecording）
Unspecified carriers		
unspecified	zu	u-007/01（Unspecified）

附录 2 电子资源编目术语

存取／访问 (Access)

获取数据资源和程序的方法。

参见 直接访问 (Direct access)、远程访问 (Remote access)。

附件 (Accompanying material)

文献主体之外附带的有关资料,内容与文献主体部分有直接联系,但在装订或其他组装方式上与主体部分相分离的附属资料,其载体材质和记录信息的方式可与主体部分相同,亦可不同。

项(著录项) (Area)

书目著录的一个主要部分,由特定类别或一组类别的数据组成。

书目著录 (Bibliographic description)

记录和标识一种资源的一组书目数据,它是按照一定的规则对文献的形式特征和内容特征进行分析、选择和记录的方法和过程。

总题名 (Collective title)

包含两种或更多单独作品的资源中适合整个资源的题名。

容器 (Container)

物理上与所盛的资源可分开放置的器皿(例如,装光盘或录像带的盒子、装视盘影碟的套筒)。

参见 物理载体 (Physical carrier)。

出版、制作和／或发行日期 (Date of publication, production, and/or distribution)

资源正式向公众提供销售或发行的日期,通常以年的形式给出;不同于与知识责任相关的日期(例如作曲日期)。

尺寸 (Dimensions)

一种资源的线形度量(高、宽、深)以及/或者(对于要求用设备使用的资源)与该资源使用相关的尺寸。

直接访问 (Direct access)

通过一个按设计要插入计算机或其他电子设备或外围设备的物理载体(例如,磁盘、光盘、磁带等)来使用的电子资源使用方法。

文档 (Documentation)

与资源一起由出版者、创建者等发行的信息,通常以手册或指南的形式(有时用电子形式)描述如何初始化、操作和维护资源。

参见 附件 (Accompanying material)。

版本 (Edition)

基本上根据同样的输入信息制作并且由同一个机构或一组机构或一个个人发行的一种

资源的所有复本。

版本说明（Edition statement）

表示资源属于一个版本的一个词或短语或者一组字符。

电子资源（Electronic resource）

由被计算机控制（包括要求使用计算机附加外围设备（例如只读光盘驱动器））的资料组成的资源；资源按交互或非交互的模式使用均可。包括有两种类型的资源：数据（以数字、字母、图形、图像和声音或者它们的组合形式的信息）和程序（完成包括数据处理等特定任务的指令或例程）。此外，它们可以结合起来，从而包括电子数据和程序（例如带文字、图形和程序的教育软件）。

一般可以获得的资源大部分适用时，才用电子资源的这个定义；它还包括通过远程通讯方式存取的资源。定义包括为有限发行、按需要收费或者按订单制作（Made-to-order）的方式制作和/或生成的资源。储存在计算机永久内存（ROM）中的资源被理解为与其存储设备是一体的。如果要编目，应作为要求远程访问的资源处理。编程的玩具、计算器和其他编程对象（Objects）被认为在 ISBD 的范围之外。

著录单元（Element）

表示书目信息的一个不同的单元并且形成书目著录的一个著录项之部分的一个词或短语或一组字符。

文件名（File name）

一个名称，通常由不超过一定数量的字母、数字、字符组成，用以表示计算机的一个数据资源或一个程序，也称为数据集名称。

格式＜电子资源＞（Format＜electronic resource＞）

数据在输入、输出或储存媒介中编排的方式。

参见　媒介(Medium)、物理载体(Physical carrier)。

一般资料类型标识（General material designation）

概括地表示文献所属类型的术语。

主页（Home page）

万维网地址中超文本资源的主屏或首显屏。主页是提供有关系统、服务和产品信息的各种"网页"的子集。此外，主页还以单词、统一资源地址等形式提供其他相关资源和网址的链接。

参见　万维网网址(World Wide Web site)。

集成性资源（Integrating resource）

以更新的方式进行增补或更改的资源，更新部分与整体不是分离的而是融为一体的。集成性资源可以是有形的（例如，通过换页方式进行更新的活页手册），也可以是无形的（例如，通过持续或循环方式进行更新的网站）。

因特网（Internet）

由若干相互连接、使用互联网协议和其他类似协议的不同规模的网组成的大型全球网络。因特网提供文件传输、电子邮件、远程登录、新闻及其他服务。

参见　万维网(World Wide Web)。

媒介类型（Media type）

用以承载资源内容的载体的类型；通常反映储存媒介的格式和载体的存放以及表示、观看、运行资源内容的中介设备的类型。

媒介(Medium)

承载或传达信息内容的物质或材料(纸张、胶卷、磁带、光盘等)。

参见 格式 < 电子资源 > (Format < electronic resource >)、多媒体资源(Multimedia resource)、物理载体(Physical carrier)。

菜单(Menu)

计算机文件中可用选项的列表。

多层次著录(Multilevel description)

一种书目著录方法,它将著录信息分为两个或更多的层次。第一层包含整个资源或主要资源所共有的信息。第二层或后续各层包含与各个部分或其他单元相关的信息。

多媒体资源(Multimedia resource)

由两种或更多不同的媒介组成或者由同一种媒介的不同形式组成的资源,这些不同的媒介或形式都不能被确定为主要的媒介或形式。通常作为一个单元使用。

多部分资源(Multipart resource)

由作为一个单元构想、创造、实现或编排的一些独立部分组成的资源。多部分资源可以是多部分单行资源,也可以是连续出版物。

其他题名信息(Other title information)

与资源的正题名一起出现并从属于正题名的一个词或短语或者一组字符。其他题名信息也与其他题名(例如,并列题名、资源中所包含的各个作品的题名、丛编/分丛编说明中的题名)一起出现并从属于这些其他题名。其他题名信息限定、解释或完善其所适用的题名,或者提示资源或其所含作品的特征、内容等,或者提示资源制作的动机或起因。该术语包括副题名和题上信息,但是不包括在资源中发现却不在所著录项之规定信息源上的其他题名(例如,书脊题名、容器题名、袖套题名、其他形式的正题名)。

外设(Peripheral)

与计算机系统相连接用于进行输入/输出操作的附属设备,如打印机、操作杆等。

物理载体(Physical carrier)

可储存数据、声音、图像、程序等的物理媒介。对于某些类别的资料,物理载体由一种储存媒介(例如,磁带、胶卷)组成,它们有时置于一个作为资源组成部分的塑料、金属等的外壳(例如,双轴盒和单轴盒)中。

参见 容器(Container)、媒介(Medium)。

首选信息源(Preferred source of information)

首选作为书目著录(或其部分)制作之信息源的书目数据信息源;它包括题名,并且通常是有关资源的最完整的信息源;它根据不同类型资源的首选顺序选择确定。

规定标识符(Prescribed punctuation)

编目机构根据 ISBD 的要求所提供的、在书目著录的著录单元或著录项前置或外括的标点符号。

规定信息源(Prescribed source of information)

书目著录每个著录单元或著录项的信息的来源;著录项中取自规定信息源之外的信息置于方括号中。

制作者＜电子资源＞(Producer ＜ electronic resource ＞)

对一种电子资源得以产生的物理过程负有财务责任和/或管理责任的个人或团体。具体的责任可能在不同程度上与特定作品的创作方面或技术方面相关,包括收集数据和将数据转换成计算机化形式。

远程访问(Remote access)

通过计算机网络使用储存在服务器上的电子资源的电子资源使用方法。

资源(Resource)

包含知识内容和/或艺术内容的有形的或无形的实体,它作为一个单元被构想、制作和/或发行,形成单一书目著录的基础。资源包括文字资料、乐谱、静画和动画、图形、地图、录音资料和录像资料、电子数据或程序,也包括连续发行的资源。

资源标识符(Resource identifier)

诸如国际标准书号或国际标准连续出版物号那样根据国际标准与资源关联且标识资源的数字或数字字母组合的标识,或出版者分配的标识。

连续出版物(Serial)

以连续性分部方式发行的资源,通常载有编号,没有事先确定的终止期限(例如,期刊、专著丛编、报纸);包括显示连续的卷期、编号和频率等连续出版物特征的,但持续期是有限的资源(例如,事件通报)以及连续出版物的复制品。

录音资料(Sound recording)

通过机械或电的方式记录声音振动,使得声音可以复制的一种录制品。

特定资料标识(Specific material designation(SMD))

表示资源所属的特定资料类别(通常是物理对象的类别)的术语。

正题名(Title proper)

资源的主要名称,即在资源的首选信息源上出现的资源的题名形式。正题名包括任何交替题名,但是不包括并列题名和其他题名信息。对于分部(栏目)或一些补编(副刊)以及一些分丛编或部分,正题名可以由两个或更多的组成部分组成:共同题名(主丛编或多部分单行资源的题名)、从属题名和从属题名标识。对于包含若干单独作品的资源,正题名是总题名。包含若干单独题名且没有总题名的资源被认为没有正题名。丛编和/或分丛编也有其自己的正题名。

题名屏＜电子资源＞(Title screen ＜ electronic resources ＞)

包括正题名且通常(但未必)包括责任说明的数据和有关出版的数据的显示。

转录(Transcribe)

在制作著录的时候按资源上出现的形式(除了标点和大小写以外)严格照抄所著录项的文字信息的著录方式。

变异题名(Variant title)

资源的没有被选为正题名或其他题名信息的题名。

录像资料(Videorecording)

视觉图像的录制品,通常是有配音的运动图像,设计用于电视机或其他电子设备播放。

网页(Web page)

万维网地址中超文本文献的页面。

万维网(World Wide Web)

利用超文本技术链接众多电子资源的一种互联网。

万维网网址(World Wide Web site)

在万维网上以统一资源地址形式标识的一种地址。

说明：

本附录术语及定义参考《国际标准书目著录(统一版)》正式版(International Standard Bibliographic Description, Consolidated Edition)、《英美编目规则(第 2 版)2002 修订本》(Anglo-American Cataloguing Rules, 2nd edition)、《资源描述与检索》(Resource Description and Access, 简称 RDA)、《图书馆学和信息学在线词典》(Online Dictionary for Library and Information Science, 简称 ODLIS)和《西文文献著录条例(修订扩大版)》。

附录 3 MARC21 书目数据格式字段简表

字段 标识	字段名称	必备性	重复性	电子资源 特殊字段
LDR	记录头标区	M	NR	
	地址目次区	M	NR	
00X 控制字段				
001	控制号	M	NR	
003	控制号标识	M	NR	
005	最近一次处理的日期和时间	M	NR	
006	定长数据元素—附件特征	O	R	√
007	载体形态定长字段	O/A	R	√
008	定长数据元素	M	NR	√
01X–09X 号码和代码字段				
010	美国国会图书馆控制号	A	NR	
013	专利控制信息	O	R	
015	国家书目号	O	R	
016	国家书目机构控制号	A	R	
017	版权或法定呈缴号	O	R	
018	版权论文费代码	A	NR	
020	国际标准书号	A	R	
022	国际标准连续出版物号	A	R	
024	其他标准书号	A	R	
025	海外采访号	O	R	
027	标准技术报告号	A	R	
028	音乐资料出版物号	A	R	
030	科技期刊缩称代码	O	R	
031	音乐导句信息	O	R	
032	邮政登记号	O	R	
033	事件的日期/时间和地点	O	R	
034	制图数学数据代码	A	R	
035	系统控制号	O	R	

续表

字段标识	字段名称	必备性	重复性	电子资源特殊字段
036	计算机数据文件的原始研究号	O	NR	
037	采访源	O	R	
038	记录内容许可代码	O	NR	
040	编目源	M	NR	
041	语种代码	A	R	
042	鉴定代码	A	NR	
043	地理区域代码	A	NR	
044	出版/生产实体国代码	O	NR	
045	文献内容涵盖时段	O	NR	
046	特殊编码日期	O	R	
047	音乐作品形式代码	O	NR	
048	乐器或人声数代码	O	R	
050	美国国会图书馆索取号	O	R	
052	地理分类代码	O	R	
055	加拿大分类号	O	R	
060	美国国家医学图书馆索取号	O	R	
066	字符集表示	A	NR	
070	美国国家农业图书馆索取号	O	R	
072	主题类别代码	O	R	
074	美国政府出版物文献号	O	R	
080	国际十进分类号	O	R	
082	杜威十进分类号	O	R	
083	附加杜威十进分类号	O	R	
084	其他分类号	A	R	
086	政府文献分类号	A	R	
088	报告号	A	R	
09X	本地索取号			
1XX	**主要款目字段**			
100	主要款目—个人名称	A	NR	
110	主要款目—团体名称	A	NR	
111	主要款目—会议名称	A	NR	
130	主要款目—统一题名	A	NR	

续表

字段标识	字段名称	必备性	重复性	电子资源特殊字段
20X－24X 题名和与题名相关的字段				
210	缩略题名	O	R	
222	识别题名	A	R	
240	统一题名	A	NR	
242	编目机构提供的翻译题名	O	R	
243	作品集统一题名	O	NR	
245	题名说明	M	NR	
246	变异题名	A	R	
247	先前题名	A	R	
25X－28X 版本、出版说明等字段				
250	版本说明	A	NR	
254	音乐表现形式说明	A	NR	
255	制图数学数据	A	R	
256	计算机文件特征	A	NR	√
257	资料片生产国	A	R	
258	邮政用品发行数据	O	R	
260	出版发行项	A	R	
263	计划出版日期	O	NR	
270	地址信息	O	R	
3XX 载体形态等字段				
300	载体形态	M	R	
306	播放持续时间	O	NR	
307	访问或获取时间	O	R	√
310	当前出版频率	A	NR	
321	先前出版频率	O	R	
336	内容类型	O	R	√
337	媒介类型	O	R	√
338	载体类型	O	R	√
340	物理载体	A	R	
342	地理空间参照数据	A	R	
343	平面坐标数据	A	R	
344	声音特征		R	

续表

字段标识	字段名称	必备性	重复性	电子资源特殊字段
345	移动图像投影特征		R	
346	视频特征		R	
347	数字文档特征		R	√
351	资料集的组织与编排	O	R	
352	数字图形表示	A	R	
355	保密等级控制	A	R	
357	原创者传播控制	A	NR	
362	出版日期和/或卷期标识	A	R	
363	规范日期和卷期标识	O	R	
365	交易价格	A	R	
366	交易可用性信息	A	R	
377	相关语种		R	
380	作品形式	O	R	
381	作品或内容表达的其他区别特征	O	R	
382	表演媒介	O	R	
383	音乐作品数字标识	O	R	
384	调	O	NR	
4XX 丛编说明字段				
490	丛编说明	A	R	
5XX 附注字段				
500	一般性附注	O	R	
501	合订附注	O	R	
502	学位论文附注	O	R	
504	书目等附注	O	R	
505	格式化内容附注	O	R	
506	获取限定附注	O	R	√
507	图示资料的比例尺附注	O	NR	
508	制作与生产责任附注	A	R	
510	引文/参考附注	O	R	
511	参加者或表演者附注	A	R	
513	报告类型及日期范围附注	O	R	
514	数据质量附注	O	NR	

字段标识	字段名称	必备性	重复性	电子资源特殊字段
515	编号特点附注	A	R	
516	计算机文件类型或数据附注	O	R	√
518	事件发生的日期/时间和地点附注	O	R	
520	摘要等附注	O	R	
521	读者对象附注	O	R	
522	地理区域范围附注	O	R	
524	编目资料引文附注	O	R	
525	补编附注	A	R	
526	学习计划信息附注	O	R	
530	其他载体形式附注	O	R	√
533	复制品附注	A	R	√
534	原版附注	A	R	√
535	原件/复本收藏地点附注	O	R	
536	资助信息附注	O	R	
538	系统细节附注	O	R	√
540	使用与复制条件附注	O	R	
541	直接采访来源附注	O	R	
542	与版权状态有关的信息	O	R	√
544	其他档案资料收藏地附注	O	R	
545	传记或历史数据	O	R	
546	语种附注	O	R	
547	先前题名复杂关系附注	A	R	
550	发行机构附注	A	R	
552	实体与属性信息附注	O	R	
555	累积索引/检索工具附注	O	R	
556	文件信息附注	O	R	
561	所有权与保管史	O	R	
562	复本和版本识别附注	O	R	
563	装订信息	O	R	
565	案卷特征附注	O	R	
567	方法附注	O	R	
580	连接款目复杂附注	A	R	√

续表

字段标识	字段名称	必备性	重复性	电子资源特殊字段
581	与编目文献有关的出版物附注	O	R	
583	业务处理附注	O	R	
584	累积和使用频率附注	O	R	
585	展览附注	O	R	
586	文献获奖附注	O	R	
588	描述来源附注	O	R	
59X	本地附注		R	
6XX	**主题检索字段**			
600	主题附加款目—个人名称	A	R	
610	主题附加款目—团体名称	A	R	
611	主题附加款目—会议名称	A	R	
630	主题附加款目—统一题名	A	R	
648	主题附加款目—年代术语	A	R	
650	主题附加款目—论题性术语	A	R	
651	主题附加款目—地理名称	A	R	
653	索引词—非控词语	A	R	
654	主题附加款目—分面主题词	A	R	
655	索引词—体裁/形式	O	R	
656	索引词—职业	O	R	
657	索引词—功能	O	R	
658	索引词—课程目标	O	R	
69X	本地主题检索字段		R	
70X–75X	**附加款目字段**			
700	附加款目—个人名称	A	R	
710	附加款目—团体名称	A	R	
711	附加款目—会议名称	A	R	
720	附加款目—非控制名称	A	R	
730	附加款目—统一题名	A	R	
740	附加款目—非控相关/分析题名	A	R	
751	附加款目—地理名称	A	R	
752	附加款目—各级行政区域名称	O	R	
753	检索计算机文件的系统细节	O	R	

字段标识	字段名称	必备性	重复性	电子资源特殊字段
754	附加款目—学科分类标识	O	R	
76X－78X　连接款目字段				
760	主丛编款目	O	R	
762	附属丛编款目	O	R	
765	原著款目	A	R	
767	译著款目	O	R	
770	补编/特辑款目	O	R	
772	正编款目	A	R	
773	主文献款目	A	R	
774	子单元款目	O	R	
775	其他版本款目	A	R	
776	其他载体形态款目	O	R	√
777	合订款目	A	R	
780	先前款目	A	R	
785	后续款目	A	R	
786	数据源款目	A	R	
787	其他连接关系款目	O	R	
80X－83X　丛编附加款目字段				
800	丛编附加款目—个人名称	A	R	
810	丛编附加款目—团体名称	A	R	
811	丛编附加款目—会议名称	A	R	
830	丛编附加款目—统一题名	A	R	
841－88X　馆藏、交替图形文字等字段				
850	馆藏机构	O	R	
852	馆藏地	O	R	
856	电子资源定位与访问	O	R	√
880	交替图形文字表示法	A	R	
882	更换记录信息	O	NR	
886	外来机读目录信息字段	O	R	
887	非机读目录信息字段	O	R	

说明：

（1）MARC21 字段简表中的符号含义如下：

　　M　必备　　A　有则必备　　O　可选用

　　R　可重复　　NR 不可重复

（2）简表涵盖 MARC21 书目数据格式截止到 2012 年 9 月的更新。

（3）字段必备性为国家级书目记录的要求。

（4）一些新增字段尚无必备性方面的规定。

附录 4　MARC21 国家代码表

国家名称	中文译名	代码
Afghanistan	阿富汗	af
Alabama	亚拉巴马州(美国)	alu
Alaska	阿拉斯加州(美国)	aku
Albania	阿尔巴尼亚	aa
Alberta	亚伯达省(加拿大)	abc
Algeria	阿尔及利亚	ae
American Samoa	美属萨摩亚	as
Andorra	安道尔	an
Angola	安哥拉	ao
Anguilla	安圭拉	am
Antarctica	南极洲	ay
Antigua and Barbuda	安提瓜和巴布达	aq
Argentina	阿根廷	ag
Arizona	亚利桑那州(美国)	azu
Arkansas	阿肯色州(美国)	aru
Armenia（Republic）	亚美尼亚(共和国)	ai
Aruba	阿鲁巴	aw
Australia	澳大利亚	at
Australian Capital Territory	澳大利亚首都特区	aca
Austria	奥地利	au
Azerbaijan	阿塞拜疆	aj
Bahamas	巴哈马	bf
Bahrain	巴林	ba
Bangladesh	孟加拉	bg
Barbados	巴巴多斯	bb
Belarus	白俄罗斯	bw
Belgium	比利时	be
Belize	伯利兹	bh
Benin	贝宁	dm

续表

国家名称	中文译名	代码
Bermuda Islands	百慕大群岛	bm
Bhutan	不丹	bt
Bolivia	玻利维亚	bo
Bosnia and Hercegovina	波斯尼亚和黑塞哥维那	bn
Botswana	博茨瓦纳	bs
Bouvet Island	布维岛	bv
Brazil	巴西	bl
British Columbia	不列颠哥伦比亚省(加拿大)	bcc
British Indian Ocean Territory	英属印度洋领土	bi
British Virgin Islands	英属维尔京群岛	vb
Brunei	文莱	bx
Bulgaria	保加利亚	bu
Burkina Faso	布基纳法索	uv
Burma	缅甸	br
Burundi	布隆迪	bd
California	加利福尼亚州(美国)	cau
Cambodia	柬埔寨	cb
Cameroon	喀麦隆	cm
Canada	加拿大	xxc
Cape Verde	佛得角	cv
Caribbean Netherlands	荷兰加勒比区	ca
Cayman Islands	开曼群岛	cj
Central African Republic	中非共和国	cx
Chad	乍得	cd
Chile	智利	cl
China	中国	cc
Christmas Island (Indian Ocean)	圣诞岛(印度洋)	xa
Cocos (Keeling) Islands	科科斯(基林)群岛	xb
Colombia	哥伦比亚	ck
Colorado	科罗拉多州(美国)	cou
Comoros	科摩罗	cq
Congo (Brazzaville)	刚果共和国	cf
Congo (Democratic Republic)	刚果民主共和国	cg

国家名称	中文译名	代码
Connecticut	康涅狄格州（美国）	ctu
Cook Islands	库克群岛	cw
Coral Sea Islands Territory	珊瑚海群岛领地	xga
Costa Rica	哥斯达黎加	cr
Côte d'Ivoire	科特迪瓦	iv
Croatia	克罗地亚	ci
Cuba	古巴	cu
Cyprus	塞浦路斯	cy
Czech Republic	捷克共和国	xr
Delaware	特拉华州（美国）	deu
Denmark	丹麦	dk
District of Columbia	哥伦比亚特区（美国）	dcu
Djibouti	吉布提	ft
Dominica	多米尼克	dq
Dominican Republic	多米尼加共和国	dr
Ecuador	厄瓜多尔	ec
Egypt	埃及	ua
El Salvador	萨尔瓦多	es
England	英格兰	enk
Equatorial Guinea	赤道几内亚	eg
Eritrea	厄立特里亚	ea
Estonia	爱沙尼亚	er
Ethiopia	埃塞俄比亚	et
Falkland Islands	马尔维纳斯群岛	fk
Faroe Islands	法罗群岛	fa
Fiji	斐济	fj
Finland	芬兰	fi
Florida	佛罗里达州（美国）	flu
France	法国	fr
French Guiana	法属圭亚那	fg
French Polynesia	法属波利尼西亚	fp
Gabon	加蓬	go
Gambia	冈比亚	gm

续表

国家名称	中文译名	代码
Gaza Strip	加沙地带	gz
Georgia	佐治亚州（美国）	gau
Georgia（Republic）	格鲁吉亚（共和国）	gs
Germany	德国	gw
Ghana	加纳	gh
Gibraltar	直布罗陀	gi
Greece	希腊	gr
Greenland	格陵兰岛	gl
Grenada	格林纳达	gd
Guadeloupe	瓜德罗普岛	gp
Guam	关岛	gu
Guatemala	危地马拉	gt
Guinea	几内亚	gv
Guinea-Bissau	几内亚比绍	pg
Guyana	圭亚那	gy
Haiti	海地	ht
Hawaii	夏威夷州（美国）	hiu
Heard and McDonald Islands	赫德岛和麦克唐纳群岛	hm
Honduras	洪都拉斯	ho
Hungary	匈牙利	hu
Iceland	冰岛	ic
Idaho	爱达荷州（美国）	idu
Illinois	伊利诺伊州（美国）	ilu
India	印度	ii
Indiana	印第安纳州（美国）	inu
Indonesia	印度尼西亚	io
Iowa	爱荷华州（美国）	iau
Iran	伊朗	ir
Iraq	伊拉克	iq
Iraq-Saudi Arabia Neutral Zone	伊拉克－沙特中立区	iy
Ireland	爱尔兰	ie
Israel	以色列	is
Italy	意大利	it

国家名称	中文译名	代码
Jamaica	牙买加	jm
Japan	日本	ja
Johnston Atoll	约翰斯顿岛	ji
Jordan	约旦	jo
Kansas	堪萨斯州（美国）	ksu
Kazakhstan	哈萨克斯坦	kz
Kentucky	肯塔基州（美国）	kyu
Kenya	肯尼亚	ke
Kiribati	基里巴斯	gb
Korea（North）	朝鲜民主主义人民共和国	kn
Korea（South）	韩国	ko
Kosovo	科索沃	kv
Kuwait	科威特	ku
Kyrgyzstan	吉尔吉斯斯坦	kg
Laos	老挝	ls
Latvia	拉脱维亚	lv
Lebanon	黎巴嫩	le
Lesotho	莱索托	lo
Liberia	利比里亚	lb
Libya	利比亚	ly
Liechtenstein	列支敦士登	lh
Lithuania	立陶宛	li
Louisiana	路易斯安那州（美国）	lau
Luxembourg	卢森堡	lu
Macedonia	马其顿	xn
Madagascar	马达加斯加	mg
Maine	缅因州（美国）	meu
Malawi	马拉维	mw
Malaysia	马来西亚	my
Maldives	马尔代夫	xc
Mali	马里	ml
Malta	马耳他	mm
Manitoba	马尼托巴省（加拿大）	mbc

续表

国家名称	中文译名	代码
Marshall Islands	马绍尔群岛	xe
Martinique	马提尼克	mq
Maryland	马里兰州（美国）	mdu
Massachusetts	马萨诸塞州（美国）	mau
Mauritania	毛里塔尼亚	mu
Mauritius	毛里求斯	mf
Mayotte	马约特岛	ot
Mexico	墨西哥	mx
Michigan	密歇根州（美国）	miu
Micronesia（Federated States）	密克罗尼西亚（联邦）	fm
Midway Islands	中途岛	xf
Minnesota	明尼苏达州（美国）	mnu
Mississippi	密西西比州（美国）	msu
Missouri	密苏里州（美国）	mou
Moldova	摩尔多瓦	mv
Monaco	摩纳哥	mc
Mongolia	蒙古	mp
Montana	蒙大拿州（美国）	mtu
Montenegro	门的内哥罗（南斯拉夫一地区，旧译黑山）	mo
Montserrat	蒙特塞拉特	mj
Morocco	摩洛哥	mr
Mozambique	莫桑比克	mz
Namibia	纳米比亚	sx
Nauru	瑙鲁	nu
Nebraska	内布拉斯加州（美国）	nbu
Nepal	尼泊尔	np
Netherlands	荷兰	ne
Nevada	内华达州（美国）	nvu
New Brunswick	新布伦兹维克省（加拿大）	nkc
New Caledonia	新喀里多尼亚	nl
New Hampshire	新罕布什尔州（美国）	nhu
New Jersey	新泽西州（美国）	nju
New Mexico	新墨西哥州（美国）	nmu

国家名称	中文译名	代码
New South Wales	新南威尔士州（澳大利亚）	xna
New York（State）	纽约州（美国）	nyu
New Zealand	新西兰	nz
Newfoundland and Labrador	纽芬兰及拉布拉多省（加拿大）	nfc
Nicaragua	尼加拉瓜	nq
Niger	尼日尔	ng
Nigeria	尼日利亚	nr
Niue	纽埃	xh
No place，unknown，or undetermined	未知或未确定地点	xx
Norfolk Island	诺福克岛（澳大利亚）	nx
North Carolina	北卡罗来纳州（美国）	ncu
North Dakota	北达科他州（美国）	ndu
Northern Ireland	北爱尔兰（英国）	nik
Northern Mariana Islands	北马里亚纳群岛	nw
Northern Territory	北领地（澳大利亚）	xoa
Northwest Territories	西北地区（加拿大）	ntc
Norway	挪威	no
Nova Scotia	新斯科舍省（加拿大）	nsc
Nunavut	努纳乌特（加拿大）	nuc
Ohio	俄亥俄州（美国）	ohu
Oklahoma	俄克拉荷马州（美国）	oku
Oman	阿曼	mk
Ontario	安大略省（加拿大）	onc
Oregon	俄勒冈州（美国）	oru
Pakistan	巴基斯坦	pk
Palau	帕劳	pw
Panama	巴拿马	pn
Papua New Guinea	巴布亚新几内亚	pp
Paracel Islands	帕拉塞尔群岛	pf
Paraguay	巴拉圭	py
Pennsylvania	宾夕法尼亚州（美国）	pau
Peru	秘鲁	pe
Philippines	菲律宾	ph

续表

国家名称	中文译名	代码
Pitcairn Island	皮特凯恩群岛	pc
Poland	波兰	pl
Portugal	葡萄牙	po
Prince Edward Island	爱德华王子岛(加拿大)	pic
Puerto Rico	波多黎各	pr
Qatar	卡塔尔	qa
Québec（Province）	魁北克省(加拿大)	quc
Queensland	昆士兰州(澳大利亚)	qea
Réunion	留尼汪岛	re
Rhode Island	罗得岛州(美国)	riu
Romania	罗马尼亚	rm
Russia（Federation）	俄罗斯(联邦)	ru
Rwanda	卢旺达	rw
Saint Helena	圣赫勒拿岛	xj
Saint Kitts-Nevis	圣基茨和尼维斯	xd
Saint Lucia	圣卢西亚	xk
Saint Pierre and Miquelon	圣皮埃尔和密克隆	xl
Saint Vincent and the Grenadines	圣文森特和格林纳丁斯	xm
Samoa	萨摩亚	ws
San Marino	圣马力诺	sm
Sao Tome and Principe	圣多美与普林西比	sf
Saskatchewan	萨斯喀彻温省(加拿大)	snc
Saudi Arabia	沙特阿拉伯	su
Scotland	苏格兰(英国)	stk
Senegal	塞内加尔	sg
Serbia	塞尔维亚	rb
Seychelles	塞舌尔	se
Sierra Leone	塞拉利昂	sl
Singapore	新加坡	si
Slovakia	斯洛伐克	xo
Slovenia	斯洛文尼亚	xv
Solomon Islands	所罗门群岛	bp
Somalia	索马里	so

国家名称	中文译名	代码
South Africa	南非	sa
South Australia	南澳大利亚州（澳大利亚）	xra
South Carolina	南卡罗来纳州（美国）	scu
South Dakota	南达科他州（美国）	sdu
South Georgia and the South Sandwich Islands	南乔治亚岛和南桑威奇岛	xs
South Sudan	南苏丹	sd
Spain	西班牙	sp
Spanish North Africa	西属地区（北摩洛哥）	sh
Spratly Island	南沙群岛	xp
Sri Lanka	斯里兰卡	ce
Sudan	苏丹	sj
Surinam	苏里南	sr
Swaziland	斯威士兰	sq
Sweden	瑞典	sw
Switzerland	瑞士	sz
Syria	叙利亚	sy
Tajikistan	塔吉克斯坦	ta
Tanzania	坦桑尼亚	tz
Tasmania	塔斯马尼亚州（澳大利亚）	tma
Tennessee	田纳西州（美国）	tnu
Terres australes et antarctiques françaises	法属南方和南极洲领地	fs
Texas	德克萨斯州（美国）	txu
Thailand	泰国	th
Timor-Leste	东帝汶	em
Togo	多哥	tg
Tokelau	托克劳	tl
Tonga	汤加	to
Trinidad and Tobago	特立尼达和多巴哥	tr
Tunisia	突尼斯	ti
Turkey	土耳其	tu
Turkmenistan	土库曼斯坦	tk
Turks and Caicos Islands	特克斯和凯科斯群岛	tc
Tuvalu	图瓦卢	tv

续表

国家名称	中文译名	代码
Uganda	乌干达	ug
Ukraine	乌克兰	un
United Arab Emirates	阿拉伯联合酋长国	ts
United Kingdom	英国	xxk
United Kingdom Misc. Islands	英属诸岛屿	uik
United States	美国	xxu
United States Misc. Caribbean Islands	美属加勒比海诸岛	uc
United States Misc. Pacific Islands	美属太平洋诸岛	up
Uruguay	乌拉圭	uy
Utah	犹他州（美国）	utu
Uzbekistan	乌兹别克斯坦	uz
Vanuatu	瓦努阿图	nn
Various places	多个地点	vp
Vatican City	梵蒂冈	vc
Venezuela	委内瑞拉	ve
Vermont	佛蒙特州（美国）	vtu
Victoria	维多利亚州（澳大利亚）	vra
Vietnam	越南	vm
Virgin Islands of the United States	美属维尔京群岛	vi
Virginia	弗吉尼亚州（美国）	vau
Wake Island	威克岛	wk
Wales	威尔士（英国）	wlk
Wallis and Futuna	瓦利斯和富图纳群岛	wf
Washington（State）	华盛顿州（美国）	wau
West Bank of the Jordan River	约旦河西岸	wj
West Virginia	西弗吉尼亚州（美国）	wvu
Western Australia	西澳大利亚州（澳大利亚）	wea
Western Sahara	西撒哈拉	ss
Wisconsin	威斯康星州（美国）	wiu
Wyoming	怀俄明州（美国）	wyu
Yemen	也门	ye
Yukon Territory	育空地区（加拿大）	ykc
Zambia	赞比亚	za
Zimbabwe	津巴布韦	rh

使用说明：

国家代码表为世界上现有国家、美国各州、加拿大各省和地区、澳大利亚各州、英国分区以及国际公认的附属国分配了国家代码。国家代码表网络版包含按国家英文名称字母顺序、按代码字母顺序和按国家所属地理区域三种排序方式。本附录仅提供按国家英文名称字母顺序排序的列表，包含了国家名称和相应代码。为方便使用，本附录还提供了国家名称的中文译名。已废止的国家代码不包含在本附录中。国家代码表的使用要点主要包括：

（1）国家代码按照当前地理边界的划分分配，历史上曾隶属于不同国家或行政区划的地区以其当前所属为准。

（2）国家代码由 2—3 位小写字母表示，大多数国家代码为两位，第 1 个字母通常与该国家的首字母保持一致。若没有足够有效的代码用于指代所有具有相同首字母的地名，则用"x"作为代码的首字母，例如"Marshall Islands"（马绍尔群岛）的代码为"xe"。

（3）三位代码用于表示美国各州、加拿大各省和地区、澳大利亚各州以及英国分区。前两位表示具体地区，第 3 位表示国家，如"New York"（纽约州）的代码为"nyu"。当国家已知，而美国的州、加拿大的省和地区以及英国的分区未知，或不想继续细分时，"United States"（美国）表示为"xxu"、"Canada"（加拿大）表示为"xxc"、"United Kingdom"（英国）表示为"xxk"。"xx"表示"未知或不确定"，第 3 位表示国家。

（4）地区不详、未知或不确定时使用代码"xx"；若构成文献的不同组成部分与多个地区相关联，可使用表示多个国家的代码"vp"。

（5）国家代码表网络版有三种排序方式：按国家的英文名称字母排序、按国家代码字母排序、按国家所处地理区域（洲）排序。

按第一种方式排序时，黑体字表示正式使用的名称和代码，代码置于方括号内；非黑体字表示地名的其他别名或分配使用该代码的其他地名。正式名称和非正式名称按字顺混合排序，符号"UF"（used for）置于非正式名称前，用于提供地点的别名、古老名称、次级行政区名称或从前分配了独立代码的地名。符号"USE"置于正式名称前，用于指示与非正式名称相关的正式名称，以便指引使用正式名称的代码。例如：

American Samoa　［as］

　　UF　Eastern Samoa

　　　　　Samoa，American

Eastern Samoa

　　USE　American Samoa

Samoa，American

　　USE　American Samoa

代码表中的斜体字为注释，用于说明代码使用过程中变化的历史情况，例如：

Portuguese Timor

　　［Coded ［pt］（Portuguese Timor）before Jan. 1978］

　　USE Indonesia

按第二种方式排序时，代码表仅列出代码和正式名称，未列出非正式名称。正式代码和废止代码混合排序，废止代码前加连字符表示。

按第三种方式排序时，根据地理区域代码表先将世界分为 12 个大区，再将各国和各地区划入各大区,大区中按地名英文名称字顺进行排序。12 个大区为:"Africa"、"Asia"、"At-lantic Ocean"、"Australasia"、"Central America"、"Europe"、"Indian Ocean"、"North America"、"Pacific Ocean"、"South America"、"West Indies"、"Other"。美国各州、加拿大各省和地区,以及英国各分区在其所属国家的根目录下按字母顺序排列。废止代码未在区域序列表中列出。

(6)若国家更名,其国家代码仍保留,新名称作为正式名称,旧名称作为非正式名称,并用"UF"和"USE"的参照方式表示。例如:

Sri Lanka［ce］

　　UF Ceylon

Ceylon

　　USE Sri Lanka

若实体状态发生变化需变更代码,则增加注释说明代码的变更情况和日期。废止的旧代码仍需保留在代码表中以供参考。如分裂的两个国家统一成一个国家,两个旧代码废止,需设一个新代码取而代之,并增加注释;一个国家分裂成多个国家,旧代码废止,需为新国家分配新代码,并增加注释;一个国家并入另一国家,则使用并入国的代码,被并入的国家的代码废止;一个国家从另一国家分裂出来,由从属地位成为独立实体,二者原用同一代码,独立后,现有实体的代码保留,为分裂出去的实体创建一个新的代码。新记录必须使用变更后的代码,早期记录中的旧代码可不立即更新。

(7)国家代码在 MARC21 书目记录中适用于如下字段:008/15-17(定长数据元素/出版地);044(出版/生产实体国代码);535$g(原件/复本收藏地点附注/收藏地代码);775$f(其他版本款目/国家代码);852$n(馆藏地/国家代码)。

附录5　MARC21 地理区域代码表

地理区域名称	中文译名	代码
Afghanistan	阿富汗	a-af---
Africa	非洲	f------
Africa, Central	非洲中部	fc-----
Africa, Eastern	非洲东部	fe-----
Africa, French-speaking Equatorial	非洲——赤道	fq-----
Africa, North	非洲北部	ff-----
Africa, Northeast	非洲东北部	fh-----
Africa, Southern	非洲南部	fs------
Africa, Sub-Saharan	非洲——次撒哈拉	fb------
Africa, West	非洲西部	fw------
Alabama	亚拉巴马州（美国）	n-us-al
Alaska	阿拉斯加州（美国）	n-us-ak
Albania	阿尔巴尼亚	e-aa---
Alberta	亚伯达省（加拿大）	n-cn-ab
Algeria	阿尔及利亚	f-ae---
Alps	阿尔卑斯地区	ea-----
Amazon River	亚马逊河	sa-----
American Samoa	美属萨摩亚	poas---
Amur River（China and Russia）	阿穆尔河流域（中国与俄罗斯）	aa-----
Andes	安第斯山脉	sn-----
Andorra	安道尔	e-an---
Angola	安哥拉	f-ao---
Anguilla	安圭拉	nwxa---
Anhui Sheng（China）	安徽省（中国）	a-cc-an
Antarctic Ocean	南冰洋	t-------
Antarctica	南极洲	t-------
Antigua and Barbuda	安提瓜和巴布达	nwaq---
Antilles, Lesser	小安的列斯群岛	nwla---
Appalachian Mountains	阿巴拉契亚山脉	n-usa--

续表

地理区域名称	中文译名	代码
Arab countries	阿拉伯国家	ma-----
Arabian Peninsula	阿拉伯半岛	ar-----
Arabian Sea	阿拉伯海	au-----
Arctic Ocean	北冰洋	r------
Arctic regions	北极地区	r------
Argentina	阿根廷	s-ag---
Arizona	亚利桑那州(美国)	n-us-az
Arkansas	阿肯色州(美国)	n-us-ar
Armenia (Republic)	亚美尼亚(共和国)	a-ai---
Aruba	阿鲁巴	nwaw---
Ascension Island (Atlantic Ocean)	阿森松(南大西洋岛屿)	lsai---
Ashmore and Cartier Islands	阿什莫尔和卡捷岛	u-ac---
Asia	亚洲	a------
Asia, Central	亚洲中部	ac-----
Atlantic Ocean	大西洋	l------
Atlas Mountains	阿特拉斯山脉	fa-----
Australasia	大洋洲	u------
Australia	澳大利亚	u-at---
Australian Capital Territory	澳大利亚首都特区	u-at-ac
Austria	奥地利	e-au---
Azerbaijan	阿塞拜疆	a-aj---
Azores	亚速尔群岛	lnaz---
Bahamas	巴哈马	nwbf---
Bahrain	巴林	a-ba---
Balkan Peninsula	巴尔干半岛	ed-----
Baltic States	波罗的海国家	eb-----
Bangladesh	孟加拉国	a-bg---
Barbados	巴巴多斯	nwbb---
Beijing (China)	北京市(中国)	a-cc-pe
Belarus	白俄罗斯	e-bw---
Belgium	比利时	e-be---
Belize	伯利兹	ncbh---
Benelux countries	比利时、荷兰、卢森堡三国	el-----

地理区域名称	中文译名	代码
Bengal, Bay of	孟加拉湾	ab-----
Benin	贝宁	f-dm---
Bermuda Islands	百慕大群岛	lnbm---
Bhutan	不丹	a-bt---
Black Sea	黑海	mb-----
Bo Hai（China）	渤海（中国）	a-ccp--
Bolivia	玻利维亚	s-bo---
Bonaire（Netherlands Antilles）	博奈尔（荷属安的列斯群岛）	nwbn---
Borneo	婆罗洲	a-bn---
Bosnia and Hercegovina	波斯尼亚和黑塞哥维那	e-bn---
Botswana	博茨瓦纳	f-bs---
Bouvet Island	布维岛	lsbv---
Brazil	巴西	s-bl---
British Columbia	不列颠哥伦比亚省（加拿大）	n-cn-bc
British Indian Ocean Territory	英属印度洋领土	i-bi---
British Virgin Islands	英属维尔京群岛	nwvb---
Brunei	文莱	a-bx---
Bulgaria	保加利亚	e-bu---
Burkina Faso	布基纳法索	f-uv---
Burma	缅甸	a-br---
Burundi	布隆迪	f-bd---
California	加利福尼亚州（美国）	n-us-ca
Cambodia	柬埔寨	a-cb---
Cameroon	喀麦隆	f-cm---
Canada	加拿大	n-cn---
Canal Zone	巴拿马运河区	nccz---
Canary Islands	加那利群岛	lnca---
Cape Verde	佛得角	lncv---
Caribbean Area	加勒比地区	cc-----
Caribbean Sea	加勒比海	cc-----
Caroline Islands	加罗林群岛	poci---
Caspian Sea	里海	ak-----
Caucasus	高加索	e-urk--

续表

地理区域名称	中文译名	代码
Caucasus, Northern (Russia)	北高加索（俄罗斯）	e-urr--
Cayman Islands	开曼群岛	nwcj---
Central African Republic	中非共和国	f-cx---
Central America	中美洲	nc-----
Central Australia	澳大利亚中部	u-atc--
Central Chernozem Region (Russia)	俄罗斯中部黑土地带	e-urc--
Chad	乍得	f-cd---
Chile	智利	s-cl---
China	中国	a-cc---
Chongqing (China)	重庆市（中国）	a-cc-cq
Christmas Island (Indian Ocean)	圣诞岛（印度洋）	i-xa---
Cocos (Keeling) Islands	科科斯（基林）群岛	i-xb---
Cold regions	寒冷地区	q------
Colombia	哥伦比亚	s-ck---
Colorado	科罗拉多州（美国）	n-us-co
Commonwealth countries	英联邦国家	b------
Comoros	科摩罗	i-cq---
Congo (Brazzaville)	刚果共和国	f-cf---
Congo (Democratic Republic)	刚果民主共和国	f-cg---
Congo River	刚果河	fg-----
Connecticut	康涅狄格州（美国）	n-us-ct
Cook Islands	库克群岛	pocw---
Coral Sea Islands	珊瑚海群岛领地	u-cs---
Costa Rica	哥斯达黎加	nccr---
Côte d'Ivoire	科特迪瓦	f-iv---
Croatia	克罗地亚	e-ci---
Cuba	古巴	nwcu---
Curaçao (Netherlands Antilles)	库拉索（荷属安的列斯群岛）	nwco---
Cyprus	塞浦路斯	a-cy---
Czech Republic	捷克共和国	e-xr---
Czechoslovakia	捷克斯洛伐克	e-cs---
Danube River	多瑙河	eo-----
Deep space	深空	zd-----

地理区域名称	中文译名	代码
Delaware	特拉华州(美国)	n-us-de
Denmark	丹麦	e-dk---
Developed countries	发达国家	dd-----
Developing countries	发展中国家	d------
Djibouti	吉布提	f-ft---
Dominica	多米尼克	nwdq---
Dominican Republic	多米尼加共和国	nwdr---
Earth	地球	x------
East（U.S.）	美国东部	n-usr--
East Asia	东亚	ae-----
East China Sea	东海	an-----
East Timor	东帝汶	a-em---
Easter Island	复活节岛	poea---
Eastern Australia	澳大利亚东部	u-ate--
Eastern Hemisphere	东半球	xa-----
Ecuador	厄瓜多尔	s-ec---
Egypt	埃及	f-ua---
El Salvador	萨尔瓦多	nces---
England	英格兰	e-uk-en
Equatorial Guinea	赤道几内亚	f-eg---
Eritrea	厄立特里亚	f-ea---
Estonia	爱沙尼亚	e-er---
Ethiopia	埃塞俄比亚	f-et---
Eurasia	欧亚大陆	me-----
Europe	欧洲	e------
Europe,Central	欧洲中部	ec-----
Europe,Eastern	欧洲东部	ee-----
Europe,Northern	欧洲北部	en-----
Europe,Southern	欧洲南部	es-----
Europe,Western	欧洲西部	ew-----
Falkland Islands	马尔维纳斯群岛	lsfk---
Faroe Islands	法罗群岛	lnfa---
Fiji	斐济	pofj---

续表

地理区域名称	中文译名	代码
Finland	芬兰	e-fi---
Florida	佛罗里达州(美国)	n-us-fl
France	法国	e-fr---
French Community	法联邦	h------
French Guiana	法属圭亚那	s-fg---
French Polynesia	法属波利尼西亚	pofp---
Fujian Sheng (China)	福建省(中国)	a-cc-fu
Gabon	加蓬	f-go---
Galapagos Islands	加拉帕戈斯群岛	pogg---
Gambia	冈比亚	f-gm---
Gansu Sheng (China)	甘肃省(中国)	a-cc-ka
Gaza Strip	加沙地带	awgz---
Georgia	乔治亚州(美国)	n-us-ga
Georgia (Republic)	格鲁吉亚(共和国)	a-gs---
Germany	德国	e-gx---
Germany (East)	东德	e-ge---
Germany (West)	西德	e-gw---
Ghana	加纳	f-gh---
Gibraltar	直布罗陀	e-gi---
Great Britain	英国	e-uk---
Great Britain Miscellaneous Island Dependencies	大不列颠各岛	e-uk-ui
Great Lakes (North America)	大湖地区(北美洲)	nl-----
Great Plains	大普拉斯	np-----
Great Rift Valley	大裂谷	fr-----
Greece	希腊	e-gr---
Greenland	格陵兰岛	n-gl---
Grenada	格林纳达	nwgd---
Guadeloupe	瓜德罗普岛	nwgp---
Guam	关岛	pogu---
Guangdong Sheng (China)	广东省(中国)	a-cc-kn
Guangxi Zhuangzu Zizhiqu (China)	广西壮族自治区(中国)	a-cc-kc
Guatemala	危地马拉	ncgt---

地理区域名称	中文译名	代码
Guinea	几内亚	f-gv---
Guinea-Bissau	几内亚比绍	f-pg---
Guizhou Sheng（China）	贵州省（中国）	a-cc-kw
Guyana	圭亚那	s-gy---
Hainan Sheng（China）	海南省（中国）	a-cc-ha
Haiti	海地	nwht---
Hawaii	夏威夷州（美国）	n-us-hi
Heard and McDonald Islands	赫德岛和麦克唐纳群岛	i-hm---
Hebei Sheng（China）	河北省（中国）	a-cc-hp
Heilongjiang Sheng（China）	黑龙江省（中国）	a-cc-he
Henan Sheng（China）	河南省（中国）	a-cc-ho
Himalaya Mountains	喜马拉雅山	ah-----
Hispaniola	伊斯帕尼奥拉	nwhi---
Honduras	洪都拉斯	ncho---
Hong Kong（China）	香港（中国）	a-cc-hk
Hubei Sheng（China）	湖北省（中国）	a-cc-hh
Hudson Bay	哈德逊湾	n-cnh--
Hunan Sheng（China）	湖南省（中国）	a-cc-hu
Hungary	匈牙利	e-hu---
Iceland	冰岛	e-ic---
Idaho	爱达荷州（美国）	n-us-id
Illinois	伊利诺伊州（美国）	n-us-il
India	印度	a-ii---
Indian Ocean	印度洋	i------
Indiana	印第安纳州（美国）	n-us-in
Indochina	印度支那	ai-----
Indonesia	印度尼西亚	a-io---
Inner Mongolia（China）	内蒙古自治区（中国）	a-cc-im
Intercontinental areas（Eastern Hemisphere）	洲际地区（东半球）	m------
Intercontinental areas（Western Hemisphere）	洲际地区（西半球）	c------
Iowa	爱荷华州（美国）	n-us-ia
Iran	伊朗	a-ir---
Iraq	伊拉克	a-iq---

续表

地理区域名称	中文译名	代码
Ireland	爱尔兰	e-ie---
Israel	以色列	a-is---
Italy	意大利	e-it---
Jamaica	牙买加	nwjm---
Jan Mayen Island	扬马延岛	lnjn---
Japan	日本	a-ja---
Jiangsu Sheng（China）	江苏省（中国）	a-cc-ku
Jiangxi Sheng（China）	江西省（中国）	a-cc-ki
Jilin Sheng（China）	吉林省（中国）	a-cc-kr
Johnston Island	约翰斯顿岛	poji---
Jordan	约旦	a-jo---
Jupiter（Planet）	木星（行星）	zju---
Kansas	堪萨斯州（美国）	n-us-ks
Kazakhstan	哈萨克斯坦	a-kz---
Kentucky	肯塔基州（美国）	n-us-ky
Kenya	肯尼亚	f-ke---
Kermadec Islands	克马德克群岛	poki---
Kiribati	基里巴斯	pokb---
Korea	朝鲜	a-kr---
Korea（North）	朝鲜（北朝鲜）	a-kn---
Korea（South）	韩国（南朝鲜）	a-ko---
Kosovo	科索沃	e-kv---
Kunlun Mountains（China and India）	昆仑山脉（中国和印度）	a-cck--
Kuwait	科威特	a-ku---
Kyrgyzstan	吉尔吉斯斯坦	a-kg---
Lake States	大湖区国家	nl-----
Laos	老挝	a-ls---
Latin America	拉丁美洲	cl-----
Latvia	拉脱维亚	e-lv---
Lebanon	黎巴嫩	a-le---
Leeward Islands（West Indies）	背风群岛（西印度群岛）	nwli---
Lesotho	莱索托	f-lo---
Liaoning Sheng（China）	辽宁省（中国）	a-cc-lp

地理区域名称	中文译名	代码
Liberia	利比里亚	f-lb---
Libya	利比亚	f-ly---
Liechtenstein	列支敦士登	e-lh---
Line Islands	莱恩群岛	poln---
Lithuania	立陶宛	e-li---
Louisiana	路易斯安那州（美国）	n-us-la
Luxembourg	卢森堡	e-lu---
Macau（China Special Administrative Region）	澳门	a-cc-mh
Macedonia（Republic）	马其顿（共和国）	e-xn---
Madagascar	马达加斯加	f-mg---
Madeira Islands	马德拉群岛	lnma---
Maine	缅因州（美国）	n-us-me
Malawi	马拉维	f-mw---
Malaya	马来亚	am-----
Malaysia	马来西亚	a-my---
Maldives	马尔代夫	i-xc---
Mali	马里	f-ml---
Malta	马耳他	e-mm---
Manitoba	马尼托巴省（加拿大）	n-cn-mb
Mariana Islands	马里亚纳群岛	poxd---
Maritime Provinces	加拿大沿海各省	n-cnm--
Mars（Planet）	火星（行星）	zma---
Marshall Islands	马绍尔群岛	poxe---
Martinique	马提尼克	nwmq---
Maryland	马里兰州（美国）	n-us-md
Massachusetts	马萨诸塞州（美国）	n-us-ma
Mauritania	毛里塔尼亚	f-mu---
Mauritius	毛里求斯	i-mf---
Mayotte	马约特岛	i-my---
Mediterranean Region	地中海地区	mm-----
Mediterranean Sea	地中海	mm-----
Mekong River	湄公河	ag-----
Melanesia	美拉尼西亚	pome---

续表

地理区域名称	中文译名	代码
Mercury（Planet）	水星（行星）	zme----
Mexico	墨西哥	n-mx---
Mexico, Gulf of	墨西哥湾	nm-----
Michigan	密歇根州（美国）	n-us-mi
Micronesia	密克罗尼西亚	pott---
Micronesia（Federated States）	密克罗尼西亚（联邦）	pomi---
Middle Atlantic States	中部大西洋沿岸各州	n-usl--
Middle East	中东	aw-----
Middle West	美国中西部	n-usc--
Midway Islands	中途岛	poxf---
Minnesota	明尼苏达州（美国）	n-us-mn
Mississippi	密西西比州（美国）	n-us-ms
Mississippi River	密西西比河	n-usm--
Missouri	密苏里州（美国）	n-us-mo
Missouri River	密苏里河	n-uss--
Moldova	摩尔多瓦	e-mv---
Monaco	摩纳哥	e-mc---
Mongolia	蒙古	a-mp---
Montana	蒙大拿州（美国）	n-us-mt
Montenegro	黑山共和国	e-mo---
Montserrat	蒙特塞拉特	nwmj---
Moon	月球	zmo----
Morocco	摩洛哥	f-mr---
Mozambique	莫桑比克	f-mz---
Namibia	纳米比亚	f-sx---
Nauru	瑙鲁	ponu---
Nebraska	内布拉斯加州（美国）	n-us-nb
Nepal	尼泊尔	a-np---
Neptune（Planet）	海王星（行星）	zne----
Netherlands	荷兰	e-ne---
Netherlands Antilles	荷属安的列斯群岛	nwna---
Nevada	内华达州（美国）	n-us-nv
New Brunswick	新布伦兹维克省（加拿大）	n-cn-nk

地理区域名称	中文译名	代码
New Caledonia	新喀里多尼亚	ponl---
New England	新英格兰	n-usn--
New Guinea	新几内亚	a-nw---
New Hampshire	新罕布什尔州(美国)	n-us-nh
New Jersey	新泽西州(美国)	n-us-nj
New Mexico	新墨西哥州(美国)	n-us-nm
New South Wales	新南威尔士州(澳大利亚)	u-at-ne
New York (State)	纽约州(美国)	n-us-ny
New Zealand	新西兰	u-nz---
Newfoundland and Labrador	纽芬兰及拉布拉多省(加拿大)	n-cn-nf
Nicaragua	尼加拉瓜	ncnq---
Niger	尼日尔	f-ng---
Niger River	尼日尔河	fi-----
Nigeria	尼日利亚	f-nr---
Nile River	尼罗河	fl-----
Ningxia Huizu Zizhiqu (China)	宁夏回族自治区(中国)	a-cc-nn
Niue	纽埃	poxh---
North America	北美洲	n------
North Atlantic Ocean	北大西洋	ln-----
North Carolina	北卡罗来纳州(美国)	n-us-nc
North Dakota	北达科他州(美国)	n-us-nd
North Pacific Ocean	北太平洋	pn-----
Northeastern States	美国东北部各州	n-use--
Northern Australia	澳大利亚北部	u-atn--
Northern Hemisphere	北半球	xb-----
Northern Ireland	北爱尔兰(英国)	e-uk-ni
Northern Territory	北领地(澳大利亚)	u-at-no
Northwest Territories	西北地区(加拿大)	n-cn-nt
Norway	挪威	e-no---
Nova Scotia	新斯科舍省(加拿大)	n-cn-ns
Nunavut	努纳乌特(加拿大)	n-cn-nu
Oceania	大洋洲	po-----
Ohio	俄亥俄州(美国)	n-us-oh

续表

地理区域名称	中文译名	代码
Ohio River	俄亥俄河	n-uso--
Oklahoma	俄克拉荷马州(美国)	n-us-ok
Oman	阿曼	a-mk---
Ontario	安大略省(加拿大)	n-cn-on
Oregon	俄勒冈州(美国)	n-us-or
Outer space	外层空间	zo-----
Pacific Ocean	太平洋	p------
Pakistan	巴基斯坦	a-pk---
Palau	帕劳	popl---
Panama	巴拿马	ncpn---
Papua New Guinea	巴布亚新几内亚	a-pp---
Paracel Islands	帕拉塞尔群岛	aopf---
Paraguay	巴拉圭	s-py
Pennsylvania	宾夕法尼亚州(美国)	n-us-pa
Persian Gulf	波斯湾	ap-----
Peru	秘鲁	s-pe---
Philippines	菲律宾	a-ph---
Pitcairn Island	皮特凯恩群岛	popc---
Pluto (Planet)	冥王星(地球)	zpl----
Poland	波兰	e-pl---
Polynesia	波利尼西亚	pops---
Portugal	葡萄牙	e-po---
Prairie Provinces	加拿大草原各省	n-cnp--
Prince Edward Island	爱德华王子岛(加拿大)	n-cn-pi
Puerto Rico	波多黎各	nwpr---
Pyrenees	比利牛斯山脉	ep-----
Qatar	卡塔尔	a-qa---
Québec (Province)	魁北克省(加拿大)	n-cn-qu
Queensland	昆士兰州(澳大利亚)	u-at-qn
Qinghai Sheng (China)	青海省(中国)	a-cc-ts
Red Sea	红海	mr-----
Réunion	留尼汪岛	i-re---
Rhine River	莱茵河	er-----

地理区域名称	中文译名	代码
Rhode Island	罗得岛州(美国)	n-us-ri
Rio de la Plata（Argentina and Uruguay）	拉普拉塔(阿根廷和乌拉圭)	sp-----
Rocky Mountains	落基山脉	nr-----
Romania	罗马尼亚	e-rm---
Russia（Federation）	俄罗斯(联邦)	e-ru---
Russian Far East（Russia）	俄罗斯远东地区(俄罗斯)	e-urf--
Rwanda	卢旺达	f-rw---
Saba（Netherlands Antilles）	萨巴(荷属安的列斯群岛)	nwsd---
Sahara	撒哈拉	fd-----
Saint-Barthélemy	圣巴瑟未	nwsc---
Saint Helena	圣赫勒拿岛	lsxj-----
Saint Kitts and Nevis	圣基茨和尼维斯	nwxi-----
Saint Lucia	圣卢西亚	nwxk-----
Saint Martin（West Indies）	圣马丁(西印度群岛)	nwst-----
Saint Pierre and Miquelon	圣皮埃尔和密克隆	n-xl---
Saint Vincent and the Grenadines	圣文森特和格林纳丁斯	nwxm---
Samoa	萨摩亚	pows---
Samoan Islands	萨摩亚群岛	posh---
San Marino	圣马力诺	e-sm---
Sao Tome and Principe	圣多美和普林西比	f-sf---
Saskatchewan	萨斯喀彻温省(加拿大)	n-cn-sn
Saturn（Planet）	土星(行星)	zsa----
Saudi Arabia	沙特阿拉伯	a-su---
Scandinavia	斯堪的纳维亚	ev-----
Scotland	苏格兰	e-uk-st
Senegal	塞内加尔	f-sg---
Serbia	塞尔维亚	e-rb---
Serbia and Montenegro	塞尔维亚和黑山	e-yu---
Seychelles	塞舌尔	i-se---
Shanxi Sheng（China）	陕西省(中国)	a-cc-ss
Shandong Sheng（China）	山东省(中国)	a-cc-sp
Shanghai（China）	上海市(中国)	a-cc-sm
Shanxi Sheng（China）	山西省(中国)	a-cc-sh

续表

地理区域名称	中文译名	代码
Siberia（Russia）	西伯利亚（俄罗斯）	e-urs--
Siberia, Eastern（Russia）	东西伯利亚（俄罗斯）	e-ure--
Siberia, Western（Russia）	西西伯利亚（俄罗斯）	e-urw--
Sichuan Sheng（China）	四川省（中国）	a-cc-sz
Sierra Leone	塞拉利昂	f-sl---
Singapore	新加坡	a-si---
Sint Eustatius（Netherlands Antilles）	圣尤斯俤修斯（荷属安的列斯群岛）	nweu---
Sint Maarten	圣马丁	nwsn---
Slovakia	斯洛伐克	e-xo---
Slovenia	斯洛文尼亚	e-xv---
Solar system	太阳系	zs-----
Solomon Islands	所罗门群岛	pobp---
Somalia	索马里	f-so---
South Africa	南非	f-sa---
South America	南美洲	s------
South Asia	南亚	az-----
South Atlantic Ocean	南大西洋	ls-----
South Australia	南澳大利亚州（澳大利亚）	u-at-sa
South Carolina	南卡罗来纳州（美国）	n-us-sc
South China Sea	南海	ao-----
South Dakota	南达科他州	n-us-sd
South Georgia and South Sandwich Islands	南乔治亚岛和南桑威奇岛	lsxs---
South Pacific Ocean	南太平洋	ps-----
South Sudan	南苏丹	f-sd---
Southeast Asia	东南亚	as-----
Southern Hemisphere	南半球	xc-----
Southern States	美国南部各州	n-usu--
Southwest, New	美国西南部	n-ust--
Soviet Union（Russia. Russian Empire. Soviet Union. Former Soviet Republics）	苏联（俄罗斯. 俄罗斯帝国. 苏联. 前苏维埃共和国）	e-ur---
Soviet Union, Northwestern	苏联西北部	e-urn--
Spain	西班牙	e-sp---
Spanish North Africa	西属地区（北摩洛哥）	f-sh---

地理区域名称	中文译名	代码
Spratly Islands	南沙群岛	aoxp---
Sri Lanka	斯里兰卡	a-ce---
Sudan	苏丹	f-sj---
Sudan（Region）	苏丹（地区）	fn-----
Suez Canal（Egypt）	苏伊士运河（埃及）	fu-----
Sun	太阳	zsu----
Suriname	苏里南	s-sr---
Svalbard（Norway）	斯瓦巴德（挪威）	lnsb---
Swan Islands（Honduras）	天鹅群岛（洪都拉斯）	nwsv---
Swaziland	斯威士兰	f-sq---
Sweden	瑞典	e-sw---
Switzerland	瑞士	e-sz---
Syria	叙利亚	a-sy---
Taiwan	台湾省（中国）	a-cc-ta
Tajikistan	塔吉克斯坦	a-ta---
Tanzania	坦桑尼亚	f-tz---
Tasmania	塔斯马尼亚州（澳大利亚）	u-at-tm
Tennessee	田纳西州（美国）	n-us-tn
Terres australes et antarctiques françaises	法属南方和南极洲领地	i-fs---
Texas	德克萨斯州（美国）	n-us-tx
Thailand	泰国	a-th---
Thailand，Gulf of	泰国湾	af-----
Tianjin（China）	天津（中国）	a-cc-tn
Tibet（China）	西藏（中国）	a-cc-ti
Tien Shan	天山	at-----
Togo	多哥	f-tg---
Tokelau	托克劳	potl---
Tonga	汤加	poto---
Trinidad and Tobago	特立尼达和多巴哥	nwtr---
Tristan da Cunha	特里斯坦-达库尼亚	lstd---
Tropics	热带	w------
Tunisia	突尼斯	f-ti---
Turkey	土耳其	a-tu---

续表

地理区域名称	中文译名	代码
Turkmenistan	土库曼斯坦	a-tk---
Turks and Caicos Islands	特克斯和凯科斯群岛	nwtc---
Tuvalu	图瓦卢	potv---
Uganda	乌干达	f-ug---
Ukraine	乌克兰	e-un---
United Arab Emirates	阿拉伯联合酋长国	a-ts---
United States	美国	n-us---
United States Miscellaneous Caribbean Islands	美属加勒比海诸岛	nwuc---
United States Miscellaneous Pacific Islands	美属太平洋诸岛	poup---
Ural Mountains（Russia）	乌拉尔山脉（俄罗斯）	e-uru--
Uranus（Planet）	天王星（行星）	zur----
Uruguay	乌拉圭	s-uy---
Utah	犹他州（美国）	n-us-ut
Uzbekistan	乌兹别克斯坦	a-uz---
Vanuatu	瓦努阿图	ponn---
Vatican City	梵帝冈	e-vc---
Venezuela	委内瑞拉	s-ve---
Venus（Planet）	金星（行星）	zve----
Vermont	佛蒙特州（美国）	n-us-vt
Victoria	维多利亚州（澳大利亚）	u-at-vi
Vietnam	越南	a-vt---
Virgin Islands of the United States	美属维尔京群岛	nwvi---
Virginia	弗吉尼亚州（美国）	n-us-va
Volga River（Russia）	伏尔加河（俄罗斯）	e-urp--
Volta River（Ghana）	沃尔特河（加纳）	fv-----
Wake Island	威克岛	powk---
Wales	威尔士（英国）	e-uk-wl
Wallis and Futuna Islands	瓦利斯和富图纳群岛	powf---
Washington（D. C.）	华盛顿	n-us-dc
Washington（State）	华盛顿州（美国）	n-us-wa
West（U. S.）	美国西部	n-usp--
West Bank	约旦河西岸	awba---
West Indies	西印度群岛	nw-----

地理区域名称	中文译名	代码
West Virginia	西弗吉尼亚州(美国)	n-us-wv
Western Australia	西澳大利亚州(澳大利亚)	u-at-we
Western Hemisphere	西半球	xd-----
Western Sahara	西撒哈拉	f-ss---
Windward Islands (West Indies)	风群岛(西印度群岛)	nwwi---
Wisconsin	威斯康星州(美国)	n-us-wi
Wyoming	怀俄明州(美国)	n-us-wy
Xi River (China)	西江(中国)	a-ccs--
Xinjiang Uygur Zizhiqu (China)	新疆维吾尔自治区(中国)	a-cc-su
Yangtze River (China)	扬子江(中国)	a-ccg--
Yellow River (China)	黄河(中国)	a-ccy--
Yellow Sea	黄海	ay-----
Yemen (Republic)	也门(共和国)	a-ye---
Yugoslavia	南斯拉夫	e-yu---
Yukon Territory	育空地区(加拿大)	n-cn-yk
Yunnan Sheng (China)	云南省(中国)	a-cc-yu
Zambezi River	赞比西河	fz-----
Zambia	赞比亚	f-za---
Zhejiang Sheng (China)	浙江省(中国)	a-cc-ch
Zimbabwe	津巴布韦	f-rh---

使用说明:

地理区域代码表为世界上现有国家、某些国家的一级行政区划、地貌特征、外太空及天体分配了地理区域代码,其目的是在文献的机读记录中通过代码指明反映在文献主题标目中的地理信息。地理区域代码表网络版包含按地理区域英文名称字母顺序和按代码字母顺序两种排序方式。本附录仅提供按地理区域英文名称字母顺序排序的列表,包含地理区域名称和相应代码。为方便使用,本附录还提供了地理区域名称的中文译名。已废止的地理区域代码不包含在本附录中。地理区域代码表的使用要点主要包括:

(1)地理区域代码共 7 位,由小写字母和连字符组成。代码依据地理区域和政治实体实行层级结构,最多分为三个层级。

(2)第 1 层级表示洲、地区、地貌特征以及一些国家级的政治管辖区,由一个或多个小写字母构成。如"Asia"(亚洲)的代码为"a","Scandinavia"(斯堪的纳维亚)的代码为"ev"等。

(3)第 2 层级表示隶属于第 1 层级代码所代表实体的地区和国家级政治实体,通常两位字母表示国家,三位字母表示国家的某个区域,如"Sweden"(瑞典)的代码为"e-sw","Maritime Provinces"(加拿大沿海诸省)的代码为"n-cnm"。

(4)第 3 层级表示隶属于第 2 层级代码所代表国家的一级政治区域,通常由两位小写字母组成,如"Hunan Sheng"(湖南省)的代码为"a-cc-hu","Kentucky"(肯塔基州)的代码为"n-us-ky"等。

(5)地理区域代码表网络版有两种排序方式:按地理区域的英文名称字母顺序和按代码的字母顺序。按第一种方式排序时,黑体字表示正式使用的名称和代码,代码置于方括号内;非黑体字表示地名的其他别名或分配使用该代码的其他地名,即非正式名称。正式名称和非正式名称按字顺混合排序,符号"UF"(used for)用于非正式名称前,用于提供地点的别名、古老名称、次级行政区名称或从前分配了独立代码的地名。符号"USE"置于正式名称前,用于指示与非正式名称相关的正式名称,以便指引使用正式名称的代码。例如:

Guyana〔**s-gy**〕

　　UF　British Guiana

British Guiana

　　USE　Guyana

无独立代码的地区,使用与之相近地区的代码。例如:

Austral Islands(French Polynesia)

　　Assigned code:

　　　〔**pofp**〕French Polynesia

　　UF　Tubuai Islands(French Polynesia)

Tubuai Islands(French Polynesia)

　　USE Austral Islands(French Polynesia)

按第二种方式排序时,代码表仅列出代码和正式名称,未列出非正式名称。正式代码和废止代码混合排序,废止代码前加连字符表示。没有独立代码,用其他地区的代码来表示的地区,在代码序列表中未列出。

(6)若地名变更,其地理区域代码仍保留,新名称作为正式名称,旧名称作为非正式名称提供参考,并用"UF"和"USE"的参照方式表示。例如:

Sri Lanka〔**a-ce**〕

　　UF Ceylon

Ceylon

　　USE Sri Lanka

若实体状态发生变化需变更代码,增加注释说明代码的变更情况和日期。旧代码废止,仍保留在代码表中以供参考。一个实体分裂成两个或多个实体,旧代码废止,需为新实体分配新代码,并增加注释;一个实体并入另一实体,则使用并入国的代码,被并入的国家的代码废止;一个实体从另一实体分裂出来,由从属地位成为独立实体,二者原用同一代码,独立后,现有实体的代码保留,为分裂出去的实体创建一个新的代码。新记录必须使用变更后的代码,早期记录中的旧代码可不立即更新。

(7)地理区域代码在 MARC21 书目记录中适用于 043 字段(地理区域代码)。通常,标目中含有地理名称主题附加款目(651 字段)或地理复分($z)时,使用地理区域代码。代码顺序需与 6XX 字段中出现的地理名称顺序一致。参考主题字段分配地理区域代码的具体情况包括:

● 地理实体:若某一地貌特征、区域或行政辖区有对应代码,使用该代码。

- 地方实体:地方地貌特征、区域、行政辖区,使用其所属国家或一级行政区划的地理区域代码。以下五国的一级行政区划分配有独立代码:澳大利亚、加拿大、中国、英国和美国。俄罗斯(联邦)境内的个别地区也分配有独立代码。当这些地区在作品中作为一个整体被提及时,需使用其相应代码。位于这些地区内的实体,例如某座城市,使用其所属共和国的相应代码。
- 位于多个国家的实体:使用每个国家对应的地理区域代码,或使用能够包含这些国家的更大区域的代码。如果实体位于多个一级行政区划,且这些行政区划均分配了独立代码,需启用每个行政区划对应的地理区域代码。
- 历史管辖区、帝国、王国等:依据现代管辖区或范围使用相应代码,通常以这些实体所覆盖的最大领土范围为准。涉及管辖区在某特定历史时期疆域缩减,或是历史上某特定地区的作品,使用相应地区的地理区域代码。
- 部分地区:当作品同时涉及具有独立代码的地理区域及其下属地区时,需同时使用各自代码。若该地理区域不具备独立代码,仅使用其下属地区代码即可。
- 多区域:如作品涉及多个地理区域,使用每个地区相应的代码,或启用一个能够涵盖所有地区的更大区域的代码。
- 种族、民族、文明等:使用其所在行政辖区或地区所对应的地理区域代码,其中的单个个体只要具有公民权或永久居留权,就以其当前所在地而非出生地为准。
- 外来人口:处于非永久居住地的人们需同时启用其出生地和当前所在地所对应的代码,这些人包括旅行者、暂住居民、外侨和留学生。
- 一国对另一国的影响:需同时使用两个国家或地区的代码。
- 种族或民族名称修饰的专有主题:启用该种族或民族所在辖区或地区的代码。若作品仅限于某特定地区,则仅启用该地区代码,若作品涉及该种族或民族聚集地以外的另一地区,则同时启用两地的地理区域代码。
- 语言:若作品涉及语言的地理信息需启用该语言涉及的地理区域的代码。语法书、语言学习教材、介绍语言发展史(如音韵变化)的作品,不启用地理区域代码。若主题标目仅为表明该出版物所使用的语言,则无需启用地理区域代码。
- 命名的实体:团体、建筑、道路、水路、铁路、古迹、公园、花园等,使用其所在地的相应代码。政府机构使用其所服务辖区的代码。
- 事件、展览、运动等:使用发生地的代码。
- 传记和家谱:传记作品(个人传记或合传)和家谱,若地理区域已本地化,则使用其个人、团体或家族所在地代码。

附录 6　MARC21 语言代码表

语种名称	中文译名	代码
Abkhaz	阿布哈兹语	abk
Achinese	阿钦语(亚齐语)	ace
Acoli	阿乔利语	ach
Adangme	阿当梅语	ada
Afar	阿法尔语	aar
Afrihili(Artificial language)	各种阿弗里希利语	afh
Afrikaans	南非所用之荷兰语(阿非利卡语)	afr
Afroasiatic(Other)	(其他)亚非语系语言	afa
Ainu	阿伊努语	ain
Akan	阿坎语	aka
Akkadian	阿卡德语	akk
Albanian	阿尔巴尼亚语	alb
Aleut	阿留申群岛之土语	ale
Algonquian(Other)	(其他)阿尔冈琴语系	alg
Altaic(Other)	(其他)阿尔泰语系	tut
Amharic	阿姆哈拉语	amh
Apache languages	各种阿帕切语	apa
Arabic	阿拉伯语	ara
Aramaic	阿拉米语	arc
Arapaho	阿拉帕霍语	arp
Arawak	阿拉瓦克语	arw
Armenian	亚美尼亚语	arm
Artificial(Other)	(其他)人造语言	art
Assamese	阿萨姆语	asm
Athapascan(Other)	(其他)阿撒巴斯卡语系	ath
Australian languages	澳大利亚语	aus
Austronesian(Other)	(其他)马来亚-波利尼西亚语系语言	map
Avaric	阿瓦尔语(阿法语)	ava
Avestan	阿维斯塔语	ave

续表

语种名称	中文译名	代码
Awadhi	阿瓦乔语	awa
Aymara	艾麦拉语(艾马拉语)	aym
Azerbaijani	阿塞拜疆语	aze
Balinese	巴厘语	ban
Baltic(Other)	波罗的海地区语言	bat
Baluchi	俾路支语	bal
Bambara	班巴拉语	bam
Bamileke languages	各种巴米罗克语	bai
Banda languages	班达语	bad
Bantu(Other)	(其他)班图语	bnt
Basa	巴萨语	bas
Bashkir	巴什基尔语	bak
Basque	巴斯克语	baq
Batak	巴塔克语	btk
Beja	别札语	bej
Belarusian	白俄罗斯语	bel
Bemba	别姆巴语	bem
Bengali	孟加拉语	ben
Berber(Other)	(其他)柏柏尔语	ber
Bhojpuri	博杰普尔语	bho
Bihari(Other)	比哈尔语	bih
Bikol	比科尔语	bik
Bilin	比林语	byn
Bislama	比斯拉马语	bis
Blissymbolics	布列斯符号	zbl
Braj	布拉杰语	bra
Breton	布立多尼语	bre
Bugis	布吉语	bug
Bulgarian	保加利亚语	bul
Buriat	布里亚特语	bua
Burmese	缅甸语	bur
Caddo	卡多语	cad
Carib	加勒比语	car

续表

语种名称	中文译名	代码
Catalan	加泰罗尼亚语	cat
Caucasian(Other)	(其他)高加索语系语言	cau
Cebuano	塞布安语	ceb
Celtic(Other)	(其他)凯尔特语	cel
Central American Indian(Other)	(其他)中美印第安语种	cai
Chagatai	查加语	chg
Chamic languages	各种占米克语	cmc
Chamorro	查莫罗语	cha
Chechen	车臣语	che
Cherokee	彻罗基语	chr
Cheyenne	切延内语(夏延语)	chy
Chibcha	契布卡语	chb
Chinese	汉语	chi
Chinook jargon	契努克语	chn
Chipewyan	奇帕维安语	chp
Choctaw	乔克托语	cho
Church Slavic	古教会斯拉夫语	chu
Chuvash	楚瓦什语	chv
Coptic	埃及古语(科普特语)	cop
Cornish	康瓦尔郡语(科尼什语)	cor
Corsican	科西嘉方言	cos
Cree	克里族语	cre
Creek	摩斯科格语	mus
Creoles and Pidgins(Other)	(其他)克里奥尔语和皮钦语	crp
Creoles and Pidgins,English-based(Other)	(其他)基于英语的克里奥尔语和皮钦语	cpe
Creoles and Pidgins,French-based(Other)	(其他)基于法语的克里奥尔语和皮钦语	cpf
Creoles and Pidgins,Portuguese-based(Other)	(其他)基于葡萄牙语的克里奥尔语和皮钦语	cpp
Croatian	克罗地亚语	hrv
Cushitic(Other)	(其他)库施特语	cus
Czech	捷克语	cze
Dakota	达科他语	dak
Danish	丹麦语	dan
Dayak	迪雅克语	day

语种名称	中文译名	代码
Delaware	特拉瓦印第安人语	del
Dinka	丁卡语	din
Divehi	马尔代夫语	div
Dogri	多格莱语	doi
Dogrib	多格里布语	dgr
Dravidian(Other)	(其他)德拉维语	dra
Duala	都阿拉语	dua
Dutch	荷兰语	dut
Dutch,Middle(ca. 1050–1350)	中古荷兰语	dum
Dyula	迪尤拉语	dyu
Dzongkha	琼克哈语	dzo
Efik	艾非克语	efi
Egyptian	埃及语	egy
Ekajuk	埃卡朱克语	eka
Elamite	埃拉米特语	elx
English	英语	eng
English,Middle(1100–1500)	中古英语	enm
English,Old(ca. 450–1100)	古代英语	ang
Esperanto	世界语	epo
Estonian	爱沙尼亚语	est
Ethiopic	埃塞俄比亚语	gez
Ewe	幽语	ewe
Ewondo	埃翁多语	ewo
Fang	芳格语	fan
Fanti	芳蒂语	fat
Faroese	法罗语	fao
Fijian	斐济语	fij
Finnish	芬兰语	fin
Finno-Ugrian(Other)	(其他)芬兰—乌戈尔语族的语言	fiu
Fon	丰语	fon
French	法语	fre
French,Middle(ca. 1400–1600)	中古法语	frm
French,Old(ca. 842–1400)	古法语	fro

续表

语种名称	中文译名	代码
Frisian	弗里斯语	fry
Friulian	弗留利语	fur
Fula	富拉语	ful
Ga	加语	gaa
Galician	加列西亚语	glg
Ganda	卢干达语（干达语）	lug
Gayo	加约语	gay
Gbaya	格巴雅语	gba
Georgian	外高加索语（格鲁吉亚语）	geo
German	德语	ger
German, Middle High （ca. 1050–1500）	中古高地德语	gmh
German, Old High （ca. 750–1050）	古高地德语	goh
Gilbertese	吉尔伯特斯语	gil
Gondi	岗德语	gon
Gorontalo	格隆达罗语	gor
Gothic	哥特语	got
Grebo	格雷博语	grb
Greek, Ancient （to 1453）	古希腊语	grc
Greek, Modern （1453–）	近代希腊语	gre
Guarani	瓜拉尼语	grn
Gujarati	古吉拉特语	guj
Gwich' in	格维琴语	gwi
Haida	海达语	hai
Hausa	豪萨语	hau
Hawaiian	夏威夷语	haw
Hebrew	希伯来语	heb
Herero	赫雷罗语	her
Hiligaynon	希利盖农语	hil
Hindi	印地语	hin
Hiri Motu	西里莫图语	hmo
Hittite	赫梯语	hit

语种名称	中文译名	代码
Hmong	苗语	hmn
Hungarian	匈牙利语	hun
Hupa	胡帕语	hup
Iban	伊班语	iba
Icelandic	冰岛语	ice
Igbo	伊格博语（伊博语）	ibo
Ijo	伊乔语	ijo
Iloko	伊洛干诺语	ilo
Indic（Other）	（其他）印度语支语言	inc
Indo-European（Other）	（其他）印欧语系语言	ine
Indonesian	印尼语	ind
Interlingua（International Auxiliary Language Association）	国际语	ina
Interlingue	西方国际语	ile
Inuktitut	伊努克梯图语	iku
Inupiaq	伊努皮克语	ipk
Iranian（Other）	（其他）伊朗语支语言	ira
Irish	爱尔兰语	gle
Irish, Middle（ca. 1100–1550）	中古爱尔兰语	mga
Irish, Old（to 1100）	古爱尔兰语	sga
Iroquoian（Other）	（其他）依洛郭亦族语	iro
Italian	意大利语	ita
Japanese	日语	jpn
Javanese	爪哇语	jav
Judeo-Arabic	犹太—阿拉伯语系	jrb
Judeo-Persian	犹太—波斯语系	jpr
Kabyle	卡拜尔语	kab
Kachin	卡琴语	kac
Kamba	卡姆巴语	kam
Kannada	坎纳达语	kan
Kanuri	卡努里语	kau
Kara-Kalpak	卡拉卡尔帕克语	kaa
Karen languages	喀伦语	kar

续表

语种名称	中文译名	代码
Kashmiri	克什米尔语	kas
Kawi	卡威语	kaw
Kazakh	哈萨克语	kaz
Khasi	卡西语	kha
Khmer	高棉语	khm
Khoisan(Other)	(其他)科依桑语	khi
Khotanese	和田语	kho
Kikuyu	吉库尤语	kik
Kimbundu	金邦杜语	*km*b
Kinyarwanda	卢旺达语	kin
Komi	科米语	kom
Kongo	刚果语	kon
Konkani	刚卡尼语	kok
Korean	朝语	kor
Kosraen	库塞埃语	kos
Kpelle	克佩列语(格贝列语)	kpe
Kuanyama	库安雅马语	kua
Kumyk	库米克语	kum
Kurdish	库尔德语	kur
Kurukh	库鲁克语	kru
Kyrgyz	柯尔克孜语	kir
Ladino	拉迪诺语	lad
Lamba(Zambia and Congo)	兰巴语	lam
Lao	老挝语	lao
Latin	拉丁语	lat
Latvian	拉脱维亚语	lav
Lezgian	列兹金语	lez
Lingala	林加拉语	lin
Lithuanian	立陶宛语	lit
Lozi	洛济语	loz
Luba-Katanga	鲁巴—加丹加语	lub
Luba-Lulua	卢巴—卢卢阿语	lua
Luiseño	路易塞诺语	lui

语种名称	中文译名	代码
Lunda	卢恩达语	lun
Luo(Kenya and Tanzania)	卢奥语	luo
Lushai	卢谢语	lus
Macedonian	马其顿语	mac
Madurese	马都拉语	mad
Magahi	马加伊语	mag
Maithili	迈蒂利语	mai
Makasar	望加锡语	mak
Malagasy	马拉加斯语	mlg
Malay	马来语	may
Malayalam	马拉维拉姆语	mal
Maltese	马耳他语	mlt
Manchu	满语	mnc
Mandar	曼达尔语	mdr
Mandingo	曼丁哥语	man
Manipuri	曼尼普尔语	mni
Manobo languages	各种马诺博语	mno
Manx	马恩岛语	glv
Maori	毛利语	mao
Mapuche	马普切语	arn
Marathi	马拉蒂语	mar
Mari	马里语	chm
Marshallese	马绍尔语	mah
Marwari	玛尔瓦里语	mwr
Mayan languages	各种玛雅语系语言	myn
Mende	门迪语	men
Micmac	米克马克语	mic
Minangkabau	米南卡保语	min
Miscellaneous languages	各种混杂语言	mis
Mohawk	摩霍克语	moh
Mongolian	蒙古语	mon
Mongo-Nkundu	蒙戈—恩孔度语	lol
Moldovan	摩尔多瓦语	rum
Mon-Khmer(Other)	（其他)孟—高棉语系语言	mkh

续表

语种名称	中文译名	代码
Moore	莫西语	mos
Multiple languages	多种语言	mul
Munda(Other)	(其他)蒙达语	mun
Nahuatl	纳瓦特尔语	nah
Nauru	瑙鲁语	nau
Navajo	纳瓦霍语	nav
Ndebele(South Africa)	恩德比利语(南非)	nbl
Ndebele(Zimbabwe)	恩德比利语(津巴布韦)	nde
Ndonga	恩东加语	ndo
Neapolitan Italian	那不勒斯意大利语	nap
Nepali	尼泊尔语	nep
Newari	尼瓦尔语	new
Newari, Old	古尼瓦尔语	nwc
Nias	尼亚斯语	nia
Niger-Kordofanian(Other)	(其他)尼日尔—刚果语系语言	nic
Niuean	纽埃语	niu
No Lingnistic Content	无语言内容	zxx
Nogai	诺盖语	nog
North American Indian(Other)	(其他)北美印第安语种	nai
North Frisian	北弗里斯兰语	frr
Northern Sotho	北索托语	nso
Norwegian	挪威语	nor
Nubian languages	各种努比亚语	nub
Nyanja	尼昂加语	nya
Nyankole	尼昂科勒语	nyn
Nyoro	尼约罗语族	nyo
Nzima	恩济马语	nzi
Occitan(post−1500)	奥克语	oci
Ojibwa	奥季布瓦语	oji
Old Norse	古斯堪的纳维亚语	non
Old Persian(ca. 600−400 B. C.)	古波斯语	peo
Oriya	奥里亚语	ori
Oromo	奥罗莫语	orm
Osage	奥萨哲语	osa

语种名称	中文译名	代码
Ossetic	奥塞梯语	oss
Otomian languages	各种奥托米语	oto
Pahlavi	帕拉维语	pal
Palauan	帕劳语	pau
Pali	帕利语	pli
Pampanga	邦板牙语	pam
Pangasinan	帕皮西楠语	pag
Papiamento	帕皮阿门托语	pap
Persian	波斯语	per
Philippine(Other)	(其他)菲律宾语	phi
Phoenician	腓尼基语	phn
Polish	波兰语	pol
Portuguese	葡萄牙语	por
Prakrit languages	各种普拉克利特语	pra
Quechua	盖丘亚语	que
Raeto-Romance	雷蒂亚—罗曼语	roh
Rajasthani	拉贾斯坦语	raj
Rapanui	拉帕努伊语	rap
Rarotongan	拉罗汤加语	rar
Romance(Other)	(其他)罗曼语族语言	roa
Romanian	罗马尼亚语	rum
Rundi	隆迪语	run
Russian	俄语	rus
Salishan languages	各种萨利什语	sal
Samaritan Aramaic	撒马利亚语	sam
Samoan	萨摩亚语	smo
Sandawe	散达维语	sad
Sanskrit	梵语	san
Santali	桑塔利语	sat
Sardinian	萨丁语	srd
Sasak	萨萨克语	sas
Scots	苏格兰语	sco
Selkup	塞尔库普语	sel

续表

语种名称	中文译名	代码
Semitic（Other）	（其他）闪语族语言	sem
Serbian	塞尔维亚语	srp
Serer	谢列尔语	srr
Shan	掸语	shn
Shona	绍纳语	sna
Sidamo	悉达摩语	sid
Sign languages	手语	sgn
Siksika	西克西卡语	bla
Sindhi	信德语	snd
Sinhalese	僧加罗语（锡兰语）	sin
Sino-Tibetan（Other）	（其他）汉藏语系语言	sit
Siouan（Other）	（其他）苏族语	sio
Slavic（Other）	（其他）斯拉夫语族语言	sla
Slovak	斯洛伐克语	slo
Slovenian	斯洛文尼亚语	slv
Sogdian	索格狄亚语	sog
Somali	索马里语	som
Songhai	桑海语	son
Soninke	索宁克语	snk
Sorbian（Other）	各种索布语	wen
Sotho	索托语	sot
South American Indian（Other）	（其他）南美印第安语种	sai
Spanish	西班牙语	spa
Sumerian	苏玛语	sux
Susu	苏苏语	sus
Swahili	斯瓦希利语	swa
Swazi	斯瓦特语	ssw
Swedish	瑞典语	swe
Syriac	叙利亚语	syc
Syriac，Modern	现代叙利亚语	syr
Tagalog	他加禄语	tgl
Tahitian	塔希提语	tah
Tai（Other）	（其他）傣语族语言	tai
Tajik	塔吉克语	tgk

语种名称	中文译名	代码
Tamashek	塔马奇克克语	tmh
Tamil	泰米尔语	tam
Tatar	塔塔尔语	tat
Telugu	泰卢固语	tel
Terena	泰雷诺语	ter
Tetum	德顿语	tet
Thai	泰语	tha
Tibetan	藏语	tib
Tigre	提格雷语	tig
Tigrinya	底格里语	tir
Tiv	蒂夫语	tiv
Tlingit	特林吉特语	tli
Tok Pisin	托克皮钦语	tpi
Tokelauan	托克劳语	tkl
Tonga(Nyasa)	汤加语(尼亚萨)	tog
Tsimshian	第姆希亚语	tsi
Tsonga	聪加语	tso
Tswana	茨瓦纳语	tsn
Tumbuka	通布卡语	tum
Tupi languages	图皮语	tup
Turkish	土耳其语	tur
Turkmen	土库曼语	tuk
Tuvaluan	图瓦卢语	tvl
Tuvinian	突雷尼语	tyv
Twi	特威语	twi
Ugaritic	乌加里特语	uga
Uighur	维吾尔语	uig
Ukrainian	乌克兰语	ukr
Umbundu	蒙都(姆崩杜语)	umb
Undetermined	未定语种	und
Urdu	乌尔都语	urd
Uzbek	乌兹别克语	uzb
Vai	瓦依语	vai

续表

语种名称	中文译名	代码
Venda	文达语	ven
Vietnamese	越南语	vie
Volapük	沃拉普克语	vol
Votic	沃提克语	vot
Wakashan languages	各种瓦卡希语	wak
Walloon	瓦龙语	wln
Waray	瓦拉伊语	war
Welsh	威尔士语	wel
Wolof	沃洛夫语	wol
Xhosa	科萨语	xho
Yakut	雅库特语	sah
Yapese	雅浦语	yap
Yiddish	依地语	yid
Yoruba	约鲁巴语	yor
Zapotec	萨波蒂克语	zap
Zulu	祖鲁语	zul
Zuni	祖尼语	zun

使用说明：

语言代码表为世界语言分配了语种代码,其目的是在机读目录中通过代码指明文献所使用的语言。语言代码表网络版的排序方式包含按语言英文名称字母排序和按代码字母排序两种。本附录仅提供按语言英文名称字母排序的列表,包含语言名称和相应代码。为方便使用,本附录还提供了语言名称的中文译名。已废止的语言代码不包含在本附录中。语言代码表的使用要点主要包括：

(1)语言代码由三位英文小写字母组成,通常以语言的英文名称前三个字母表示,有时也以语言本土名称的前三个字母表示。既有现代形式又有古代形式的语言,可以其名称短语中各单词的首字母缩写组成语种代码,例如"German,Middle High"(中古高地德语)的代码是"gmh","German,Old High"(古代高地德语)的代码是"goh"。当语言名称发生变化时,其语言代码通常予以保留。

(2)独立语言代码包含现代及古代世界中绝大部分主要语言的独立代码,如阿拉伯语、汉语、英语、印地语、拉丁语、他加禄语等在世界文学作品中经常使用的语言。无论一种语言可采用几种字符书写,通常仅分配一个代码。

(3)语族代码适用于属于该语族且不具有独立代码的语言。语族代码对应的名称不代表独立语言,可以通过语言名称后的通用术语"languages"或"(Other)"加以识别,独立语言名称不含有此类标识。

(4)通常方言使用其对应语言的语言代码,极少数情况下,方言与其对应语言各自具有独立的代码。例如"Aragonese Spanish"（阿拉贡语）是一种西班牙语方言,具有独立代码"arg"。

（5）若无法确认作品的语言,或作品的内容由一些随意音节、嗡鸣声或是用语言难以明确表达的其他人类声音组成,则使用代码"und";作品中出现两种或两种以上的语言,且不宜使用所有语言的语种代码时,使用代码"mul";当作品中没有出现演唱的、口述的或书面的文本内容（如器乐或电子音乐;非语言录音资料;无叙述、印刷标题或字幕的视听资料;由机器语言或字符代码组成的机读数据文件）时,使用代码"zxx"。

（6）语种代码表网络版有两种排序方式:按语言的英文名称字母排序和按代码字母排序。按第一种方式排序时,黑体字表示正式使用的名称和代码,代码置于方括号内;非黑体字表示别名等其他名称,即非正式名称。正式名称和非正式名称按字顺混合排序,符号"UF"（used for）置于非正式名称前,用于提供与正式名称相关的非正式名称。符号"USE"置于正式名称前,用于指示与非正式名称相关的正式名称,以便指引使用正式名称的代码。例如:

Dutch〔dut〕

　UF　Flemish

　Netherlandic

　Ahlon

　USE　Igo

不具有独立代码的语言分配使用其所属语族代码时,将其语族代码和语族名称分行列于该语言名称的下面,同时用"UF"（used for）为非正式名称提供参考。

语族名称下面按字母顺序列举了使用该语族代码的各语言名称,其前用"Collective code for:"标识,若该语族还有其他非正式名称,则将其列于各语言名称之前。

按第二种方式排序时,代码表仅列出独立语言或语族的代码和正式名称,未列出非正式名称。分配使用所属语族代码的语言名称在代码序列表中未列出。正式代码和废止代码混合排序,废止代码前加连字符表示。

（7）依 AACR2 规则编制的书目记录中,黑体的独立语言名称（正式名称）常用于书目记录的统一题名和附注中。语言代码表使用的语言名称形式与《美国国会图书馆主题词表》（LCSH）中的名称形式相对应。独立语言名称一般不包括"language"或"dialect"等标识,只包括名称的实质部分。LCSH 中现代语言早期形式的名称与语种代码表中的往往不同,LCSH 中经常使用编年体的复分形式。例如:

English（语言代码表中的名称）

English language（LCSH 中的名称）

Morvan French（语言代码表中的名称）

French language—Dialects—France—Morvan（LCSH 中的名称）

Swedish,Old（to 1550）（语言代码表中的名称）

Swedish language—To 1550（LCSH 中的名称）

（8）语言代码在 MARC21 书目记录中适用于如下字段:008/35 – 37（定长数据元素/语种）;040$b（编目源/编目语种）;041（语种代码）;242$y（编目机构提供的翻译题名/翻译题名的语言代码）;775$e（其他版本款目/语种代码）。

参考文献

［1］International Federation of Library Associations and Institutions. ISBD：International Standard Bibliographic Description. Consolidated edition［M］. Berlin：De Gruyter Saur, 2011.

［2］顾犇. 国际标准书目著录(2011 年统一版)［M］. 北京：国家图书馆出版社, 2012.

［3］吴龙涛等. 最新详解《英美编目规则, 第二版, 2002 修订本》［M］. 北京：北京图书馆出版社(今国家图书馆出版社), 2006.

［4］电子出版物出版管理规定［OL］.［2012－03－01］. http://www. gapp. gov. cn/govpublic/84/208. shtml.

［5］中华人民共和国国家标准. 文献著录 第9部分：电子资源, 2009.

［6］国家图书馆 MARC21 格式使用手册课题组. MARC21 书目数据格式使用手册［M］. 北京：北京图书馆出版社(今国家图书馆出版社), 2005.

［7］骆国辉. 电子资源著录格式初探［J］. 安徽工业大学学报, 2005(11).

［8］Cataloging Electronic Resources：OCLC-MARC Coding Guidelines［OL］.［2012－03－22］. http://www. oclc. org/support/documentation/worldcat/cataloging/electronicresources.

［9］Draft Interim Guidelines for Cataloging Electronic Resources［OL］.［2012－03－22］. http://www. loc. gov/catdir/cpso/dcmb19_4. html.

［10］Guidelines for the Use of Field 856［OL］.［2012－03－22］. http://www. loc. gov/marc/856guide. html.

［11］Integrating Resources：A Cataloging Manual［OL］.［2012－03－22］. http://www. loc. gov/aba/pcc/bibco/documents/irman. pdf.

［12］Module 31：Remote Access Electronic Serials［OL］.［2012－03－22］. http://www. loc. gov/acq/conser/Module31. pdf.

［13］Original Cataloging of Remote Electronic Resources at Harvard［OL］.［2012－03－22］. http://hul. harvard. edu/cmtes/haac/ssssc/Cataloging_Electronic_Resources. pdf.

［14］Guidelines for Coding Electronic Resources in Leader/06［OL］.［2012－07－19］. http://www. loc. gov/marc/ldr06guide. html.

［15］Ingrid Hsieh-Yee. Organizing Audiovisual and Electronic Resources for Access［M］. Westport：Libraries Unlimited, 2006.

［16］Tom Delsey. The logical structure of the Anglo-American Cataloging Rules—Part I［OL］.［2012－03－22］. http://www. rda-jsc. org/docs/aacr. pdf.

［17］顾犇.《国际标准书目著录》及其最新发展［J］. 国家图书馆学刊, 2006 (3).

［18］吴晓静. 从 AACR2 到 RDA 的内容变化［J］. 数字图书馆论坛, 2010(12).

［19］马张华. 信息组织(第3版)［M］. 北京：清华大学出版社, 2008.

［20］王亚林. 电子资源的编目策略［J］. 图书馆建设, 2012(2).

［21］郑雯译, 丁育明. 网络资源与光盘资源编目要点探析［J］. 现代图书情报技术, 2004(5).

［22］罗翀等. 国家图书馆海外博士论文电子型与传统型整合编目研究［J］. 山东图书馆学刊, 2012(2).

［23］罗翀, 蔡丹. 图书馆文献排架体系之比较研究［J］. 河南图书馆学刊, 2009(2).

［24］贺燕. 图书馆馆藏组织与管理研究［M］. 北京：国家图书馆出版社, 2009.

［25］论数字化音像制品的版权保护和行使［OL］.［2012－07－16］. http://www. lawlunwen. com/

bqflunwen/3388. html.

［26］国际编目原则声明［OL］.［2012 – 08 – 20］. http://www. ifla. org/files/cataloguing/icp/icp_2009-zh. pdf.

［27］王松林. MARC21 中的多文种记录［J］. 大学图书馆学报. 2002(6).

［28］MARC 21 Bibliographic ：Appendix D-Multiscript Records［OL］.［2012 – 04 – 15］. http://www. loc. gov/marc/bibliographic/ecbdmulti. html.

［29］Romanization Landscape［OL］.［2012 – 04 – 22］. http://www. loc. gov/catdir/cpso/romlandscape_Oct2011. html.

［30］ALA-LC Romanization Tables［OL］.［2012 – 04 – 22］. http://www. loc. gov/catdir/cpso/roman. html.

［31］Chinese Rules Of Application［OL］.［2012 – 04 – 22］. http://www. loc. gov/catdir/cpso/romanization/chinese. pdf.

［32］MARC21 Specifications for Record Structure，Character Sets，and Exchange Media［OL］.［2012 – 04 – 22］. http://www. loc. gov/marc/specifications.

［33］MARC21 Specifications for Record Structure，Character Sets，and Exchange Media. Character sets and encoding options. Part 2，MARC-8 Encoding Environment［OL］.［2012 – 04 – 22］. http://www. loc. gov/marc/specifications/speccharmarc8. html#directionality.

［34］刘红泉. 856 字段著录电子信息文献研究［J］. 图书馆学刊, 2007(6).

［35］URL、URI 和 URN 之间的区别［OL］.［2012 – 08 – 01］. http://www. aqee. net/whats-the-difference-between-a-uri-and-a-url.

［36］杨小云. 856 字段的应用与维护［J］. 渭南师范学院学报, 2005(5).

［37］吴月新. 网络信息资源保存与版权问题探讨［J］. 齐齐哈尔医学院学报, 2008(8).

［38］朱俊红. 长期保存数字资源唯一标识研究［J］. 情报科学, 2007(10).

［39］MARC Code list for Countries［OL］.［2012 – 09 – 12］. http://www. loc. gov/marc/countries/cou_home. html.

［40］MARC Code list for Geographic Areas［OL］.［2012 – 09 – 12］. http://www. loc. gov/marc/geoareas/gacshome. html.

［41］MARC Code list for Languages［OL］.［2012 – 09 – 12］. http://www. loc. gov/marc/languages/langhome. html.